SOUVENIRS

DE

L'ÉCOLE SAINTE-GENEVIÈVE

TOME DEUXIÈME

PARIS. — IMP. JULES LE CLERE ET Cie, RUE CASSETTE, 29.

SOUVENIRS

DE

L'ÉCOLE SAINTE-GENEVIÈVE

Par le R. P. CHAUVEAU

De la Compagnie de Jésus

NOTICES

SUR

LES ÉLÈVES TUÉS A L'ENNEMI

TOME DEUXIÈME

PARIS

JOSEPH ALBANEL, LIBRAIRE

SAINT-BRIEUC.

CONOR-GRENIER, Libraire

MDCCCLXXIII

Droits de traduction et de reproduction réservés

Comte ANTOINE

DE LEVEZOU DE VESINS

Comte Antoine de Levezou de Vesins, né à Paris, à l'Hôtel des Invalides, le 1ᵉʳ mai 1845, élève du collége de l'Immaculée-Conception à Saint-Dizier, puis de l'école Sainte-Geneviève du 4 novembre 1861 au 13 août 1862, admis à Saint-Cyr en 1862, sous-lieutenant au 93ᵉ de ligne en 1864, lieutenant en 1869, blessé à Gravelotte le 16 août 1870, mort de ses blessures à Vionville, le 17 août 1870.

En apprenant son admission à Saint-Cyr, Antoine écrivit les lignes suivantes : « Je vais entrer dans la carrière des armes, où les antécédents illustres de mes deux familles m'ont tracé le chemin. Parmi les sentiments qui m'agitent à cette heure, il en est un qui remue toutes les fibres de mon âme, celui du devoir accompli avec la plus stricte exactitude, c'est là le seul moyen d'arriver à l'honneur et à la gloire. Avec la double pensée que Dieu me regarde sans cesse et me parle par la bouche de mes parents, je me voue corps et âme au service de mon pays ; comme ces vieux guerriers français qui n'avaient d'autre devise que *Dieu et mon Roi*, je veux vivre et mourir en soldat chrétien. » Cette profession de foi résumait tous les rêves de son enfance ; elle a été la règle de sa jeunesse, et il la signera de son sang.

Antoine, alors âgé de 17 ans, était grand de taille ; son large front réflétait la pureté de son âme. Il marchait la tête haute et fière, d'un pas vif et ferme. On admirait la finesse de son esprit et l'élévation de ses idées, comme on appréciait ses convictions ardentes et ses sentiments chrétiens. La douceur et l'inspiration de son regard, l'énergie de sa voix, la délicatesse de ses manières formaient un ensemble séducteur, un vrai type chevaleresque. « Il est bon, disait-il en lisant les souvenirs de la marquise de Créqui, il est bon de sortir de son siècle pour passer dans un meilleur. » Antoine, en effet, n'était pas de notre temps. Un de ses maîtres qui le connaissait intimement l'a peint en ces termes : « Nature d'élite, enfant du XIVe siècle, ou mieux du XIIIe car c'était plus pur. »

Que de délicieux détails renferme cette courte existence, brisée à la fleur de l'âge! « Communiquez-nous, écrit un de ses amis, les souvenirs qu'il a laissés de sa glorieuse vie, quel bien vous nous ferez à tous, en nous offrant un tel modèle à imiter! la tâche sera difficile pour nous, car il avait placé bien haut ses affections et ses devoirs, mais guidés par son image, nous aimerons à aspirer au but qu'il eût atteint si facilement. » C'est donc lui surtout que nous laisserons parler, en citant son journal et ses lettres où il se révèle tout entier, plein d'un naïf enthousiasme pour la vie militaire, du feu sacré des batailles et d'un profond sentiment du devoir.

Antoine, dès sa plus tendre enfance, avait développé, grâce à la sollicitude maternelle, les heureuses qualités de son esprit et de son cœur. Animé par les glorieux et pieux souvenirs de ses deux grands-pères, le maréchal Oudinot, duc de Reggio, et Mgr de Levezou de Vesins, évêque d'Agen, il n'eut jamais qu'un seul désir : « Je serai soldat, disait-il; maman est mon premier colonel! sur le champ de bataille, je mourrai en faisant le signe de la croix. » Nous verrons plus tard s'il tiendra sa promesse.

Dieu, sa mère, la France avaient été pour lui les

objets d'un ardent amour, et cet amour ne s'éteignit jamais. Qu'on nous permette de citer quelques traits recueillis avec soin par la famille; on pourra juger de la vérité de ces mots tracés par la duchesse de Reggio au bas d'une lettre d'Antoine : « Quel bon et gracieux cœur, que celui de ce petit garçon ! » Elle disait plus tard : « Je le vénère autant que je l'aime. »

Un jour Antoine racontait à son plus jeune frère la bataille de Tolbiac : « On admire, disait-il, le vœu de Clovis. Moi je n'aime pas qu'on fasse de conditions à Dieu. Clovis aurait dû se convertir d'abord et battre l'ennemi ensuite. »

« O chrétiens, disait-il encore un peu plus tard, rappelez-vous que chaque faute que vous commettez, élargit les plaies de la bonté crucifiée. Choisissez entre ces deux extrêmes : Dieu et Satan... pour moi je choisis Dieu. » Il eut la consolation de faire sa première communion dans l'église Saint-Antoine de Bar-le-Duc, sauvée en 1789 par le jeune commandant Oudinot, depuis maréchal de France, qui employait déjà toute son influence à lutter contre la Révolution. Son âme avait faim du pain de vie : « J'ai senti dans mon cœur, disait-il, un bonheur inexprimable; je n'ai point pleuré, j'avais peur de verser une larme sur la sainte hostie ou de l'éloigner par un souffle. J'ai demandé à Dieu le courage du maréchal mon grand-père. »

« O mon Dieu, s'écriait-il dans une prière, donnez tous les bonheurs de la vie à ma mère! » Un jour que celle-ci lui demandait le sacrifice d'un plaisir en souvenir de sa première communion, et lui disait : « Va, ce sera bien; demeure, ce sera mieux. — J'y renonce, répondit-il, car dès que vous me montrez le mieux, le bien ne me suffit plus. »

On racontait devant lui le triste épisode de trois cents dragons tombés dans une embuscade russe : « Antoine, quel grand sujet pour votre album! — Oh! non, avait-il répondu, je ne dessinerai jamais la défaite des Français. » « Belle patrie de France, s'écriait-il une autre fois, je ne te quitterai que pour te défendre et pour aller dans le sein de Dieu. »

Au collége ecclésiastique de Saint-Dizier, Antoine n'avait point perdu de vue le terme vers lequel tendaient toutes ses aspirations. L'âme imbue des principes de religion et d'honneur puisés au sein de la famille, il se fit remarquer par une douce piété, par un travail assidu. « J'en suis sûr et je l'affirme à tous, disait-il, ce sont mes communions souvent répétées qui causent mes succès dans ma classe. Tous les quinze jours, j'ai le bonheur de retremper dans ce sacrement divin les forces de mon faible cœur, et mon âme rassasiée par le pain des anges, prie pour ma famille et pour moi. »

Il faisait partie de la Société de Saint-Vincent de Paul, assistait aux conférences et allait visiter les pauvres. Avec quelle délicatesse il traitait ces membres souffrants de Jésus-Christ! « Il m'en souvient, raconte sa sœur, c'était à Malicorne; nous étions réunis au salon. Antoine aperçut à la porte une vieille mendiante, il sortit; d'autres peut-être ne le virent pas, mais moi, je le surpris donnant une aumône à la pauvre femme; ce n'est pas là ce qui me toucha le plus. Il pleuvait et le perron était glissant; comme la vieille se retournait humblement pour descendre, le jeune homme lui présenta le bras pour appui et rentra joyeux de sa bonne action. »

Alors aussi l'on vit germer dans son cœur ce sentiment du devoir qui devait être le mobile de toute sa conduite. Il voulait employer de longues veilles à repasser ses matières de classe, afin de se tenir à la hauteur de ce qu'on avait le droit d'attendre de lui. « Permettez-moi le plus tôt possible, écrivait-il à sa mère, de faire une chose qui me serait bien utile : c'est de veiller, vous connaissez la force de mon tempérament ; pendant les vacances j'ai toujours veillé très-tard. » Mais le supérieur intervint, rappela que les journées de collége étaient remplies par un travail sans relâche, et déclara qu'il craignait une fatigue excessive pour cet enfant de quatorze ans qui n'interrogeait que les forces de sa volonté. Antoine se servait d'un cachet donné par sa mère et qui portait pour devise ce seul mot : *Vouloir*.

L'enfant courageux, mais peut-être trop studieux, insista pour obtenir et la permission de préparer le baccalauréat ès-lettres l'année même de sa rhétorique, et la dispense d'âge, car il n'avait alors que quinze ans. « Je me suis mis tout de suite à l'œuvre, écrivait-il au commencement d'une année scolaire, et sans écarter de ma mémoire ma famille et ses bontés pour moi, j'ai fait la guerre aux souvenirs des vacances, qui auraient pu me troubler dans mes sérieuses études. Pendant les promenades, j'emporte un livre, et je travaille. Je vous remercie de m'avoir mis sous la protection de la sainte Vierge et des puissances du ciel. Comment avec de tels moyens ne pas réussir ? » Un succès mérité couronna ses efforts, il fut admis le premier de la session avec mention honorable. « Il faut, disait-il en recevant les félicitations de ses parents, que je sois digne de vous et que je vous rende fiers de moi. »

L'année suivante, redoublant d'énergie, Antoine voulut préparer à la fois et l'examen du baccalauréat ès-sciences et celui d'entrée à Saint-Cyr. Mais il fut arrêté par une inflexible loi qui ne lui permit pas de concourir à cause de son âge. Monsieur l'abbé Guillaumet, supérieur du collége de l'Immaculée Conception à Saint-Dizier, résumait ainsi son appréciation sur le jeune élève. « J'ai connu peu d'âmes aussi pures et innocentes. Quelquefois ses condisciples accusaient ce qu'ils appelaient sa fierté, mais Dieu le maintenait ainsi dans une atmosphère de dignité, sauvegarde de sa vertu. Je l'aimais plus que je ne puis dire, Antoine est le parfum de ma vie. »

Et plus tard, il écrivait à son cher élève : « J'espère que votre santé se soutiendra toujours pour que vous puissiez faire face à toutes les exigences de votre position. *Vous ne voulez pas de juste milieu, mais le mieux en tout.* Eh bien ! persévérez, soyez toujours pieux ; et tant que vous serez dans la grâce de Dieu, tout ira parfaitement. *Que je vous voie et vous sache toujours tel que je vous ai connu.* Je vous aime d'une affection particulière et ma désolation serait grande, si je soupçonnais le moins du monde que le cœur de mon cher enfant a subi quelque blessure. Conservez-vous ! conservez-vous ! Ecrivez-moi souvent, car vous savez quel bonheur ce sera pour moi de vous savoir le même. »

Antoine, muni de ses deux diplômes, suivit, en 1861, à l'école Sainte-Geneviève, les cours de préparation à Saint-Cyr. Lui, qui avait dit autrefois : « J'ai des rivaux aussi forts qu'il m'en faut, mais nous ne sommes pas assez nombreux, » n'avait plus rien à désirer. En récréation, on le vit se faire tout à tous, et réprimer la vivacité de son caractère. « Je vous avertis, écrit-il un jour à sa mère, que je ne me ménagerai pas, je sais par expérience que le succès ne peut s'obtenir qu'à la suite d'un travail acharné, et maintenant je me mets en mesure de satisfaire à cette condition jusqu'à mon admission à Saint-Cyr. S'il était permis de passer les récréations à l'étude, je le ferais, dussé-je affaiblir ma santé... »

Apprenant qu'une bienveillante intervention voulait faciliter son examen : « Je vous en prie, s'écria le courageux enfant, *refusez toutes les protections que l'on veut me donner, je n'en veux pas, je veux arriver tout seul,* » et il soulignait son opposition. « Dites, ajoutait-il, que je veux avoir du mérite à arriver, et que c'est à moi seul à faire ma carrière. »

A Paris, comme à Saint-Dizier, c'est du ciel surtout que le jeune candidat attendait le succès de ses examens. « Avant toute autre chose, écrivit-il le 26 mai 1862, je dois vous dire comment et où j'ai fait hier la communion hebdomadaire dont je vous ai parlé. On nous a menés à Notre-Dame-des-Victoires, et les trois cents élèves ont reçu la sainte hostie des mains du Père Recteur. C'était, je vous assure, un beau spectacle ; et, j'en suis persuadé, beaucoup sont, comme moi, sortis de là encouragés et affermis pour le combat que nous allons livrer dans quelques semaines. »

Antoine avait été admis à Saint-Cyr dans un rang honorable qui témoignait de son application. Deux jours après son entrée à l'école, croyant déjà voir réalisés tous les rêves de son enfance, il écrivit à sa mère : « Enfin on est soldat ! Et c'est le plaisir de la chose ! » Une grande force de volonté lui fit surmonter facilement les ennuis que causent d'ordinaire les brimades ; sa bonne grâce alla même jusqu'à s'amuser de ces tourments. Il servit ainsi sa propre cause et se fit respecter. « On me trouve fanatique, ce qui veut dire enthousiaste du métier. Or, je vous l'avoue, il faut avoir une vocation solide, pour être fanatique à Saint-Cyr. » Plus tard il regrettait qu'on eût adouci les brimades : « Cela, disait-il, avait l'avantage de vous endurcir à tout et de vous façonner un peu le caractère. »

Dans ses rapports avec ses camarades, il savait être bon ou sévère, confiant ou réservé. Il choisissait ses amis sans blesser ceux qu'il voulait écarter. Lancé dans un milieu qui pouvait offrir des écueils à son inexpérience, il sut rester maître de lui-même. Loin de se laisser influencer par des discours que tiennent souvent les jeunes gens, il n'y prenait aucune part. Son cœur si pur éprouvait un profond dégoût pour tout ce qui n'était pas honnête. Selon le témoignage d'un de ses directeurs, s'il connaissait le mal, c'était pour le repousser de toute l'énergie libre et chevaleresque de son âme. Il avait dit un jour à sa grand'mère que cette confidence avait saisie : « J'ai vu le mal d'assez près pour en avoir horreur. » Et il ajoutait qu'il ne se trouvait aucun mérite en fuyant ce qui était à fuir.

« Vos antécédents, lui écrivait alors l'abbé Guillaumet, m'ont toujours fait beaucoup espérer de l'avenir. Je vous embrasse, mon bien cher, avec toute l'affection d'un père et d'un ami. *Oui, vous avez, je le crois, conservé votre foi, vos mœurs si pures et cette belle âme qui donnait aux anges de l'admiration !*»

Comme le pieux jeune homme, tout en aimant son métier, regrettait, suivant ses propres expressions, ces bons collèges où l'on sait si bien fréquenter la chapelle! « Vous me demandez, écrivait-il, de vous parler de nos dimanches. Hélas! nos messes sont bien militaires; c'est une parade et non un office divin. Nous n'avons qu'une messe basse, le dimanche. Un piquet armé, la musique, et le grand uniforme des élèves sont le seul hommage rendu à Dieu. On est ordinairement debout, et jamais à genoux; pour moi je prie du fond du cœur. »

Puis il rassurait sa mère qui craignait pour une nature si sensible les influences d'un entourage parfois léger. « Il n'est pas besoin de vous dire que mes sentiments religieux sont toujours les mêmes. Je ne connais pas le respect humain qui est le défaut des lâches, et je ne manque jamais de prier Dieu ou la Vierge, quand je fais quelque chose. J'ai toujours mon scapulaire; j'avais perdu l'autre jour ma petite dizaine de chapelet; grâce à Dieu je l'ai retrouvée. »

Des circonstances indépendantes de sa volonté, l'avaient empêché de communier le jour de Noël, bien qu'il eût passé toute la journée précédente à parcourir les corridors pour trouver l'aumônier. Mais le 9 janvier, il parvint envers et contre tous à son but ; suivant la méthode imaginée par ses prédécesseurs, il monta à l'infirmerie, soi-disant pour prendre un bain, et là, reçut avec ferveur la sainte communion. « Je vous assure, écrivit-il ensuite, qu'il m'a été très-avantageux de rentrer un peu en moi-même et de puiser des forces à la vraie source. » C'est ainsi qu'Antoine, à Saint-Cyr, pouvait passer la tête haute au milieu de tout ce qui tente d'ordinaire les jeunes gens. Les jours de sortie, il se rendait à l'école Sainte-Geneviève, pour y remplir ses devoirs religieux.

L'ardeur au travail était toujours unie dans son cœur à la ferveur chrétienne. Un jour il se trouva souffrant ; on l'envoya à l'infirmerie. Mais pour lui le repos était une fatigue ; il demanda bientôt à reprendre la vie active. « On m'avait, disait-il, vanté l'infirmerie, comme un lieu de délices, parce qu'on peut y dormir à son aise, mais je ne suis nullement de cet avis. J'aime mieux être vigoureusement secoué, comme on l'est au bataillon, et avoir ainsi de petites émotions qui rompent la monotonie de notre existence. »

Sur le point de quitter Saint-Cyr, Antoine manifestait cet ardent désir de voir le feu, qui ne sera satisfait que par la mort. Il aurait voulu partir à la fin de l'année pour la province d'Oran, et commencer sa véritable carrière militaire sur cette terre d'Afrique où se sont formés tant de héros. « Quel début en sortant de Saint-Cyr, s'écriait-il, voir le feu avant d'avoir vu la garnison ! » Le commandant directeur des études lui manifesta son étonnement de ce qu'il ne demandait pas l'état-major. « Si je demandais l'état-major, je n'irais pas me battre!!! » A sa mère qui lui avait adressé la même question : Pourquoi fantassin ? il avait ainsi motivé son choix : « Pour trois raisons : et d'abord, on est plus exposé ; ensuite, le maréchal mon grand-père était un général d'infanterie ; enfin, l'infanterie est la reine des batailles ! »

Quelques mois après, il partit, le sac lourd et le cœur léger, faisant mille rêves d'or pour l'avenir. Il fut nommé sous-lieutenant dans le 93ᵉ d'infanterie, alors en garnison à Bayonne. Dès qu'il l'apprit, il s'écria : « Puisse une campagne échoir au 93ᵉ ; c'est là, pour le moment, toute mon ambition ! »

Dans ses diverses garnisons, il trouva des amis qui surent apprécier la noblesse de ses sentiments. Plus tard on les a vus demander, comme une faveur, que l'hommage de leurs regrets fût gravé sur la tombe de leur jeune camarade. En se rendant à Bayonne, il rencontra à la gare de Bordeaux un sous-lieutenant du 93e, le baron de l'Estoile, qui fut heureux de présenter au régiment un officier si distingué. Peu de jours après son arrivée, Antoine écrivit à sa mère qu'il continuait à remplir ses devoirs religieux, sans s'occuper de l'opinion. Il ajoutait : « Au régiment je dois être posé, si je ne l'étais pas, je le serais vite. »

Du reste, comme il se plaît à le raconter avec une simplicité charmante, tous lui portaient le plus grand intérêt. Un général, après l'inspection, lui avait demandé la date de son entrée au corps, et s'était ému de ce qu'il n'avait pas de moustaches ; puis le colonel avait dit à son sujet les paroles les plus flatteuses, devant tout le monde. « Cela m'a d'autant plus étonné, observait Antoine, que je ne les méritais pas plus que les autres. — Je suis fier de mon brave régiment ! » On n'y était pas moins fier de lui. Son colonel M. de Bellefonds écrivait à sa grand'mère la maréchale duchesse de Reggio : « Un officier comme votre petit-fils honore le régiment dont il fait partie. »

Le récit d'un de ses voyages nous montrera comment il savait utiliser les incidents du chemin pour fortifier son caractère et retremper sa piété. Le jour du vendredi-saint, les officiers du bataillon avaient décidé que l'on ne ferait maigre que le matin. C'était leur droit de route. Antoine, lui, était résolu à renoncer à la viande pour le soir. Il voulait être fidèle à la promesse qu'il avait faite encore enfant : « Mon premier acte de courage sera contre le respect humain. » Mais Dieu se contenta de sa bonne volonté. Il fut invité par un de ses camarades de promotion à dîner à la pension des officiers du 8ᵉ de lanciers. Ceux-ci étant en garnison faisaient maigre ; « ainsi, dit-il, je me trouvai vainqueur de la difficulté, sans aucune espèce de gloire. »

A l'étape d'Auray, il n'oublia pas de visiter le sanctuaire si vénéré de Sainte-Anne. Lui et deux autres officiers revinrent de ce pèlerinage tout couverts de médailles. Le 13 septembre, anniversaire de la mort du maréchal son grand-père, il retourna à Sainte-Anne d'Auray, pour y entendre la messe et communier. « Je n'ai pas trouvé, disait-il, de meilleure manière de m'unir de cœur à toute la famille. »

Après avoir raconté les satisfactions et les épreuves de son arrivée à Lorient, Antoine écrivit à la date du 2 mai : « C'est au milieu de tout ce remue-ménage intérieur et extérieur, nécessité par notre changement de vie depuis six semaines, que j'ai rempli un devoir que la route avait entravé. J'ai été ce matin à la seule grande église qu'il y ait dans cette ville. Je me suis adressé au premier prêtre venu, et lui ai exposé ma situation. C'était un homme assez jeune qui m'a satisfait au possible, et j'ai remercié Dieu de m'avoir si bien conduit. Le lendemain, j'ai communié à une messe du matin ; il y avait un monde fou. Inutile de vous dire que je ne m'étais pas mis en bourgeois. »

A Belle-Isle en mer, il partagea son temps entre ses devoirs d'état et ses goûts d'artiste ; sa pensée se reportait souvent au château de Caylux, séjour de son enfance où il avait laissé des parents bien aimés :

> En contemplant ces flots battus par la tempête,
> Se brisant aux remparts qui forment mon séjour,
> Je pense que de loin la timide Bonnette (1)
> De son faible tribut les grossit chaque jour.
> Se portant vers ses bords, ma rapide pensée
> De l'immense Océan affronte le courroux ;
> En la laissant errer par la brise poussée,
>   Père, mère, je songe à vous !

Cet amour de la famille qui le fit désigner plus tard sous ce titre, « le lieutenant qui aimait tant sa mère, » lui avait inspiré, dès l'âge de 15 ans, une gracieuse réponse à cette question de Mme de Vesins : « Quelle est la plus belle heure du jour ? »

(1) Ruisseau du château de Caylux habité par les parents d'Antoine.

> Quand le soleil terminant sa carrière
> Fuit lentement sous les coteaux,
> Et, cessant d'éclairer la terre,
> Plonge son disque dans les eaux ;
> Quand le berger, au son d'un air champêtre,
> Laissant l'ombrage frais de l'yeuse ou du hêtre,
> Conduit ses troupeaux au bercail ;
> Quand le gai laboureur revient de son travail,
> Ramenant sa moisson féconde ;
> Quand le batelier, quittant l'onde,
> Rapporte à ses fils réjouis
> Ses filets de poisson remplis ;
> Quand dans les camps retentit la trompette
> Sonnant l'heure de la retraite ;
> Enfin, lorsque le soir, libre, en paix et content,
> Je viens pour embrasser ma mère....
> C'est là pour moi de la journée entière
> La plus belle heure et le plus doux moment !

Lorsque Antoine quitta les âpres rochers de l'Océan pour la brillante garnison de Paris, il mérita des éloges que plus tard madame la comtesse de Polignac exprimait ainsi : « Pendant dix-huit mois il s'est fait aimer et admirer de nous tous ; les grands et les petits le regardaient comme un être privilégié. Très-aimé de ses camarades, il avait su éviter les écueils de la vie de garnison ; et moi j'avais si bien pénétré cette nature d'élite, que je lui disais souvent : « Quand mon fils sortira de Saint-Cyr, je vous le donnerai dans votre régiment, car je veux que vous soyez son guide et son modèle. »

Il ne laissa pas s'éteindre son ardeur militaire au milieu des délices d'une garnison agréable. Après avoir suivi un cours de fortifications à Romainville, Antoine partit pour l'école de tir du camp de Châlons avec des idées de travail fortement arrêtées. « Envers et contre tout, disait-il, je veux consacrer ces cinq mois et demi, passés dans un vrai Belle-Isle en plaine, à ma carrière et à la science véritable de mon métier. Si le succès ne répond point à mes désirs, j'aurai du moins la satisfaction du devoir accompli. »

Aux dessins prescrits par l'ordonnance, il ajouta celui de toutes les armes à feu portatives en usage en France depuis le moyen-âge. « C'est, disait-il à son père, le résultat de bien des nuits écoulées entre mon poêle, mon pupitre, ma bougie, et les vents coulis de ce charmant pays, avec un cigare pour me réveiller. Nos instructeurs prétendent qu'on n'a jamais travaillé comme cette année. »

La mort de l'évêque d'Agen, son grand-père, interrompit un instant ses rudes travaux. Un soir que le corps était revêtu des habits pontificaux dans la chapelle ardente où veillaient des séminaristes, Antoine s'avança lentement, mit un genou en terre devant le lit funèbre, posa son épée nue sur le cœur qui ne battait plus, et se rappelant les paroles qu'avait autrefois prononcées le vénérable prélat... « Je voudrais être colonel d'un régiment dont tous les soldats seraient des Antoines, » il pria dans un profond recueillement, afin qu'une abondante bénédiction descendît du ciel sur ses armes.

Cette mort et celle de la maréchale duchesse de Reggio, sa grand'mère, qui arriva un an plus tard, firent à son cœur aimant de vives blessures ; mais elles servirent à rehausser encore ses sentiments d'honneur et de foi. « La perte de mon grand-père, écrivait-il, nous laisse une ineffaçable douleur. Il fut le type le plus accompli de toutes les vertus. C'est une illustration de plus pour notre nom, et un noble exemple que nous avons à suivre. » « Courage, ma chère mère, disait-il à Mme de Vesins après la mort de la maréchale, courage ; elle a été forte, soyons forts aussi. Si le courage n'est pas facile en de si pénibles circonstances, le beau modèle, qui ne vit plus hélas! que dans notre souvenir et dans notre cœur, est là pour être suivi. »

De retour au camp après le service funèbre de Mgr de Vesins, Antoine trouva les esprits préoccupés de pensées de guerre. Tout le monde prévoyait un cataclysme terrible, et les jeunes ambitions de l'école de tir n'étaient pas en retard. « Quel bonheur d'être à Paris, s'écriait Antoine. L'armée de Paris ordinairement a les honneurs du premier départ ; je ne me figure pas mon impression de joie le jour où l'on recevra l'ordre de se préparer. Dans mes bons moments, j'entrevois déjà mon petit bagage de campagne, et puis le Luxembourg dans le lointain, comme un paradis. »

Quand parut la célèbre brochure du général Trochu, il la lut avec avidité et fut frappé de cette devise *Sursum corda*, qui se trouvait au commencement du chapitre intitulé le combat : « Cette idée est magnifique. Oui, *Sursum corda*, surtout le jour où il faudra marcher en avant. »

Puis, apprenant le résultat de la conférence de Londres, en 1867 : « Stupide et humiliant traité ! s'écria-t-il. Comme j'avais rêvé la poésie de la guerre : les nuits passées à la belle étoile, les fatigues constantes partagées avec le soldat, des pays nouveaux conquis ou à conquérir, mon âme remise à Dieu et mes vingt-deux ans à la France, la gaieté et les bons rires en face du canon, l'existence pleine d'émotions et cependant sans souci, peut-être aussi la croix de la Légion-d'Honneur, une épaulette de plus par suite de coups de baïonnette reçus, et je vous le promets, rendus avec usure ! »

Antoine, dont l'âme s'élevait au-dessus de toutes

les joies terrestres, prenait parfois en pitié les fêtes brillantes auxquelles il était tenu d'assister. « Drôle d'existence que la nôtre ! se promener au port d'armes et en *great exhibition* devant tous les kébirs du monde en leur jetant des vivats, et puis aller l'année suivante, assommer leurs soldats qui font le même métier que nous ! » Il désirait cependant que l'hospitalité de la France fût généreuse à l'égard des puissances qui venaient la visiter ; après la tentative d'assassinat contre le Czar, il inscrivit son nom sur les registres de l'Elysée.

Au mois de novembre 1867, dans une visite à sa famille, il écrivit ces lignes, les dernières qu'il ait confiées à son journal : « On fait beaucoup de rêves, et peu se réalisent. Il y a trois ans, je partais pour commencer une vie nouvelle, forgeant et reforgeant mille châteaux en Espagne, déclarant la guerre à l'Europe et aux autres parties du monde ; je partais pour savourer les délices de la vie à la belle étoile, pleine de dangers et de privations, et un peu aussi pour faire mon chemin ; j'eusse été consterné, anéanti, si l'on m'avait prédit quand j'arrivais ravi à Bayonne, que mon régiment aurait, pour s'illustrer, à voyager par terre et par mer, de garnison en garnison, et que trois ans après ma nomination de sous-lieutenant, je serais encore dans le même grade, pas très-avancé en ancienneté. » L'ardente imagination du jeune officier avait déjà perdu toutes les illusions dont beaucoup d'autres aiment à se bercer à son âge ; mais grâce à son énergique caractère, il conservait encore, après plusieurs années de service, le même enthousiasme pour la vie militaire.

A cette époque son frère Charles partit pour Rome et s'engagea aux zouaves pontificaux. Le lieutenant-colonel de Charette écrivit à la maréchale duchesse de Reggio qu'il placerait toujours son petit-fils au premier rang du péril, afin qu'il fût au premier rang de la gloire. Antoine tressaillit en entrevoyant le bonheur de son frère et soupira après cette première place au péril. Mais Dieu le réservait pour d'autres combats. Six années auparavant, au sujet du guet-apens de Castelfidardo, il avait envié le sort des victimes en exprimant son admiration pour l'armée pontificale. « Cette poignée de héros, succombant courageusement devant des troupes innombrables, a plus de gloire dans sa défaite que n'en ont ses infâmes vainqueurs. Ce sang, répandu pour la défense de la plus sainte des causes, est un gage d'immortalité pour les héroïques soutiens du chef de la chrétienté. Que leur sort est digne d'envie ! »

Et il écrivait en parlant du souverain Pontife :

« Au milieu du chaos révolutionnaire se montre la grande figure de Pie IX. Vit-on jamais une attitude à la fois plus calme et plus digne que celle du saint et noble vieillard ? Dépouillé, trahi, en butte à la calomnie, à la haine, il n'en est pas moins radieux et ferme, car il sent qu'il a pour le soutenir ce qui n'a jamais faibli, la main sacrée qui a créé le monde. »

Antoine au régiment savait refuser les plus agréables congés pour rester fidèle à son poste : « La route, disait-il en annonçant un changement de garnison, aura probablement lieu en septembre, vers le 15 ou le 20. Je pourrais y manquer, mais je tiens essentiellement à ne pas le faire; car beaucoup d'officiers y manqueront ; or, comme c'est un service pénible, il faut que les hommes aient au moins quelques chefs à leur tête, et dans ce cas, les jeunes font meilleur effet que les vieux. Si je suis dans quelques jours l'objet d'une faveur, ce sera une raison de plus. »

Il allait être nommé lieutenant, après avoir été cité à l'ordre d'inspection du régiment, une fois pour une étude topographique et la question qui y était attenante, une autre fois pour un travail sur l'emploi des télégraphes en campagne. « Je termine mes opérations au 93e, disait un général inspecteur, et je puis vous annoncer que M. de Vesins est mon premier candidat comme lieutenant au choix. C'est un charmant officier qui a de l'avenir, du savoir et du feu sacré. »

Le *Moniteur de l'Armée* lui apporta, le 15 août 1869, la nomination attendue. « Oui, écrivit-il à sa mère, je suis dans la joie ; mais je vous le dis en toute sincérité, la plus grande partie de cette joie est due à la pensée du plaisir que vous causera cette nouvelle. » « Ma mère me félicite, avait-il dit. Ah! si elle savait jusqu'où me ferait aller son suffrage ! »

Le pieux jeune homme continuait ainsi sa lettre : « Les hasards du service m'ont fait porter pour la dernière fois mon épaulette à droite, dans un lieu tel que je n'aurais pu mieux choisir ; c'était le matin, à l'église d'Arcueil, où je commandais le piquet du *Te Deum*. Je vous avoue que, sous les armes, j'ai beaucoup plus pensé à la véritable patronne de la France, qu'au saint que j'étais venu fêter officiellement! »

« Je ne vous dis pas de remercier Notre-Dame-de-Livron pour moi ; je sais que vous ne différerez pas ce devoir. »

Ce nouveau grade était le juste prix de qualités militaires qui devaient lui mériter un jour les sincères témoignages de ses compagnons d'armes, de ses chefs et spécialement du maréchal Canrobert. Celui-ci, dans sa captivité d'outre-Rhin, se faisait souvent raconter la mort héroïque du jeune lieutenant de Vesins pour lequel il professait la plus grande admiration.

De Caen, où il était allé en garnison, Antoine, depuis longtemps privé des douces joies de la famille, formait les plus beaux projets d'avenir. Apprenant, au mois de février 1870, que son bataillon allait partir pour le Hâvre où il serait détaché pendant six mois, il invitait ses parents à venir passer l'été près de lui. « Je forme depuis quelque temps un rêve charmant dont la réalisation serait plus charmante encore. Pourquoi ne viendriez-vous pas tous aux bains de mer cet été? Cela vous ferait un grand bien, et à moi aussi par contre-coup. Je vous retiendrais, sur l'une des plages qui environnent le Hâvre, une petite maison, comme on en voit partout ici sur les bords de la mer. Vous vous y installeriez pendant quelques semaines, et je passerais tout mon temps avec vous. »

En attendant, il travaillait avec une ardeur infatigable pour satisfaire à ses obligations d'officier de tir et de directeur des écoles. « Je ne fais pas d'histoire, cette année, disait-il; c'est la géométrie et la grammaire qui sont l'objet de mon principal cours.

J'avoue qu'il est un peu dur de se remettre aux mathématiques, si élémentaires qu'elles soient, après huit années de séparation ; mais si peu sympathiques que m'aient été ces matières, je ne les ai pas trop oubliées. »

De nouvelles occupations allaient bientôt lui enlever tout repos. On venait de former dans les régiments des commissions d'officiers chargés de travaux d'art militaire, et il fut choisi pour en faire partie ; son rapport, résumé des travaux de la Commission, obtint l'approbation du général et du colonel. Il reçut de nouvelles félicitations pour un autre travail qu'il avait fait après une longue marche militaire. C'était d'abord le levé topographique du terrain parcouru, puis, un rapport concernant les détails statistiques, et diverses considérations sur les positions à occuper ou à défendre.

« Je suis accablé par mon tir et mes écoles, écrivait-il du Hâvre, je n'ai pas un moment à moi pour le quart d'heure ; dans quelques jours, pour comble, je vais faire un cours de tir aux officiers. » Dans une lettre écrite à minuit et demi, il avouait qu'il était surchargé. « J'ai des journées entières de travail à la caserne ou chez moi, et souvent, la nuit. Tout cela sera sans doute pour le roi de Prusse ! »

La vie de garnison nous a montré ce qu'Antoine voulait être avant tout : *L'homme du devoir*. L'estime de ses chefs, l'affection de ses subordonnés témoignaient de la bonne grâce avec laquelle il acceptait et faisait accepter les obligations du service militaire.

Cependant cette vie qu'il savait utiliser par de sérieuses études, n'était pour lui qu'une préparation au champ de bataille : il lui semblait qu'il n'y arriverait jamais assez tôt. Hélas! son impatiente ardeur allait être bientôt satisfaite. Aussitôt qu'il eut appris la rupture avec la Prusse, sa joie fut au comble : « Ah ! je crois enfin que nous y voilà, s'écriait-il le 9 juillet. » Toutefois une terrible appréhension l'agitait encore : « Mais si le régiment ne partait pas, s'il était condamné à garder les pâturages de la Normandie ! Cette horrible perspective vient parfois nous glacer. Ah ! si un pareil malheur allait nous frapper, je commencerais, en dépit de mes préventions, par supplier tous les généraux que je peux connaître, de me donner un petit coin dans leur état-major, et si j'échouais, je ne sais de quoi je serais capable. Je crois que je laisserais mes épaulettes, et que, malgré mes huit ans de service, j'irais à l'ennemi, le fusil à la main et gaiement encore. » C'était là depuis longtemps sa manière d'apprécier les choses; il avait un jour écrit à son jeune frère Auguste : « Sois sûr que tu ne déroges pas, quel que soit ton grade en débutant. D'autres que nous ont accepté les services du métier pour participer à sa grandeur. »

Le 19 juillet, l'ardent désir qu'il avait si souvent manifesté d'entrer en campagne, était sur le point de se réaliser. « La guerre est déclarée et le 93e part! Mais où allons-nous? Quand partons-nous? Qui nous commande? Où serai-je dans un mois? » Le 17 août il devait paraître devant Dieu.

Le 6ᵉ corps commandé par le maréchal Canrobert, et dont son régiment faisait partie, avançait trop lentement à son gré. On avait appris qu'il formerait une armée de réserve ou d'observation. Antoine en partant pour Soissons ne pouvait se consoler : « Voilà comment finit ce beau rêve de toute ma vie. Quand vous lirez dans les journaux les bulletins de victoire de notre armée, le récit des terribles et sanglants combats qu'elle aura livrés à un ennemi digne de nous, pensez que les plus malheureux ne sont pas ceux qui gisent sur le champ de bataille, mutilés ou mourants, mais bien ceux qui regardent cet enivrant spectacle le sabre au fourreau, et qui, plantés comme des bornes stupides, à quelques lieues de la frontière, sont condamnés ainsi au plus affreux supplice qu'on puisse infliger à un soldat. »

« J'ai reçu toutes vos croix, médailles, scapulaires, chère mère, soyez tranquille, ils ne me quitteront pas. Quant aux aumôniers, je crois qu'il n'y en aura qu'un par division, comme toujours. Je vous dirai le nom du mien; soyez tranquille à ce sujet. Si je vais à l'ennemi sans avoir préalablement mis mon compte en règle, ce ne sera pas de ma faute. L'autre jour au Hâvre, avant le départ, on agitait cette question à table, et j'ai dit que, dussé-je traverser tout le front de bandière du camp pour aller trouver l'aumônier la veille d'une affaire, je le ferais. Vous savez que je n'ai pas deux paroles. Du reste je ne serai pas le seul, et je me considérerais comme un triste soldat, si je.n'agissais pas de la sorte. »

Les adieux du Hâvre au 93ᵉ furent enthousiastes : punch offert aux officiers, ovations aux soldats, sur toute la route marques de sympathie et de confiance. « Un peu trop de Marseillaise, observait Antoine, mais beaucoup de bonnes intentions. Chez nos hommes l'élan tourne au lyrisme. Enfin ! pourvu que tout cela soit bientôt mis à profit, c'est tout ce que je demande. »

Au camp de Châlons, il reçut de Mgʳ Level, supérieur de Saint-Louis des Français à Rome, une lettre qui devait être à la fois un encouragement et une consolation. Elle annonçait une bénédiction spéciale de Pie IX pour lui et pour tous les soldats de sa famille. Cette bénédiction sollicitée par sa mère, et à laquelle le Saint-Père avait spontanément ajouté les indulgences *in articulo mortis*, fut accueillie avec joie par Antoine, car la cause du Pape était l'objet de toutes ses affections.

On l'avait entendu s'écrier à la déclaration de guerre : « Oh ! non, on ne retirera pas les troupes de Rome, espérons-le ; vous ne sauriez vous faire une idée de la manière dont cette crainte trouble mon bonheur actuel. » — Et lorsque son frère le zouave pontifical, croyant Rome à l'abri, songeait à venir défendre la patrie menacée, il lui avait tracé, le 29 juillet, la ligne de conduite à tenir dans les circonstances difficiles où il allait se trouver.

« Mon cher Charles, je n'ai pas encore eu le temps de te dire combien je pensais à toi dans tout ce branle-bas de combat. Ta lettre écrite au moment où j'allais quitter le Hâvre m'a ému jusqu'aux larmes, car, avec nos idées, il n'y a rien de plus déchirant que le spectacle d'un soldat forcé de rester au repos quand son pays est en guerre. Toutefois ce n'est pas là ta position. On annonce le prochain départ de nos troupes de Rome. Je ne sais jusqu'à quel point ce que l'on dit est officiel, mais tout le monde en parle. »

« On m'a tenu au courant de tes agitations que je comprends certes, et de tes démarches pour venir t'engager dans l'armée française; personne dans la famille (et moi-même moins que personne) n'approuve ton désir de quitter ton drapeau en un pareil moment; et si petites que tu croies les chances d'une attaque du territoire pontifical, si grand que soit l'attrait de la guerre que va livrer l'armée française, tu te dois plus que jamais à la noble et faible cause dont tu t'es fait le champion volontaire. Du reste, ce n'est pas moi qui t'apprendrai que l'armée pontificale est le foyer classique des généreux élans et des sacrifices chevaleresques. Et quel sacrifice plus beau peux-tu faire au parti pour lequel tu n'as pas encore eu l'honneur de verser une goutte de sang, que celui d'une vocation patriotique comme celle qui t'entraînait à l'armée du Rhin? En Italie tu trouveras facilement, quoi qu'il arrive, l'occasion d'acquérir une belle part de gloire. Les vaincus de Castelfidardo étaient à la hauteur des vainqueurs de Solférino. » Ces conseils dénotent une grande maturité de jugement; ils furent fidèlement suivis. N'étaient-ils pas bien dignes de celui qui voulait encore enfant s'engager au service du Saint-Siége ! « J'ai quatorze ans, avait-il dit, je voudrais en avoir dix-huit, et je partirais immédiatement. »

Antoine était enfin parvenu au comble de ses vœux. Dans un séjour près de leur tante, madame Perron, au château de Malicorne, le frère et la sœur s'étaient rencontrés à l'autel de Notre-Dame du Chêne, où chacun d'eux allumait un cierge. « C'est pour que le 93e fasse bientôt campagne, disait l'un à la vierge miraculeuse. — C'est pour qu'il n'aille pas à la guerre, disait l'autre. »

Une lettre du 9 août, la dernière qui soit parvenue à la famille, annonçait la marche à l'ennemi. « Il a mieux prié que moi, » observa la sœur d'Antoine. « Nous sommes dirigés sur Metz, écrivait-il, et de là, sans doute, sur messieurs les Prussiens. »

L'enthousiasme du jeune lieutenant n'était pas refroidi : « Nous allons venger nos camarades de Reichshoffen et de Wissembourg accablés par le nombre. Pour moi, je ne forme qu'un vœu : Aller au feu, partout, toujours ! » Le général Oudinot, comte Henri de Reggio, nous a conservé de précieux détails sur la dernière journée d'Antoine au camp de Châlons. « Le 9 août, au matin, raconte-t-il, j'allai le voir à sa compagnie ; nous nous fîmes des adieux provisoires : « Au revoir ! me dit-il ; nous sommes du même corps, nous nous rejoindrons bientôt. » Mais, par un pressentiment que je bénis aujourd'hui, quand vint l'heure à laquelle il devait gagner la gare, je me fis seller un cheval pour aller lui souhaiter une bonne route. Il était tout équipé, prêt à se mettre en marche, son *caban* en bandoulière, l'air décidé, sans fanfaronnade. Je fus content de le voir ainsi ; j'étais fier de son ardeur. Les officiers qui m'accompagnaient me félicitèrent sur son bon air et sa tenue parfaite. Il me remercia de ma démarche. Allons ! bon voyage, lui dis-je, et à bientôt ! — A bientôt ! me répondit-il, avec une dernière poignée de main. »

Antoine traversa Bar-le-Duc le 10 août, à quatre heures du matin, et si vite que des amis qui se précipitèrent pour lui serrer la main, ne virent que la fumée du train qui l'emportait, et ne recueillirent que les nobles impressions qu'il avait laissées sur son passage. Il salua de loin la statue du maréchal son grand-père, dont il avait demandé le courage, le jour de sa première communion. Puis un profond silence entoura la marche du 93e. La mère d'Antoine, ne sachant si le canon était plus à craindre pour son fils que la brûlante impatience qui le consumait, priait à ce moment même pour qu'il se battît !

Tout à coup on apprit que de sanglants combats se livraient autour de Metz. Que devenait Antoine? Le 93ᵉ avait assisté le 14 août à la bataille de Borny, mais sans y prendre part. Pendant le choc des deux armées, un groupe de jeunes officiers suivait des hauteurs les péripéties du combat. « N'est-il pas triste, s'écria l'un d'eux, de voir tomber tant de braves gens, et de penser que nous tomberons peut-être nous-mêmes demain, victimes des fautes d'un inepte gouvernement? » Antoine était présent. « Nous ne sommes en aucune façon responsables des fautes qui peuvent avoir été commises, répliqua-t-il vivement, et il ne nous appartient pas de les contrôler; mais permettez-moi de vous dire que notre devoir est de donner notre vie sans regrets, pour le salut de notre pays, et quant à moi, je me trouverai très-honoré, si demain je meurs en le défendant. »

Le soir même, le régiment traversa la ville de Metz, musique en tête, et se dirigea plein d'entrain et d'ardeur vers Gravelotte. « Je n'ai rencontré le 93ᵉ qu'une seule fois pendant la campagne, raconte un chef d'escadron d'artillerie, le comte Ladislas de Vesins; c'était au ban Saint-Martin, durant une marche de nuit, le 14, après la bataille de Borny; je demandai Antoine, et son nom répété de rang en rang le jeta bientôt dans mes bras. Une chaleureuse étreinte nous réunit, puis chacun de nous regagna son poste en criant : Bonne chance ! Au revoir ! »

Le 15 août, le 93ᵉ d'infanterie de ligne venait camper dans la plaine vers trois heures de l'après-midi. Le lendemain dès le matin, Antoine, plein de feu sacré, cherchait à faire passer dans l'âme de ses soldats l'ardeur qui l'animait lui-même. Il commandait la compagnie, car le capitaine remplissait alors les fonctions de major. A huit heures une détonation retentit, c'était le signal du combat. Quelques heures après, il était engagé sur toute la ligne. Au premier coup de canon, Antoine avait tendu la main à son sergent-major, en lui disant : « Ce soir j'espère vous compter au nombre des officiers du régiment. » Puis il s'était élancé au pas gymnastique, à la tête de sa compagnie, vers un poste assigné d'avance, la rangeant en bataille sous un effroyable feu d'artillerie. Soudain un obus vint éclater entre lui et son sergent-fourrier ; il ôta son képi avec cette grâce chevaleresque qu'il tenait du maréchal son grand-père, et s'écria : « Je salue le premier projectile qui me donne le baptême du feu. »

Quand arriva l'ordre de marcher à l'ennemi, Antoine s'avança la tête haute, le front joyeux : « Lieutenant, crièrent ses hommes, prenez garde, on vous vise » mais lui souriant au danger, et brandissant son sabre, commanda en avant ? A peine eut-il fait quelques pas, au milieu de la mitraille, que, frappé d'une balle au côté gauche, il tomba dans les bras de son sergent-major. « Il me regarda, raconte celui-ci, et me dit : « Mon pauvre Morel, j'ai mon compte réglé, je le sens ; abandonnez-moi, et surtout vengez-moi. » Il me dicta ses dernières volontés ; voici ses propres paroles : « Prenez ma montre, Morel, et si dans cette guerre vous avez le bonheur de ne pas être tué, rapportez-la à ma famille. Prenez pour vous ma gourde et ma valise, et pensez à la bonne amitié que j'avais pour vous. »

Le fourrier était accouru pour porter son lieutenant à l'abri du danger. « Lorsque nous l'eûmes posé à terre, raconte-t-il à son tour, il nous dit : « Allez reprendre votre place de bataille et veillez à ce que les hommes marchent bien au feu... qu'ils se conduisent en Français, comme si j'étais là.... Cachez-leur ma mort de peur de les décourager. » La compagnie venait de s'arrêter et de commencer une vive fusillade contre les Prussiens. On put donc rester à l'écart pour donner au pauvre blessé les premiers soins que réclamait son état. Ses habits ouverts permirent d'apercevoir une large blessure : « Laissez-moi là, dit-il, ne perdez pas votre temps à me porter à l'ambulance. Vous direz à ma mère et à mon père, ajouta-t-il en faisant le signe de la croix, que leur fils est mort en soldat et en chrétien. »

Il cherchait à se retourner sur le côté, lorsqu'un éclat d'obus vint lui broyer la jambe droite : « Vous le voyez, dit-il, il faut que ma destinée s'accomplisse. Si ma première blessure n'était pas mortelle, on serait forcé de me faire l'amputation. »

Sur sa demande, on courut demander à quelques hommes restés en arrière de l'eau pour étancher une soif brûlante; vingt gourdes furent immédiatement tendues, mais à peine eut-il avalé quelques gouttes qu'il vomit le sang avec abondance. Comme il croyait sa mort prochaine, il fit de nouveau le signe de la croix et murmura une prière en regardant le Ciel. Sa figure, a dit le sergent Morel, s'illumina d'une joie céleste quand il l'eut terminée. Il vit le sous-lieutenant Duboc, emporté vers l'ambulance sur les bras de ses hommes. « Morel, dit-il alors au sergent-major, je vous donne le commandement. Reprenez vos places, mais avant de vous éloigner, tournez ma tête du côté du combat, afin que je puisse savoir si nous sommes victorieux. » On plaça donc la tête du blessé selon son désir sur un havresac; puis, comme il avait fermé les yeux, les deux sous-officiers s'agenouillèrent afin de voir s'il respirait encore. Antoine les regarda pour les remercier, prononça d'une voix éteinte le nom de sa mère et celui de Dieu, et ne fit plus aucun mouvement.

La compagnie, trop exposée au feu de l'ennemi, reçut l'ordre de changer de position; le blessé qu'on avait cru mort resta trente heures étendu sans secours sur le champ de bataille. Le 17 au soir, il fut transporté par les Prussiens à l'ambulance de Vionville, et déposé sur la paille d'une chaumière : « Y a-t-il un prêtre ici? demanda-t-il en entrant; mes forces s'épuisent; il me reste peu d'instants à vivre; je veux me confesser. » Une faiblesse extrême ne lui permit pas de parler davantage. « Il n'était pas possible, disent MM. Guillemin et Marteau, médecins de l'ambulance, de voir de plus cruelles souffrances supportées avec plus de résignation, de douceur et de sérénité. »

M. l'abbé Galho, aumônier du 7e corps, se présenta dans l'appartement où se trouvait Antoine, et demanda si quelqu'un n'avait pas besoin de son ministère. Il s'approcha aussitôt du jeune lieutenant, et, se jetant à genoux, se pencha vers sa tête : « Recommandez-vous bien, lui dit-il, au bon Dieu qui vous envoie son ministre pour vous bénir. » Antoine ne se faisait aucune illusion sur la gravité de sa blessure; il se confessa, et reçut aussitôt après le sacrement de l'extrême-onction. « Comme il paraissait souffrir beaucoup, raconte l'aumônier, j'évitai de le faire parler, pour ne pas le fatiguer. Je lui suggérai seulement quelques oraisons jaculatoires, et des invocations à Jésus-Christ souffrant pour nous, à Marie notre mère, et à saint Joseph patron de la bonne mort. Dans l'état fiévreux d'émotion où je me trouvais, je ne lui avais pas même demandé son nom. Mais il me fit signe d'approcher : « Ecrivez à ma mère, me dit-il, que je meurs en chrétien. Ecrivez aussi que je suis mort sans crainte. » Il n'ajouta plus rien, il était si fatigué; une heure après je rentrai, il n'était plus de ce monde. » Antoine tenait en mourant sa promesse, car il avait dit à sa mère avant le départ : « Soyez tranquille, vous connaîtrez mon aumônier. »

« Du reste, madame, écrivait encore l'abbé Galho à la mère d'Antoine, lorsqu'on cherchait en vain ses précieux restes si providentiellement découverts plus tard, le grand fait qui plane avec évidence au-dessus de toutes les particularités, est celui de la mort chrétienne de Monsieur de Vesins. Votre cœur, au milieu de tous ses déchirements, en a déjà fait au pied de la croix le sujet d'une sublime consolation. C'en est une bien grande pour moi-même, d'avoir été l'instrument de la divine Providence, pour consoler ses derniers moments et lui donner, avec la réconciliation suprême, le sacrement des mourants. Je me rappellerai toujours la demande que je lui fis à mon tour, lorsqu'il m'eut prié de vous écrire qu'il mourait en chrétien : « Allons, mon ami, lui dis-je, vous êtes sur la croix, du courage! Résignation à la sainte volonté de Dieu, union de vos souffrances à celles de notre divin Sauveur; et aussitôt que vous serez arrivé dans le ciel, ne m'oubliez pas, je vous prie. »

Les derniers battements de ce cœur généreux avaient été pour Dieu, la France et sa famille. Antoine mourut, comme il l'avait désiré dès son enfance, en faisant le signe de la croix et *Per la gratio de Dioux*, ainsi que porte la devise de ses ancêtres.

A la nouvelle de sa mort, tous ceux qui l'avaient connu et aimé, prélats, compagnons d'armes, hommes du monde adressèrent à sa famille des témoignages d'admiration et de sympathiques regrets.

Une lettre de Mgr l'évêque de Poitiers résumera ces éloges si bien mérités.

« Votre fils, écrivait-il à Mme de Vesins, était de la race des Machabées; vous devez le regretter, le pleurer; mais comment le plaindre ? ou bien ces combats meurtriers seront suivis d'une paix glorieuse et chrétienne, et alors quelle gloire devant Dieu et devant les hommes d'avoir acheté au prix de son sang un pareil triomphe! Ou bien notre infortunée France est condamnée à rester longtemps meurtrie des coups qu'elle reçoit à cette heure, et alors, c'est le cas de dire avec les héros de la Judée : A quoi bon vivre encore? Il nous est meilleur de mourir que de voir les maux de notre nation et la destruction de tout ce qui est sacré!... C'est dans ces sentiments que vous porterez votre rude et terrible épreuve, sans que la force de votre courage diminue en rien la tendresse de votre cœur!... Votre Antoine n'a rien perdu de sa distinction et de ses hautes qualités en prenant possession d'une vie et d'une patrie meilleures. Vivez par la pensée avec lui, assurée de son bonheur, en ne doutant pas un seul instant que tout ce qu'il eût pu acquérir de gloire ici-bas, lui soit acquis dans le ciel. »

Son corps avait été jeté dans une fosse commune malgré les réclamations du fossoyeur qui ne voulait pas, disait-il, le mettre avec les autres à cause de sa distinction. Plus tard, sur un ordre envoyé par la reine de Prusse au gouverneur de Metz, on chercha vainement sur le champ de bataille celui que ses parents étaient venus réclamer. Dix mois seulement après ces douloureux événements, des ouvriers découvrirent par hasard le corps d'un lieutenant du 93e, c'était celui d'Antoine. Il fut reconnu, ramené de Metz au château de Caylux par son frère

Charles, ce courageux zouave que la mitraille avait épargné sur la brèche de la Porta Pia et dans les plaines de Loigny.

Les textes sacrés inscrits autour du catafalque racontèrent l'histoire de ce vaillant soldat qu'un vieil officier appelait, dans son langage original, « un vrai chef-d'œuvre », et dont la pure et noble jeunesse, dit Mgr Dupanloup, avait été couronnée par une mort héroïque. « Dans la brièveté de ses jours, il a rempli les œuvres d'une longue vie. — J'ai bien combattu, j'ai achevé ma course, j'ai gardé ma foi. — Au plus fort des douleurs, il regardait le Ciel en souriant. — Il nous est meilleur de mourir dans le combat que de voir les maux de notre peuple et la destruction de toutes les choses saintes. »

HENRI VIOT

Henri Viot, né à Nantes le 8 décembre 1840, élève de l'institution Saint-Stanislas de Nantes, du collége Saint-François Xavier à Vannes, puis de l'école Sainte-Geneviève du 14 octobre 1857 au 15 août 1859, admis à Saint-Cyr en 1859, sous-lieutenant au 39ᵉ de ligne en 1861, démissionnaire en 1864, entré comme sous-lieutenant au 28ᵉ de ligne au moment de la guerre, puis lieutenant, et capitaine le 18 octobre 1870, blessé à Mazangé près Vendôme le 6 janvier 1871, mort à Mazangé trois jours après.

Laborieux et intelligent, simple et réservé, Henri régla toujours sa vie sur cette maxime de la vieille Bretagne : « Fais ce que dois, arrive que pourra. »
Reçu treizième à Saint-Cyr, il en sortit vingt-cinquième deux ans après. Il espérait à bon droit entrer à l'école d'état-major pour laquelle les cinquante premiers pouvaient concourir. Mais n'ayant pas réussi dans les examens, il se vit contraint de re-

noncer à ce qui avait été le rêve de sa vie depuis son entrée à l'école Sainte-Geneviève.

Dès lors sa carrière lui paraissait brisée ; il se résigna et accepta une commission de sous-lieutenant au 39ᵉ de ligne. Pendant deux années de garnison à Brest et à Tours, il eut à lutter contre les mouvements de son cœur qui l'inclinaient sans cesse vers les souvenirs de la famille absente. Enfin, après de mûres réflexions, il revint au foyer paternel et se livra tout entier à la vie commerciale pour laquelle il avait de remarquables aptitudes.

En 1867, une affaire importante l'obligea de partir pour Mayotte, petite île située près de Madagascar ; il vécut deux ans au milieu des noirs, exposé presque sans abri aux intempéries d'un climat insalubre. Deux fois réduit à l'extrémité par une fièvre violente, il ne céda point aux sollicitations réitérées de sa famille qui le rappelait en France, et ne consentit à quitter ce triste séjour, qu'après avoir achevé sa mission. — Il voulait accomplir son devoir jusqu'au bout. A Mayotte il avait trouvé les PP. de la compagnie de Jésus qui lui rappelaient les lointains souvenirs de Vannes et de l'Ecole Sainte-Geneviève, et c'était pour lui la plus douce des consolations sur la terre d'exil. Au mois de mars 1870, il embrassait à Nantes ses parents et ses amis heureux de le revoir sain et sauf après une si longue absence.

Six mois plus tard, il fallut renouveler de déchirants adieux. Partout on organisait de nouveaux corps pour arrêter l'invasion allemande. Henri, en qualité d'officier démissionnaire, fut d'abord nommé capitaine dans une compagnie de la garde nationale; mais il déclina cet honneur sans péril, pour entrer avec son ancien grade de sous-lieutenant, au 28ᵉ de ligne incorporé au 36ᵉ de marche.

Malgré les inquiétudes maternelles, il ne recula pas devant un sacrifice qu'il regardait comme le devoir d'un bon citoyen. Il partit le 7 octobre, emportant comme souvenir de sa mère, un scapulaire où se trouvaient les saints noms de Jésus, de Marie et de Joseph. « Va, mon fils, lui dit son père en l'embrassant, et que Dieu te préserve de tout mal. Si tu meurs, que ce soit en vrai chrétien. » Le lendemain le courageux volontaire arrivait à Orléans, en face de l'ennemi.

Henri communiquait à sa famille d'une manière succincte mais intéressante ses impressions de la campagne. Nous pouvons donc facilement le suivre dans ses marches et contre-marches jusqu'au moment où il tomba frappé à mort.

8 octobre. « Ma compagnie est au bivouac sur

une promenade de la ville ; mes hommes campent pour la première fois et ne savent pas faire leur tente. On n'a pu me dire qui commande le régiment dont nous devons faire partie.

14 *octobre*. « Dimanche soir, le général nous avait prévenus que nous partirions dans la nuit pour le champ de bataille, mais le régiment n'étant pas encore formé, nous sommes restés à Orléans sur le qui-vive. Nous avons quitté la ville à deux heures, battant en retraite devant les Prussiens ; je ne sais où nous allons.

18 *octobre*. « Nous sommes arrivés à Bourges hier, après une route très-fatigante. Dans ce moment nous sommes à la gare, prêts à nous embarquer pour Saint-Brieuc où nous allons probablement terminer notre organisation.

26 *octobre*. « Nous avons tout à coup reçu l'ordre du départ immédiat pour Alençon...

3 *novembre*. « Je suis capitaine depuis le 18 du mois dernier. Nous partons demain pour Senonches.

17 *novembre*. « Nous ne sommes restés que quatre jours à Senonches. A peine arrivés à Châteauneuf, nous avons fait demi-tour et sommes revenus en arrière. »

Henri signale ensuite plusieurs affaires dans lesquelles il ne reçut pas la plus légère égratignure.

La conclusion de ses petits billets est toujours la même. « Ce que je vois me fait croire la continuation de la lutte impossible. »

Il assista au combat de Tercé près de Châteauneuf et de Chambord et fut dirigé sur le Mans. Le froid et la fatigue avaient épuisé ses forces ; il put à peine se traîner jusqu'à cette dernière ville.

Au Mans il éprouva une grande joie de se retrouver pour quelques jours en famille ; car là étaient réunis son père accouru à la première nouvelle de sa maladie, ses deux frères soldats comme lui, et l'un de ses cousins, membre de la compagnie de Jésus. On ne put obtenir qu'il revînt à Nantes où sa mère l'attendait ; il fut envoyé à l'hôpital de Brest.

Huit jours après, Henri, à peine convalescent mais toujours généreux, répondait à l'appel du devoir et revenait au Mans. Il serra la main d'un ancien ami, Maurice du Bourg, qu'il devait retrouver bientôt, mais non plus sur la terre ; de nouveau il mit ordre aux affaires de sa conscience et se rendit aux avant-postes.

Dans sa dernière lettre datée du Mans, le 2 janvier, il se félicitait d'un prochain retour et se réjouissait déjà de retrouver sains et saufs tous les membres de sa famille. Hélas ! quelques semaines étaient à peine écoulées, et trois cercueils se trouvaient réunis dans la même chapelle mortuaire : celui d'Henri blessé à Mazangé près de Vendôme, le 6 janvier, et mort trois jours après ; celui de son frère atteint d'une maladie épidémique[1], et celui de son cousin Joseph Houdet, zouave pontifical, qui avait succombé le 8 janvier aux suites d'une blessure reçue au combat de Patay. Deux autres de ses frères, un mobile et un zouave, étaient à genoux, priant pour ceux qui avaient vaillamment soutenu et les combats de la vie et la lutte contre l'ennemi.

Nous devons à l'obligeance de monsieur le curé de Mazangé quelques détails intéressants sur les derniers moments de Henri. « Le 6 janvier vers deux ou trois heures de l'après-midi, M. le capitaine Viot, opposant une courageuse résistance aux soldats allemands, se sentit atteint d'une balle à l'abdomen. La blessure était mortelle. Les soldats aimaient leur chef et ne pouvaient consentir à l'abandonner. « Ne restez pas avec moi, leur dit-il, battez en retraite ; et pour servir encore la France, hâtez vous de me quitter. Je ne vous demande qu'une chose, c'est de me mettre sur le chemin, on pourra me ramasser. Allez vite, mes enfants, vous ne m'abandonnez point, mais vous obéissez au devoir. »

« Transporté dans une pauvre chambre encombrée de Prussiens, sa première parole au maître de la maison fut celle-ci : « Y a-t-il un prêtre dans ce village?—Oui, monsieur.—Allez le prier de venir me voir. » Il fut heureux, quand je lui serrai affectueusement la main. Déjà deux jours auparavant il avait fait la sainte communion dans une église du Mans.»

« Au plus fort de ses douleurs, il s'écriait parfois : « Oh! que je souffre !... » Cependant le sacrifice de sa vie fut généreusement accepté. »

M. le curé de Mazangé lui administra les derniers sacrements qu'il reçut avec la foi la plus vive. Ils lui furent d'un puissant secours pour supporter avec patience les souffrances cruelles qui, pendant trois jours encore, prolongèrent son agonie. La veille de sa mort, il manifesta le désir de se réconcilier une dernière fois avec Dieu, et, l'âme ainsi purifiée, il expira le 9 janvier à deux heures du matin.

Mis par sa mère sous la protection des saints noms de Jésus, de Marie et de Joseph, Henri était mort en les invoquant et tout près d'une église consacrée à la sainte Famille.

JULIEN LE SAULNIER

DE SAINT JOUAN

Julien le Saulnier de Saint Jouan, né à Binic (Côtes-du-Nord) le 6 avril 1847, élève de l'école Sainte-Geneviève du 11 octobre 1865 au 12 juillet 1866, admis à Saint-Cyr en 1866, sous-lieutenant au 4ᵉ de ligne en 1868, lieutenant au 138ᵉ de ligne en 1870, blessé au Bourget le 21 décembre et mort des suites de ses blessures le 30 décembre 1870.

Désigné pour rester au dépôt de son régiment en garnison à Saint-Étienne, Julien ne put se résigner à l'inaction, quand la France avait besoin du dévouement de tous ses enfants. A force de supplications, il obtint d'être appelé à Paris, pour concourir à la défense de la capitale.

Toujours il accomplit noblement son devoir. Nommé lieutenant au 138ᵉ il se fit remarquer à la bataille de Champigny par une intrépidité, un sang-froid au-dessus de tout éloge. Au combat du Bourget, le 21 décembre, il s'aperçut que sa compagnie allait être enveloppée; s'élançant alors avec quelques hommes décidés, il tint tête à l'ennemi pour protéger la retraite, mais une balle vint le frapper à la jambe.

Dès son arrivée à l'ambulance, Julien demanda l'aumônier et le revit ensuite plusieurs fois durant les huit jours d'une cruelle agonie. On peut juger par les nombreux visiteurs qu'il reçut, de l'attachement, de la confiance de ses soldats et de ses chefs. Tous admiraient son calme et sa patience; pas une plainte, pas un murmure, et cependant il ne se faisait point illusion. Sa mort fut aussi ferme, aussi chrétienne que sa vie. Il avait été proposé pour la croix d'honneur, par le commandant de Saint-Denis, qui, ne pouvant obtenir à temps la distinction demandée, voulut du moins honorer par sa présence les obsèques du brave lieutenant. Le 1er janvier, le nom de Julien paraissait encore avec éloge à l'ordre du jour; mais son âme jouissait déjà, nous l'espérons, d'une meilleure récompense.

STANISLAS

DE LA BÉGASSIÈRE

Stanislas de la Bégassière, né à Guingamp (département des Côtes-du-Nord) le 14 juillet 1848, élève de l'institution Notre-Dame de Guingamp, puis de l'école Sainte-Geneviève du 10 octobre 1865 au 2 août 1867, admis à Saint-Cyr en 1867, sous-lieutenant au 37e de ligne en 1869, tué à Sedan le 1er septembre.

Élevé par une mère chrétienne, au milieu d'une nombreuse famille restée toujours fidèle aux anciennes traditions, Stanislas fit ses premières études dans sa ville natale sous la direction de prêtres zélés qui s'appliquèrent à développer en son cœur le germe des plus mâles vertus. Chez lui les forces du corps répondaient à l'énergie de la volonté; nature ardente il recherchait l'occasion de faire preuve de courage et de dévouement. Les bruits d'une guerre prochaine et sérieuse qui circulaient en 1867, l'affermirent dans la résolution qu'il avait prise depuis longtemps de suivre la carrière des armes. Dès 1861, un de ses frères lui avait donné un noble exemple qu'il désirait imiter. Engagé volontaire parmi les zouaves pontificaux à l'âge de 16 ans, il se fit remarquer par sa belle conduite à Monte-Libretti où il fut blessé grièvement au bras gauche. Nommé lieutenant, il eut aussi l'insigne honneur de recevoir de la main du souverain Pontife la croix de Pie IX.

Stanislas, comme son frère, poursuivit son but avec persévérance. Sorti de Saint-Cyr au mois d'octobre 1869, il alla rejoindre à Nice, au mois de janvier 1870, le 37e régiment d'infanterie de ligne avec le brevet de sous-lieutenant. Stanislas, en garnison, se montra tel qu'il avait toujours été, caractère sérieux et plein de bienveillance. Au moment de la guerre, plusieurs des amis qui l'avaient autrefois apprécié choisirent le même régiment que lui, afin de combattre à ses côtés ou sous ses ordres.

Avant de quitter Nice, il rassurait ainsi sa mère alarmée des dangers qu'il allait courir : « Soyez sans inquiétude, ma chère maman, je possède toujours mon scapulaire et ma médaille. » Ces simples paroles nous montrent la docilité de Stanislas à suivre les bons conseils de sa pieuse mère et nous révèlent en même temps les sentiments religieux qui étaient gravés au fond de son cœur.

Le 15 août, il écrivit à sa sœur : « A Belfort nous vivons tous dans la plus grande incertitude. D'après l'avis commun, il paraît que nous devons rester ici pour fermer la fameuse trouée et nous ne marcherons en avant que si l'on rejette les Prussiens de l'autre côté du Rhin.

« Depuis quatre jours arrivent d'Italie les troupes qui forment la 3e division du 7e corps d'armée. La ville a peine à contenir les gardes mobiles et les francs-tireurs venus de Colmar. Tout ce qui peut porter un fusil se revêt d'un uniforme quelconque et ne demande qu'à faire le coup de feu sur MM. les Prussiens. Nos troupiers travaillent en masse à la construction d'un camp retranché qui rendra impossible un bombardement, même avec les canons actuels. Au besoin les gardes mobiles et les dépôts suffiront à la garde des forts, et nous serons dirigés sur le point déterminé par les circonstances... »

A la suite des batailles livrées sous les murs de Metz, le 37e reçut l'ordre de quitter Belfort. Arrivé à Châlons, après un voyage de 48 heures en chemin de fer, il s'établit dans un champ à deux lieues du camp, et le lendemain il se dirigea vers Reims. Stanislas occupait avec sa compagnie une position à 16 kilomètres de la ville, lorsqu'il écrivit le 22 août 1870 la dernière lettre qui soit parvenue à ses parents. Malgré les tristesses du présent et les incertitudes de l'avenir, il avait conservé sa gaîté habituelle, sans doute parce qu'il jouissait du calme de la conscience.

« Nos étapes ne sont pas longues, parce que, si nombreux, nous ne pouvons marcher à l'aise. Il nous faut dix ou onze heures pour faire de 25 à 30 kilomètres. Pour mon compte, je ne demande qu'à trotter tous les jours comme cela. On voit beaucoup de pays et on le voit bien en marchant. Sauf la poussière qui nous aveugle en route, et un petit coup de soleil qui me rend méconnaissable, je conserverais un agréable souvenir de la Champagne Pouilleuse. Les habitants des villages se cachent ou s'en vont et ne laissent chez eux ni pain ni viande.

« Nous avons quelquefois le plaisir d'une chasse au lièvre faite par nos troupiers. En vain ces pauvres petites bêtes essaient de fuir. Poursuivies par deux ou trois cents hommes qui crient comme des enragés, elles se précipitent transies de peur au milieu des troupes et sont saisies en un instant. Des perdrix subissent aussi le même sort, mais moins facilement. »

Le 1ᵉʳ septembre Stanislas se trouvait en présence des Prussiens, déterminé à faire courageusement son devoir de soldat. Nous empruntons aux lettres de ses camarades de navrants détails sur sa mort héroïque.

Depuis le matin jusqu'à une heure de l'après-midi, le 37ᵉ de ligne était resté couché sur un plateau qui domine le village de Floing, à trois kilomètres de Sedan. Lorsque le feu des batteries prussiennes se fut un peu ralenti, le 1ᵉʳ bataillon se porta en avant, et pour le soutenir, la compagnie de Stanislas se déploya en tirailleurs. Mais le village était occupé par les ennemis; il fallait le reprendre à tout prix. « A moi, le 37ᵉ, s'écria le colonel, debout! à la baïonnette! en avant! » et il fit sonner la charge.

« Je me précipitai un des premiers par dessus les haies, raconte M. Alain de Ferron, et en un clin d'œil nous étions descendus à travers les balles jusqu'au village. J'y rencontrai mon frère Henri, MM. de la Bégassière et de la Borderie, arrivés par un autre chemin. Mais nous n'avions été suivis que par une trentaine d'hommes, car, à peine étions-nous partis, qu'on avait sonné la retraite. Impossible de continuer notre course en si petit nombre;

les Prussiens un moment effrayés nous attendaient retranchés derrière des murs et des haies au dehors du village. Bientôt même ils s'emparèrent de la première maison d'où ils nous dominèrent en défonçant le toit. Pour moi, je parvins à remonter sur le plateau avec quelques hommes, défendant pied à pied chaque mur, chaque haie de jardin. »

Les autres officiers qui avaient pénétré dans le village, essayèrent, eux aussi, de regagner les hauteurs ; mais M. Henri de Ferron put seul rejoindre son frère. M. de la Borderie fut tué raide d'une balle en pleine poitrine. Stanislas, bien que cerné de tous côtés, combattit longtemps avec un courage héroïque.

Quand ceux qui l'accompagnaient furent tués ou blessés, il ne voulut jamais consentir à se rendre. Accablé par le nombre, il fut entouré et pris, et ne songea plus qu'aux moyens d'éviter la captivité. Deux fois, en effet, il s'échappa des mains des Prussiens et deux fois il fut repris. Une troisième fois il parvint à s'esquiver au tournant de la rue du village. Déjà même il était sur le point de rejoindre le 1er bataillon qui luttait corps à corps non loin de là, lorsqu'un officier ennemi l'aperçut et fit diriger sur lui tout un feu de peloton. Il tomba criblé de balles.

Un soldat du 37e raconte ainsi cette lutte sanglante : « Après avoir repoussé les Prussiens du village de Floing, nous étions occupés à fouiller les maisons pour nous assurer qu'il n'y restait plus d'ennemis, quand nous fûmes assaillis par de nombreux renforts que les Prussiens étaient allés chercher à une petite distance, et qui firent pleuvoir sur nous, de tous côtés, une grêle de boulets et d'obus auxquels nous ne pûmes pas résister. En battant en retraite, je vis un sous-lieutenant tombé dans une rue ; je m'approchai de lui et je reconnus M. Stanislas de la Bégassière. Il était criblé de balles et perdait beaucoup de sang. Il me reconnut aussi et put me dire, malgré ses violentes souffrances : « Je vais mourir, fais mes adieux à ma famille. » Le cœur navré et les yeux pleins de larmes, je m'empressai de le transporter à une petite distance, avec l'intention de le déposer dans un endroit où il aurait pu recevoir des secours ; mais les Prussiens nous suivaient de si près, que je fus obligé, pour ne pas être pris moi-même, de le déposer au pied d'un grand mur de jardin, contre lequel je l'appuyai. Je remarquai, en le quittant, qu'il avait perdu connaissance et qu'il était sur le point de rendre le dernier soupir. Je crois qu'il n'a pas vécu plus de quatre ou cinq minutes après mon départ. »

Stanislas fut regretté de tous ses camarades qui

avaient apprécié les qualités de son cœur et admiré sa bravoure sur le champ de bataille. Quelques jours après, son frère, capitaine aux zouaves pontificaux, prenait sa place sous le même drapeau et servait la même cause parmi les volontaires de l'Ouest.

A la nouvelle de la mort de son fils, M. de la Bégassière, voulant adoucir la douleur navrante d'une mère inconsolable, s'écria plein d'une résignation chrétienne : « Nous avons chaque jour prié le bon Dieu et la sainte Vierge pour que tous nos enfants soient au nombre des élus. Nos prières, j'en ai la douce confiance, ont été exaucées. Stanislas n'a point été abandonné au moment de la mort; nous le retrouverons un jour au ciel. Cette espérance, en allégeant le poids de notre profond chagrin, nous apportera la seule vraie consolation. »

Les parents de Stanislas, connaissant les nobles sentiments qui l'avaient toujours animé, étaient bien persuadés qu'il avait mis sa conscience en règle, avant de marcher à l'ennemi. Ils en furent assurés par un officier du 37°, ami de leur fils. M. de Ferron dit un jour à M. de la Bégassière ces paroles qui confirmaient les prévisions paternelles : « Nous partîmes tous bien tranquilles pour marcher au feu, car nous avions pris nos précautions pour mourir en bons chrétiens. »

BERNARD
DE QUATREBARBES

Bernard de Quatrebarbes (1), né à Nantes le 15 février 1840, élève du collège Saint-François Xavier à Vannes, puis de l'école Sainte-Geneviève du 7 octobre 1858 au 1ᵉʳ août 1860, engagé dans l'artillerie pontificale en 1860, sous-lieutenant en 1864, lieutenant en 1866, blessé à la prise de Monte-Rotondo le 25 octobre, mort à Rome des suites de ses blessures le 23 novembre 1867.

Le 27 novembre 1868, l'école Sainte-Geneviève rendait un juste hommage à l'un de ses anciens élèves, en célébrant un service pour le repos de son âme. A cette occasion, le R. P. Ducoudray, alors

---

(1) Bernard de Quatrebarbes, zouave pontifical, article du R. P. Paul du Reau, inséré dans les *Études religieuses*.
Bernard de Quatrebarbes, par M. l'abbé Letellier.

recteur de l'école, prononça quelques mots qui impressionnèrent vivement l'auditoire. On aimera à relire cette touchante allocution d'un père vénéré qui savait trouver dans son cœur d'apôtre et de martyr de si nobles et si généreux accents :

Mes chers enfants,

« Les derniers événements d'Italie viennent d'atteindre et de frapper un ancien élève de Sainte-Geneviève. Bernard de Quatrebarbes, lieutenant d'artillerie, au service du Saint-Père depuis sept ans, a succombé, il y a quelques jours, des suites de cruelles blessures.

« Le 25 octobre, à Monte-Rotondo, il était à ses pièces et commandait le feu, lorsqu'une balle touche le bras gauche au-dessus du coude, rebondit sur l'avant-bras, en occasionnant à son passage deux fractures. Presque en même temps, une balle frappait la main droite et lui enlevait un doigt.

« Il fut fait prisonnier.

« Quinze jours s'étaient passés. Son père avait pu ramener le blessé à Rome. On espérait le sauver. Tout à coup, le mal s'aggrave, l'amputation est jugée nécessaire et c'est quelques jours après d'horribles souffrances, suite de l'opération chirurgicale, que cet admirable jeune homme a rendu son âme à Dieu.

« Tous ses amis rendront hommage à une si noble et si sainte mémoire. Il était parti par sentiment d'honneur ; modeste, sans chercher l'éclat de la gloire, profondément convaincu que sa place était à Rome, et qu'il avait un devoir à remplir.

« Jamais plus de loyauté, plus de foi, plus de désintéressement n'ont dominé l'âme d'un jeune homme. Sa vie mériterait un éloge, et sa mort ? Sa mort, si regrettable, si pleine de deuil qu'elle soit pour sa famille, sa mort, c'est un triomphe.

« Rien n'a manqué à sa gloire : ni la blessure reçue sur le champ de bataille, ni la grandeur de la cause pour laquelle il combattait, ni l'héroïsme de la souffrance, ni le calme et la résignation parfaite avec laquelle il a fait le sacrifice de sa vie.

« Mourir en brave, mes enfants, c'est beaucoup d'honneur ; mourir en brave et en chrétien, c'est bien davantage ; mourir en brave, en chrétien et pour une cause auguste et sacrée, c'est ajouter à son nom une triple gloire.

« Autrefois, quand il partageait votre vie, nous étions heureux de rendre hommage à son noble caractère, à son inflexible amour du devoir, à sa vertu. Aujourd'hui, nous sommes fiers de l'avoir compté au milieu de vos rangs.

« Sa vie fut un modèle, sa mort est un grand

exemple. Nous recueillerons l'une et l'autre comme un legs précieux ; nous l'acceptons avec reconnaissance.

« Tout fait espérer que son âme a passé de la terre au séjour de la gloire. Mais l'amitié a ses lois, et les convenances chrétiennes ont des devoirs à remplir. Il convenait donc qu'un souvenir si pur et si honorable fût rappelé au pied de l'autel où il a prié comme vous. Ce cher défunt fût-il déjà en possession du royaume des cieux, rien n'empêche que ce service funèbre se change en actions de grâces rendues au Dieu qui accorde de si bien mourir, et en prière pour tous les morts tombés sur le même champ de bataille. »

Petit neveu du comte de Quatrebarbes, ancien gouverneur d'Ancône, Bernard montra dès son enfance les plus heureuses dispositions : un cœur généreux, une grande droiture de caractère et une telle horreur de la dissimulation, que jamais il ne s'excusa par un mensonge. Son grand oncle l'aimait d'une affection toute paternelle, et se plaisait à voir en lui l'héritier de son dévoûment à la cause catholique.

Dès sa première communion, son âme fut vivement touchée par l'action de la grâce. Au sortir de la table sainte, il se jeta, tout en larmes, dans les bras de son père et de sa mère en s'écriant « Que je suis heureux! *je sais maintenant ce que c'est que de pleurer de joie.* » Ces premières impressions ne s'effacèrent jamais de son cœur.

A Saint-François-Xavier de Vannes, le jeune écolier se montra fidèle aux enseignements reçus dans la famille, mais il faut l'avouer, il compta plus d'abord sur sa grande facilité que sur l'étude. D'un caractère très-gai, il n'aimait pas beaucoup la ferme discipline du collège, et parfois il lui échappa d'y manquer légèrement. Toutefois, il ne tarda pas à comprendre, que pour devenir homme, il devait être studieux, et que pour être vraiment chrétien, il avait besoin d'une vertu courageuse. Bientôt il se vainquit lui-même et mérita d'être admis dans la congrégation de la sainte Vierge.

« Mon cher Yves, écrivait-il à l'un de ses meilleurs amis le 12 avril 1856, je suis en joie, en grande joie, et j'en fais part à tous mes amis. Quand tu recevras cette lettre, je serai congréganiste; c'est demain que je ferai ma consécration : quel bonheur! Enfin je serai toujours enfant dévoué de Marie. Réjouis-toi, et prie pour moi, car maintenant je suis ton frère en Marie; je ne t'oublierai pas non plus devant l'autel de la sainte Vierge. Il y a longtemps que je désirais, que je demandais cette faveur, enfin la sainte Vierge a bien voulu de moi, j'espère qu'elle me gardera toujours, et qu'elle me fera la grâce de ne plus la quitter de ma vie. » Il dut à la confiance de ses maîtres et à l'estime de ses condisciples d'être nommé préfet de la congrégation. Il était devenu l'élève le plus accompli, comme il avait toujours été le plus aimable. Sa vertu douce et ferme lui avait gagné tous les cœurs.

Les brillants succès qui couronnèrent ses études avaient fait concevoir les plus belles espérances. Un rapport du doyen de la faculté de Rennes signala l'examen de Bernard, pour le baccalauréat ès-sciences, comme un des plus remarquables depuis cinq années.

Ses heureuses qualités ne se démentirent point à l'Ecole Sainte-Geneviève. Tous rendirent hommage à son caractère droit, généreux et incapable de transiger avec le devoir. Ses professeurs regardaient le succès de son examen comme assuré. Cependant il échoua : Dieu avait sur lui d'autres desseins. Cet échec fut très-sensible à Bernard, car il pensait que son père en serait affligé. Toutefois, loin de chercher à le dissimuler, il était le premier à en parler. Entendant un jour son oncle, le comte Théodore de Quatrebarbes, parler de son brillant succès pour le baccalauréat, il repartit aussitôt: « Mon oncle s'amuse à raconter mes succès, il ne dit pas que j'ai été refusé à l'examen de l'école polytechnique. » Mais Bernard se garda bien d'ajouter que, classé le vingt-septième sur cinq ou six cents aspirants pour l'examen écrit, il n'avait manqué que de peu de places sa réception à l'examen oral.

Il avait vingt ans alors. Les tristes événements de septembre en 1860 plongeaient dans une douloureuse stupeur tous les cœurs catholiques. Une élite de chrétiens fidèles courait remplir les vides faits par la mort dans les rangs des défenseurs de l'Eglise. Bernard, qui aimait tant la vie de famille, sacrifia ses goûts au devoir, et, se rappelant la devise de sa maison *In altis non deficio*, il résolut de se consacrer tout entier à la noble cause de Pie IX. A toutes les objections que rencontrait sa détermination, en dehors de sa famille, il répondait avec autant de simplicité que de modestie : « Mon cousin Georges d'Héliand a été tué, je dois le remplacer (1). »

Convaincu qu'il accomplissait un devoir sacré pour tout homme de cœur, il vint se présenter au général de Lamoricière, à Paris; et fort de son ap-

---

(1) Georges d'Héliand était tombé sur le champ de bataille de Castelfidardo.

probation se rendit à Rome. Ses sympathies l'eussent porté vers le corps des zouaves. Il était assuré d'y rencontrer plusieurs de ses parents et de ses condisciples. Des hommes d'expérience et de bon conseil lui représentèrent qu'il serait plus utile dans l'artillerie. C'était lui demander un sacrifice : très-peu de Français entraient dans cette arme. Bernard comprit qu'il fallait donner l'exemple. Il céda volontiers, et le jour même de son arrivée, apprenant qu'on partait pour l'expédition de Ponte-Correse, il s'engagea comme simple artilleur et entra immédiatement en campagne. Soldat par conviction, il se plia courageusement à toutes les exigences du métier; et c'est dans la batterie étrangère, sous les ordres de l'intrépide capitaine Daudier, qu'il se forma à la vie militaire. Il devait y passer sept années d'une vie obscure devant les hommes, mais pleine de mérites devant Dieu.

Depuis son départ pour Rome, il avait été question pour lui de plusieurs alliances très-honorables. « Nous verrons cela à notre retour, disait-il invariablement, quand le pape n'aura plus besoin de nous; maintenant je suis marié avec ma batterie. »

Inutile de dire combien fut pénible pour Bernard, surtout dans les premiers temps, le rude métier de simple artilleur et la vie de caserne au milieu d'étrangers. Jamais cepentant il ne chercha, par des priviléges, à adoucir sa position. Brigadier au bout de deux mois, il fut bientôt après désigné pour être maréchal-des-logis. Les hommes de sa batterie, Romains ou Français, avaient pour lui un profond attachement ; il était pour tous un ami, un père. « Je ne comprends rien à la manière d'agir de Quatrebarbes, disait un officier supérieur, personne n'est plus obéi du soldat, et il n'est pas même obligé de punir. » La vie du soldat l'occupait tout entier sans lui faire négliger, non-seulement ses devoirs de chrétien, mais aussi les pratiques de la plus tendre piété. Souvent, bien souvent, il allait à la sainte table recevoir le pain des forts. Il se fit toujours gloire de porter sous son uniforme le scapulaire de la sainte Vierge; et le soir, dans le mois de mai, une de ses plus grandes joies était de pouvoir se réunir avec ses cousins et ses anciens amis de collége pour l'exercice du mois de Marie.

La voix de tous les chefs le désignait pour être officier. Bernard en fut instruit ; mais il apprit aussi que son avancement aurait lieu au préjudice d'un de ses camarades, jeune Italien, comme lui volontaire, plus ancien, et qui n'avait pour vivre que sa modeste position. Sans en parler à personne, il fit aussitôt toutes les démarches nécessaires pour n'être point préféré. « Mon cher Bernard, lui répondit le colonel, je savais que vous êtes le meilleur des hommes, mais c'est pousser le dévouement trop loin. » Ses instances retardèrent sa nomination de cinq mois.

Sur le point de devenir lieutenant, à la fin de 1866, il renouvela les mêmes démarches en faveur d'un sous-lieutenant. Cette fois il alla trouver le comte Caïni : « Mon colonel, lui dit-il, est-il vrai que je vais être nommé lieutenant ? — Oui, et pourquoi cette question ? — Parce que cet avancement conviendrait mieux à mon camarade X***. Je n'ai pas besoin d'augmentation de solde, ses services égalent au moins les miens, et d'ailleurs lieutenant ou sous-lieutenant, je commande le même nombre de pièces, et je puis rendre les mêmes services. — Mon cher Quatrebarbes, je ne puis revenir sur ce que j'ai proposé, lui répondit en souriant le comte Caïni ; cependant je vais vous indiquer un moyen : le Pape a signé hier soir votre nomination ; demandez-lui une audience, et priez-le de défaire ce qu'il a fait. — Vous vous moquez de moi, mon colonel. — Un peu, mon ami ; croyez-moi, subissez donc de bonne grâce votre avancement. »

Que de traits de générosité nous pourrions citer encore ! Bernard s'était aperçu qu'un officier pouvait difficilement subvenir aux besoins de sa famille ; avec une grande délicatesse, il réussit à lui faire accepter une somme de sept cents francs. L'âme et le cœur de Bernard se révèlent ici tout entiers.

Au moment où les agitations du mois de septembre commençaient à se propager en Italie, le lieutenant de Quatrebarbes se disposait à revenir pour quelques mois dans sa famille. Mais il resta, parce que le danger lui parut imminent. Bientôt il fut envoyé de Rome à Monte-Rotondo avec une section d'artillerie. Une colonne, sous les ordres de M. de Charette, avait reçu la mission de déloger les Garibaldiens des positions qu'ils occupaient sur les frontières ; Bernard écrivit à cette occasion le 17 octobre :

« Ma bonne mère,

« La colonne commandée par le lieutenant-colonel de Charette, et dont je fais partie, s'est dirigée de Monte-Rotondo sur Monte-Libretti. Les chemins sont impraticables aux voitures, aussi craignait-on de ne pouvoir y conduire les pièces d'artillerie. J'ai insisté, parce que je suis convaincu que l'on perdrait beaucoup de monde en essayant de reprendre sans artillerie des villages qui sont, la plupart, entourés d'anciennes fortifications et fermés de portes très-épaisses. Le lieutenant-colonel m'a permis d'emmener ma pièce rayée; nous avons eu des chemins épouvantables, mais avant même notre arrivée l'ennemi avait disparu. Nous partirons demain pour Nérola ; ne soyez point inquiets. Je me suis confessé et j'ai communié la veille de mon départ. Je vous écris cette lettre les yeux littéralement fermés par le sommeil. Adieu, ma bonne mère, je vous serre dans mes bras de tout mon cœur. »

On connaît l'issue du combat. « C'est en grande partie à M. de Quatrebarbes, disait le lieutenant-colonel dans son rapport, que l'on doit le succès de la journée, et je ne puis assez me louer de son zèle infatigable. Du reste, il n'a cessé, dans cette courte campagne, de montrer toutes les qualités d'un officier complet dans son arme, aussi bien que sage et persévérant dans les difficultés. »

Lui-même rendait compte en ces termes de cette première action : « J'ai donc entendu siffler les balles ; j'en suis bien aise. J'avais depuis longtemps le désir de me voir au feu. Je n'ai point eu peur. Sans doute, je pensais bien que la mort pouvait me frapper dans quelques minutes ; mais cette préoccupation ne descendait pas dans ma volonté. Je me suis assez occupé de mon affaire, pour ne pas prêter grande attention à autre chose. Remerciez Dieu pour moi. »

L'expédition terminée, Bernard revint à Monte-Rotondo ; il devait faire partie de la garnison commandée par le brave capitaine Coste. Les Garibaldiens, maîtres de Correse, pouvaient se porter en quelques heures sur Monte-Rotondo et Rome. Il était donc nécessaire de rompre la voie pour éviter une attaque imprévue. Cette opération difficile réclamait un chef habile et déterminé. Le lieutenant de Quatrebarbes fut désigné ; ses artilleurs le suivirent ; quelques carabiniers aux ordres du lieutenant Poole servirent d'escorte aux travailleurs. Bernard, avec sa petite troupe, s'avança à moins d'un mille de Ponte-Correse, détruisit le chemin de fer sur une longueur de 600 mètres, et revint sans avoir perdu un seul homme. L'ennemi, surpris de cette audace, n'avait pas opposé de résistance sérieuse.

Le 25, après avoir passé la nuit à préparer la défense sous les ordres du capitaine Coste, Bernard courut se jeter aux pieds de l'aumônier de la colonne, le Père Vanutelli, dominicain, beau-frère du général Kanzler. « Mon père, lui dit-il, je viens vous demander l'absolution *in articulo mortis* ; dans les conditions où je dois combattre, il est peu probable que j'en revienne. » A six heures du matin, le feu commença. Quatre mille garibaldiens entouraient Monte-Rotondo, défendu seulement par trois compagnies, deux de légionnaires, et une de carabiniers suisses. Bernard avec ses canonniers seconda héroïquement cette poignée de braves.

Laissons-le raconter, avec sa modestie ordinaire, ce brillant fait d'armes : « Nous avons été attaqués par quatre mille hommes. La défense a duré depuis le vendredi à six heures du matin jusqu'au samedi à neuf heures du matin. L'artillerie n'a pas rendu tous les services que j'aurais voulu, parce qu'un village fermé par un mur avec de larges portes n'était point disposé pour cela, et n'aurait pu l'être que par des travaux considérables. *Pour faire quelque chose*, nous étions obligés de sortir des portes, nous mettant tout à fait à découvert, et nous tournant à droite, à gauche, pour flanquer les murs et détourner les assaillants de l'attaque des autres portes. »

Un trait suffit à peindre sa bravoure calme et réfléchie. Pendant une des fréquentes sorties de l'artillerie, le capitaine Coste aperçut un bataillon qui, à la faveur d'un pli de terrain, marchait pour surprendre les artilleurs. Il fit prévenir le lieutenant. « Dites au capitaine de ne rien craindre, » répondit froidement celui-ci. Puis, choisissant une position avantageuse, il ordonna de mettre double charge au canon, enjoignit à ses hommes de s'écarter, de peur que la pièce n'éclatât au milieu d'eux, et seul attendit l'ennemi. Soixante mètres le séparaient encore des garibaldiens : il pointe et met le feu. La tête de colonne fut renversée par la mitraille; les morts et les blessés jonchèrent le sol, et plusieurs centaines d'assaillants reculèrent en désordre devant le sang-froid et l'énergie du vaillant officier.

Cependant les garibaldiens avaient réussi à se loger dans des maisons, situées près de la Porte-Romaine. En cet endroit se concentraient les efforts de l'attaque. Peu de fenêtres avaient vue sur cette porte qui n'était pas fortifiée, et le feu de l'ennemi parfaitement embusqué incommodait vivement la défense. Le capitaine Coste vint demander à Bernard s'il pouvait braquer une de ses pièces sur ces maisons et les démolir. Le lieutenant répondit que ses artilleurs seraient très-exposés, mais qu'enfin il croyait la manœuvre fort utile. Il n'ajouta pas que, peu d'heures auparavant, il avait spontanément fait une première tentative, et que son maréchal des logis y avait perdu la vie.

« Nous sortîmes donc, raconte-t-il, la pièce chargée d'avance; il n'y avait plus qu'à mettre le crochet du tire-feu dans la boucle et à tirer. J'étais d'abord sorti seul, pour voir le point exact où il fallait mettre la batterie, afin de préserver mes canonniers de toute atteinte. Il n'y avait pas d'infanterie ennemie assez voisine pour nous enlever à la baïonnette, et d'ailleurs les légionnaires qui gardaient la porte étaient prêts à s'élancer à notre secours. Mais la disposition des lieux est telle que très-peu de nos feux d'infanterie pouvaient nous protéger. Les garibaldiens, voyant notre manœuvre, sortaient précipitamment des maisons, se plaçaient à droite à l'abri des feux de la place, et de là nous envoyaient leurs balles de grand cœur. »

Sous cette pluie de fer, le danger était tel, que les plus braves avaient peine à rester fermes. Une légère hésitation se manifesta; Bernard, un instant seul près de sa pièce, ranima ses hommes d'une voix énergique et commanda le feu. Au même instant deux balles le frappèrent. L'une lui brisa le bras gauche en trois endroits, l'autre lui fracassa la main droite.

« A ce moment, écrivait-il plus tard à sa mère avec sa main estropiée, je ressentis tout d'un coup une violente douleur au coude gauche, et un engourdissement plus douloureux encore dans le bras et la main. J'avoue que je me suis un peu abandonné. L'amour-propre n'eût pas suffi à me rendre brave; il ne suffit pas à me faire vaincre la nature et retenir mes plaintes. Ce n'est pas que j'aie crié; mais un certain nombre de : *Mon Dieu, que je souffre!* sur un ton un peu lamentable ont pu paraître peu courageux aux légionnaires qui étaient là. Aussitôt blessé, je me retirai derrière la porte, car je me sentais défaillir; puis, soutenu par un légionnaire et un canonnier, je m'acheminai lentement vers l'hôpital où je suis soigné par le chirurgien du village et un chirurgien militaire. »

Bernard, humble et modeste, cachait l'héroïsme de sa conduite. Atteint d'abord à la main, il y avait à peine fait attention; l'enveloppant avec son mouchoir, il était resté au feu. Blessé pour la seconde fois, il s'était assis pour continuer à diriger ses artilleurs. On dut l'emporter quand ses forces le trahirent. Il était deux heures et demie de l'après-midi.

Sa valeur avait ravi l'admiration des ennemis eux-mêmes. Vainqueurs, les chefs garibaldiens s'informèrent avec empressement du nom de l'officier français que l'on voyait sortir seul de la ville, amener l'artillerie, tirer, rentrer, puis reparaître encore, et si bien manœuvrer que jusqu'au soir l'attaque n'avait pas gagné un pouce de terrain. En effet, après la blessure de Bernard seulement, les assaillants avaient pu s'approcher des portes, les incendier, pénétrer en nombre dans la place et réduire la garnison à la dernière extrémité. L'admirable capitaine Coste, racontant son héroïque défense, répétait les larmes aux yeux : « Si M. de Quatrebarbes n'eût pas été mis hors de combat, je ne me serais pas rendu. Nous avions quelques vivres; nous eussions tenu vingt-quatre heures de plus et le découragement dispersait les bandes. »

La capitulation acceptée, Bernard fut laissé aux mains des garibaldiens de Monte-Rotondo.

On lui permit, au bout de quelques jours, d'écrire à sa famille ; il put même lui faire parvenir une dépêche, annonçant sa blessure comme légère et en voie de guérison. A cette nouvelle, son père partit immédiatement pour Rome. Mais, quand il arriva, Monte-Rolando était délivré, et Bernard avait eu la joie, au lendemain de Mentana, d'embrasser ses amis et plusieurs de ses parents (1). A cette heure encore, le blessé se flattait de garder son bras, et pourtant déjà se manifestaient les premiers accès de cette fièvre, qui devait reparaître après l'amputation

---

(1) Des quatre cousins de Bernard qui combattirent dans cette mémorable journée avec le courage héréditaire de leur famille, trois frères, Zacharie, Maurice et Henri du Reau étaient sortis sains et saufs de la bataille, et Yves de Quatrebarbes avait scellé de son sang le triomphe de la Papauté.

et terminer les longues souffrances de l'héroïque jeune homme.

Aussitôt on s'occupa de le transporter à Rome. Le général Kanzler mit à la disposition du marquis de Quatrebarbes un vapeur pontifical. Porté à bras jusqu'au Tibre, Bernard fut ramené dans Rome après dix jours de captivité. La présence de son père le soutenait au milieu des plus cruels tourments. Il retrouvait en lui l'affection de la famille, et dans un élan de reconnaissance filiale : « Ah ! s'écria-t-il, si la tendresse pouvait guérir, comme je me porterais bien ! »

Les plus vives sympathies entourèrent le blessé. Le roi et la reine de Naples vinrent le visiter. François II, debout près du lit et profondément ému, exprimait à M. le marquis de Quatrebarbes l'admiration qu'il avait pour son fils : « Qu'on sache, interrompit Bernard, que je ne suis pour rien dans tout ce qui s'est fait après deux heures et demie. »

Mais la plus grande consolation, pour le cœur du noble blessé, fut de voir, dès le lendemain de son arrivée, Pie IX, qui, sans s'être fait annoncer, entrait dans sa chambre pour le consoler et l'encourager. Avant de se retirer, le Saint-Père ordonna de découvrir le bras de son cher enfant; il y posa la main, et faisant le signe de la croix : « Mon ami, dit-il, que le bon Dieu vous bénisse comme je vous bénis. »

Les soins les plus assidus et les plus vigilants ne parvinrent point à arrêter les progrès du mal. De toutes parts alors, de ferventes prières s'élevèrent vers le ciel. Mais Dieu voulait récompenser son serviteur ; il mesurait l'épreuve à son courage. Avant le sacrifice suprême, il en exigeait un autre... Le premier mouvement du blessé fut de le repousser avec énergie. « Jamais, disait-il, je ne consentirai à ce que l'on me coupe le bras, je ne pourrais plus monter à cheval. » Quelques paroles de foi et d'amour rendirent le calme à son âme ; il se résigna à la volonté de Dieu : « Je me soumets à tout, qu'on fasse ce qui est nécessaire. » La dangereuse opération eut lieu le samedi 16 novembre. Elle commençait, lorsque le R. P. de Gerlache survint en courant et, saisissant les mains du marquis de Quatrebarbes, qui, le cœur navré, s'agenouillait au chevet de son fils : « Monsieur, lui dit-il, je viens de chez le Saint-Père lui apprendre qu'on faisait en ce moment l'opération à votre fils ; il s'est aussitôt jeté à genoux en pleurant, a prié quelques instants et m'a donné pour lui une bénédiction spéciale que je vous apporte en toute hâte ! »

Les secours de l'art avaient été employés pour diminuer la violence de la douleur. Toutefois le réveil fut affreux : « Il a souffert le martyre après l'opération, » écrivait un témoin oculaire.

Bernard, comprenant la gravité de son état, demanda sa mère. Malade elle-même au point d'inspirer à sa famille de sérieuses inquiétudes, elle dut renoncer à fermer les yeux à son enfant bien-aimé. Seule, une des sœurs du blessé, put arriver à temps ; elle fut l'ange de consolation envoyé par Dieu pour adoucir les derniers moments de son frère. Il la revit avec un bonheur indicible : « Parle-moi de ma mère, lui répétait-il, parle-moi de ma mère, de mes sœurs, de mes frères. »

L'heure du dernier sacrifice approchait. Bernard s'en aperçut : « Cela va mal depuis deux jours, je le vois bien, disait-il, la fièvre ne cesse point ; je suis d'une faiblesse extrême. »

Le 21 novembre, Mgr Daniel étant venu le voir, Bernard lui demanda s'il n'était pas du nombre des malades qui peuvent recevoir le bon Dieu en viatique plus souvent que tous les huit jours. L'aumônier répondit affirmativement, ajoutant que du reste il allait faire solliciter une permission auprès du Saint-Père. Là-dessus, Bernard reprit qu'il était bien indigne d'une pareille grâce, et se tournant vers sa sœur : « Prie pour moi, car je recevrai demain le bon Dieu, et je ne suis pas en état de prier pour m'y préparer. »

Puis il voulut qu'on lui récitât le chapelet tout haut, et répéta lui-même chaque parole à voix basse. Vers le soir, il se fit lire un chapitre de l'*Imitation*, sur la soumission entière à la volonté de Dieu dans les épreuves et les afflictions. « C'est bien beau, dit-il... continuons un peu ; » et quelques instants après, interrompant de nouveau la lecture et faisant un retour sur lui-même : « Comme le bon Dieu me visite tout de même ! moi qui ne demandais qu'à jouir de ma vie de famille bien tranquillement, et j'en ai toujours été privé ! Si seulement je ne me plaignais point !... Mais ce qui me console, c'est cette pensée, que Jésus-Christ a bien dit : Que ce calice s'éloigne de moi. »

Le lendemain matin, on lui apporta la sainte Eucharistie qu'il reçut dans les sentiments de la foi la plus vive. C'était vraiment pour lui le viatique de l'éternité.

Les forces du malade diminuaient ; la respiration était de plus en plus haletante. Cependant pas une plainte ; de temps en temps il répétait ces mots : « *Mon Dieu !* » Il offrait ainsi les souffrances qui achevaient de purifier son âme et d'embellir sa couronne.

Mgr Daniel vint lui donner l'extrême-onction vers dix heures du soir, le vendredi 22 novembre. Le mourant ne pouvait plus parler, mais la sœur prononçait lentement à côté de lui les noms de Jésus et de Marie ; et lui, pour montrer qu'il s'unissait à cette prière, poussait un léger soupir. Il conserva sa connaissance jusqu'aux derniers instants ; vers minuit, il s'éteignit doucement sans agonie, sans frayeur.

Trois mots d'une concision sublime composaient la triste dépêche envoyée à sa mère : « Bernard au ciel ! »

A la nouvelle de cette mort, le colonel d'artillerie Bernard Blumenstil accourut se jeter dans les bras du marquis de Quatrebarbes, et ne put que lui dire en fondant en larmes : « J'ai un second patron dans le ciel. » Puis, lorsque cette vive émotion fut passée, il fit de Bernard un éloge qu'il résuma ainsi : « C'était une belle intelligence, avec une âme de la plus rare énergie. En un mot, c'était le vrai type de l'officier pontifical. »

Les obsèques eurent lieu à Rome le 25 novembre à Saint-André Delle-Fratte ; et cette vaste église se trouva trop étroite ce jour-là pour contenir la foule compacte qui se pressait autour du cercueil.

« Mon cher comte, écrivit, ce même jour, le général Kanzler à l'ancien gouverneur d'Ancône, je reviens du service funèbre de Bernard de Quatrebarbes, et j'éprouve le besoin de vous écrire deux mots, de vous serrer affectueusement la main au sortir de cette douloureuse cérémonie. Vous pleurez un fils d'adoption, sur la tête duquel s'étaient réunies vos plus chères tendresses. Le Saint-Père a perdu en lui un de ses serviteurs les plus dévoués, et un de ses officiers du plus rare mérite; nous autres soldats, un bon ami et un vaillant frère d'armes. Vous savez déjà du reste qu'il est tombé en héros et qu'il est mort comme un saint.

« Quand Dieu rappelle à lui des existences si précieuses et si bien remplies, c'est qu'elles sont mûres pour le ciel. Le triomphe de l'Église a toujours été, mon cher comte, la pensée dominante de votre vie ; au milieu du bien naturel déchirement de votre cœur, soyez donc fier de la part que votre noble famille a prise à ce triomphe.

« Bernard de Quatrebarbes, par sa vie et par sa mort, sera toujours compté parmi les plus généreux et les plus brillants défenseurs de la plus belle des causes. C'est dans cette pensée seule que votre irréparable douleur peut puiser quelque consolation et quelque soulagement. »

Le lundi 17 décembre, le corps de Bernard, ramené par son père, débarquait à Marseille, et le jeudi suivant arrivait à la gare de Morannes. Le clergé de cette paroisse, avec celui des paroisses voisines, s'était rendu à la gare pour recevoir les restes du jeune martyr, que les fermiers de la famille tinrent à honneur de porter à l'église. Une foule nombreuse était venue témoigner de ses sympathies pour la glorieuse victime de Monte-Rotondo. Après une messe solennelle, suivie de l'absoute, tous accompagnèrent le corps jusqu'à la limite de la paroisse, où un char funèbre attendait. Bernard fut déposé dans la chapelle du cimetière d'Argenton. Durant trois jours, de pieux visiteurs y vinrent sans cesse prier, et faire toucher au cercueil des chapelets et des médailles. Il avait fallu défendre de couper des morceaux du drap mortuaire.

Mgr l'évêque de Laval avait fixé au lundi 23 la cérémonie des obsèques. Ce jour, l'église d'Argenton, parée de tentures de deuil, vit une nombreuse assistance, composée de parents, d'amis et de la plus grande partie de la population, se presser dans son enceinte devenue insuffisante. Au milieu du transept s'élevait un catafalque, décoré de l'uniforme que portait le jeune officier au dernier combat. Deux inscriptions, *Nerola*, *Monte-Rotondo*, rappelaient les deux champs de bataille sur lesquels Bernard s'était illustré. Mgr l'évêque de Laval, voulant honorer cette noble mémoire, célébra la messe pontificale, et, dans des paroles pleines d'émotion, glorifia le dévouement des vaillants défenseurs du Saint-Siége, parmi lesquels la famille de Quatrebarbes compte cinq représentants. Le prélat fit ensuite ressortir les vertus qui caractérisaient Bernard, et toucha profondément l'assistance, lorsqu'il représenta Georges d'Héliand apportant du ciel la palme et la couronne au nouveau martyr. Sublime consolation que le cœur du Pontife était heureux d'offrir à la douleur d'un père et d'une mère. La religion seule peut adoucir de semblables douleurs et les rendre confiantes, radieuses.

Après une vie si pure et si glorieuse, une mort si chrétienne et si triomphante, ne peut-on pas répéter avec vérité ces belles paroles, *Bernard au ciel?* Oui, dirons-nous avec Mgr de Laval, car c'est « le cri de la foi, le cri de l'espérance, le cri de l'amour enflammé qui s'était donné tout entier. »

LÉOPOLD-CHARLES
COMTE DE MONDION

Léopold-Charles, comte de Mondion, né à Loudun (Vienne) le 8 juin 1847, élève du collége Stanislas, puis de l'école Sainte-Geneviève du 10 octobre 1865 au 30 juillet 1867, admis à Saint-Cyr en 1867, sous-lieutenant au 23ᵉ de ligne en 1869, blessé à Gravelotte le 16 août 1870, mort à Metz le 16 septembre.

Dès l'enfance, Léopold avait manifesté ses goûts pour la carrière des armes, dans laquelle s'étaient illustrés ses ancêtres depuis la bataille de Bouvines. Elle fut courte pour lui mais bien remplie. En sortant de Saint-Cyr, il fut nommé sous-lieutenant au 23ᵉ d'infanterie qui était alors à Dijon. Vers le mois de juin 1870, il se rendit au camp de Châlons avec son régiment, et c'est là qu'il apprit la déclaration de guerre à la Prusse

Fier de se trouver au premier rang, le jeune sous-lieutenant se réjouissait avec ses amis de l'avenir qui s'ouvrait devant lui. Il alla camper à Forbach avec le corps Frossard, dont il faisait partie, et se trouva bientôt en présence des Prussiens. Le 23ᵉ se distingua par sa fermeté sous le feu; mais combien il eut à souffrir! « Au plus fort de la mêlée, écrivait Léopold quelques jours après cette fatale surprise, j'ai fait une petite croix sur une motte de terre et j'ai prié. Voilà ce qui m'a sauvé, car autour de moi tombaient de tous côtés officiers et soldats. » Il avait témoigné quelque inquiétude durant la première moitié de sa courte campagne, mais le 14 ou le 15 août il reçut de sa mère une petite médaille de Marie qui lui rendit confiance. « Peut-être serai-je blessé, disait-il à l'un de ses camarades, mais ce ne sera rien, j'espère. »

Le 16 août, il venait de se mettre à table quand un obus prussien éclata près de lui. Ainsi commençait la journée de Gravelotte. Léopold vole aussitôt à la tête de ses hommes qui rejoignent leur drapeau. Apercevant deux soldats qui s'étaient couchés pour éviter toute atteinte, il se baissa pour les faire lever; c'est alors qu'une balle vint lui fracasser la jambe gauche. Il resta sur le champ de bataille plus de 24 heures sans prendre aucune nourriture, sans recevoir aucun secours, exposé aux feux des deux partis. Ce furent de longues heures d'angoisses ! Un obus français tombé près de lui le rejeta à plus de huit mètres. Cette terrible secousse occasionna une contusion douloureuse dont il se plaignait bien plus que de sa blessure. Plusieurs fois il essaya de se traîner. Un Prussien l'aperçut et voulut, mais en vain, lui arracher la chevalière qu'il portait au doigt ; elle est aujourd'hui précieusement conservée par sa famille. Un autre, le voyant essayer de soulever sa jambe, le coucha en joue, menaçant de tirer s'il remuait. Le pauvre blessé se renversa tranquillement sur le dos ; deux escadrons de cavalerie traversèrent aussi la plaine, mais sans le toucher.

Le 17 août, il fut relevé par les Prussiens, et conduit à l'ambulance de Vionville. Le 21, une partie des blessés fut évacuée sur Pont-à-Mousson, Léopold fut dirigé sur Metz avec l'autre partie. Les malheureux blessés avaient été cahotés près de quatre heures dans une charrette, lorsqu'ils arrivèrent à Rezonville. M. l'Intendant n'avait pas de sauf-conduit signé du roi ; le commandant prussien refusa un laisser-passer. Le lendemain au soir seulement, on put reprendre la route de Metz. Léopold y arriva le 23 à 3 heures du matin, mais dans un état si déplorable, que le médecin de l'ambulance du grand séminaire, où il avait été transporté, déclara l'amputation nécessaire. Son lieutenant, M. Eugène Gasquet, vint le voir et le trouva parfaitement calme. « Adieu la chasse aux Prussiens, disait-il en riant, et ce qui est plus triste pour moi, adieu la chasse aux perdrix du Poitou. »

Grâce aux soins délicats dont il fut entouré, un mieux sensible se déclara dans l'état du malade, et bientôt on ne jugea plus l'amputation nécessaire. Ses camarades étaient frappés de sa douce sérénité, de sa gaieté constante. On lui apprit alors qu'il était porté le premier pour la décoration, et qu'elle ne se ferait pas attendre. Comme c'était son unique ambition, il en fut très-heureux et l'écrivit à son père, dans une lettre pleine de confiance et d'espoir.

Le supérieur du grand séminaire venait souvent causer avec lui; il a raconté depuis, combien Léopold était aimé et estimé de tous ceux qui l'approchaient.

Quand l'espoir de guérir eut complétement disparu, Léopold devint plus sérieux sans être moins affable. Il songeait à la mort et s'y préparait avec soin. « Ce sera une consolation pour ma famille, disait-il, de savoir que je meurs content, parce que je meurs en bon chrétien. »

Il expira le 16 septembre, muni des secours de la

religion, édifiant par une foi vive et une piété sincère, tous ceux qui furent témoins de ses derniers moments. « Aimable jeune homme, écrit un capitaine qui avait appris à l'estimer, comme il doit laisser des regrets après lui ! »

Son corps fut inhumé provisoirement dans le cimetière du Polygone à Metz ; il repose aujourd'hui à Ceaux près de sa famille. M. Xiste de l'Epinay, beau-frère de Léopold, chargé de ramener les restes du vaillant officier, n'eut aucune peine à retrouver l'endroit de sa tombe. Elle était parfaitement entretenue par une main pieuse qui chaque jour venait y renouveler les fleurs.

TIMOLÉON

DE LA TAILLE

Timoléon de la Taille, né à Tours le 11 février 1843, élève de l'école Sainte-Geneviève du 8 octobre 1858 au 27 août 1862, élève de l'école polytechnique en 1862, démissionnaire en 1864, tué au combat des Roches près Montoire le 6 janvier 1871.

A sa sortie de l'école polytechnique, Timoléon donna sa démission et suivit les cours de droit à la faculté de Paris. Il voulait ainsi se préparer par des études sérieuses et variées à remplir un jour un poste honorable dans la vie civile, vers laquelle l'inclinaient ses goûts et ses aptitudes.

Il subit avec succès les examens de licence en 1869 et revint joyeux au milieu de sa famille. Ses manières distinguées jointes à l'étendue de son savoir ne tardèrent pas à lui mériter l'estime et la considération de ses concitoyens. Déjà même ils se plaisaient à le désigner comme le futur défenseur de leurs droits au sein de nos grandes assemblées.

Au mois d'octobre 1870, la France était envahie, les provinces de l'Ouest elles-mêmes étaient menacées; Timoléon, cœur chrétien et généreux, n'hésite pas à se sacrifier au salut de son pays. Engagé volontaire, il part pour l'armée de la Loire, et sert avec le grade d'officier d'artillerie dans le 14e régiment qui faisait partie du 17e corps.

Là, comme partout, il sut par ses rares qualités conquérir le respect de ses subordonnés et l'affection de ses camarades. Son courage et son énergie le firent remarquer de ses chefs. Une première blessure reçue dans la retraite de Vendôme au Mans ne l'empêchapoint de continuer la lutte.

Dans un mouvement de retour du Mans sur Vendôme, il se trouva près des Roches, non loin de la maison paternelle. Déjà même il se réjouissait dans la pensée d'embrasser bientôt sa mère, dont il n'avait point entendu parler depuis le départ. Mais une attaque inprévue ne lui permit pas de quitter son poste.

Au combat des Roches près Montoire et Vendôme, il se distingua par un sang-froid, une intrépidité au-dessus de tout éloge. La batterie qu'il commandait eut beaucoup à souffrir : la moitié des hommes fut mise hors de combat ; presque tous les chevaux furent tués. Quand on sonna la retraite, Timoléon mit pied à terre, regarda une dernière fois avec sa longue-vue les batteries prussiennes, pointa ses pièces et salua l'ennemi. Il se disposait à remonter à cheval lorsqu'il fut atteint mortellement par un éclat d'obus.

Le matin même, il avait assisté à la messe dans l'église des Roches. M. le curé, mandé près de lui, traversa le champ de bataille au péril de sa vie. Le blessé respirait encore, mais ne parlait plus ; il serra la main du prêtre devenu son ami depuis quelques jours, reçut l'absolution et mourut peu d'instants après. M. le curé des Roches, fait prisonnier par les Prussiens, ne fut remis en liberté que le lendemain. Son premier soin fut de rendre les derniers devoirs au corps de nos soldats qui jonchaient le sol. Le 2 février seulement, il put avertir les parents de Timoléon retirés à Périgueux, de la mort chrétienne de leur fils, noble et brave jeune homme qu'il considérait comme « le modèle du chrétien, du citoyen et du soldat. »

AUGUSTE PISON

Auguste Pison, né à la Terrosse (Isère) le 8 mai 1848, élève de l'école Sainte-Geneviève du 8 octobre 1867 au 24 juillet 1869, admis à l'école Forestière en 1869, lieutenant des mobiles de l'Isère, blessé à la bataille de Vernon le 8 décembre 1870, et mort à Beaugency de ses blessures, le 18 décembre.

Le choix d'une carrière n'avait pas été pour Auguste, comme pour tant d'autres, une satisfaction d'amour-propre. Lui-même a raconté l'histoire intéressante de sa vocation au prêtre qui l'assistait à ses derniers moments. Pressé par le désir de se consacrer à Dieu, il avait résolu de lui donner non seulement sa personne et sa vie, mais une position sociale conquise au prix d'un travail persévérant. « Je veux, disait-il en parlant du mépris des gens du monde pour les vocations religieuses, je veux prouver à tous qu'on peut avoir de la fortune, de l'intelligence, des chances d'avenir, et cependant sacrifier les plus belles espérances au service désintéressé des âmes. » De là l'irrévocable résolution de se préparer aux écoles du gouvernement, de conquérir ses diplômes, pour les déposer ensuite au pied des autels. Ces nobles sentiments étaient le fruit d'une éducation religieuse, d'abord au sein d'une famille chrétienne, puis au petit séminaire du Rondeau près de Grenoble.

D'un caractère sérieux et réfléchi, raconte un de ses anciens professeurs, Auguste se distingua toujours au collége par le respect de la discipline. « Faites ce que vous voudrez, répondit-il un jour à des condisciples qui essayaient de le gagner à la cause du désordre ; c'est votre affaire, cela ne me regarde pas. » Cette seule parole suffit pour calmer de jeunes amis qui craignaient de perdre son estime. Un grand entrain à tous les jeux et une aptitude remarquable aux exercices du corps, jointes à de précieuses qualités d'esprit et de cœur, lui avaient acquis une influence qu'il exerçait sans prétention aucune. Observateur attentif, il savait découvrir les moindres défauts, qui devenaient à l'occasion l'objet de ses spirituelles critiques. Mais tel était son air de candeur et son ton d'ingénuité, que personne ne refusait d'approuver ses innocentes satires.

Comme son caractère, la piété d'Auguste n'avait rien que d'aimable et d'attrayant. On le vit souvent sacrifier ses goûts et ses inclinations à la joie et au plaisir de ses camarades. Une modestie parfois excessive l'entraînait à une trop grande défiance de lui-même. Il fallait toute l'autorité de ses maîtres pour le déterminer à affronter les épreuves des examens ; et lorsque le succès avait couronné ses efforts, ce n'était encore à ses yeux qu'un effet du hasard : la chance, disait-il, l'avait favorisé, et il repoussait tout éloge d'ailleurs bien mérité.

A l'école Forestière, d'après le témoignage du directeur, « il prit une place à part ; » sa conduite exemplaire lui valut la charge de *Papa* de la promotion.

Ce titre flatteur nous montre que, devenu jeune homme, Auguste n'avait rien perdu de cette droiture exceptionnelle, qui l'avait autrefois établi l'arbitre de ses compagnons de jeux. Constitué juge de paix par ses nouvelles fonctions, il devait trancher en dernier ressort les différends survenus soit entre ses camarades, soit entre les élèves de l'école et les gens du dehors. Il remplit à la satisfaction générale sa délicate et difficile mission. S'élevant au-dessus des préjugés et considérant le duel comme un crime, il lutta de toutes ses forces contre cette coutume barbare et les fausses interprétations du point d'honneur.

Quand les vacances ramenèrent Auguste au sein de sa famille, la défaite et l'invasion avaient rempli son âme de tristesse et d'amertume. A la vue de nos désastres, il s'étonnait des longs retards apportés à l'organisation des mobiles. Ne voulant que se battre, il refusa tout grade d'abord et finit par accepter celui de sergent. Enfin l'ordre de se mettre en campagne arriva.

Auguste l'apprit avec joie, sans craindre le danger, car il était prêt à tout événement. « Je puis être tué, disait-il, la veille même de son départ ; mais j'accomplis un devoir envers la patrie. » Comme on lui faisait observer qu'il était d'un trop bon naturel pour se mêler à une lutte sanglante. « On est bon quand il le faut, répondit-il avec calme ; sur le champ de bataille, ce n'est pas le moment ; je vous le dis, vous entendrez parler de mes hommes, ils suivront mon exemple. Si je suis tué, tant pis ; l'essentiel est de se trouver prêt ! » Puis, s'adressant à sa mère : « Ne vaut-il pas cent fois mieux, ajouta-t-il, mourir victime de son devoir ? Je ne suis pas meilleur que les autres ; aussi bien qu'eux je pourrais faillir. » Le lendemain, Auguste prenait congé de sa famille, après s'être approché de la table sainte, et marchait plein de courage à l'ennemi. Déjà son frère aîné avait abandonné le poste de garde général à Nyons (Drôme), pour voler, simple volontaire, à la défense du territoire envahi.

La *Chronique Forestière*, en publiant la nécrologie d'Auguste Pison, a raconté comment il succomba les armes à la main sur le champ de bataille. Il se signala, dit-elle, par des prodiges de valeur dès le début de la rude campagne de la Loire, ce qui lui valut bientôt le grade de lieutenant dans la 2e compagnie du 6e bataillon.

Au combat de Vernon, près de Beaugency, Auguste fut investi du commandement de la 2e compgnie, et toute la journée l'intrépide jeune homme combattit avec le sang-froid d'un vieux guerrier. Ses mobiles, encouragés par ses paroles et son exemple, tinrent ferme sous une pluie de feu qui décimait leurs rangs.

Resté seul de tous les officiers de sa compagnie, Auguste veut entraîner ses hommes dans un effort suprême, et une balle lui brise le bras gauche; quelques pas plus loin, deux autres balles le frappent à la jambe au-dessus et au-dessous du genou. Il s'affaisse alors sur lui-même. « Laissez-moi, dit-il aux mobiles qui s'apprêtaient à le secourir, je suis perdu; dites à ma mère que pour elle est ma dernière pensée. » Malgré son refus, un de ses amis le charge sur ses épaules, et, sous un feu des plus vifs, cherche à mettre en sûreté son précieux fardeau derrière la ligne de bataille. Dévouement inutile! Une balle traverse la jambe du soldat; il tombe en entraînant le lieutenant dans sa chute. Quatre hommes parvinrent enfin à transporter les blessés dans une grange, peu de temps après occupée par les Prussiens.

Conduit à l'ambulance de Beaugency, Auguste supporta les opérations les plus douloureuses avec le courage d'un soldat et la foi d'un chrétien. Le 18 décembre 1870, il écrivit la lettre suivante où respire son calme habituel : « Ma chère mère, depuis que je suis parti de la maison, je n'ai reçu aucune nouvelle de ma famille; aujourd'hui je suis dans un bien triste état, je t'écris par la main d'une bonne sœur Ursuline, car j'ai la jambe et le bras traversés par une balle. On m'a laissé trois jours sans secours dans une grange, où nous étions sept, dont quatre sont morts. Arrivé à Beaugency, j'ai trouvé un des chirurgiens les plus distingués de Paris, qui m'a soigné de suite et m'a rassuré beaucoup. Il dit ma guérison certaine. J'ai promis, si j'étais guéri, de me faire prêtre. J'ai déposé mon vœu entre les mains de deux aumôniers de l'ambulance, auprès desquels j'avais pris conseil. »

Ce vœu de suivre la carrière sacerdotale n'était, nous le savons déjà, que la réalisation d'un dessein mûrement réfléchi. Mais laissons ici la parole au prêtre qui se trouvait près de son lit de douleur.

« Un soir, écrit-il, le lieutenant Pison m'appelle et, me parlant tout bas : « Mon Père, il m'est venu en pensée de faire un vœu à la sainte Vierge pour obtenir ma guérison. —Lequel?— Le vœu d'entrer au séminaire et de me consacrer à Dieu. » Au premier mot qu'il me dit de son projet, je lui montrai tout le sérieux d'une telle résolution, je lui définis la vie du prêtre à peu près dans ces termes, « le dévouement à outrance. »

« Il demeura inébranlable; et, pour me prouver qu'il ne s'engageait pas légèrement, il me raconta l'histoire de sa vocation. « C'est grave, ajoutai-je, ce que vous me communiquez; lieutenant, attendons encore pour décider quelque chose, et surtout priez. Demain à la sainte messe, je me souviendrai de vous, puis je vous donnerai la réponse. » Le lendemain de bonne heure, je revins près de lui. « Lieutenant, je vous rapporte ma réponse. — Eh bien! me dit-il? — C'est oui, répondis-je. » Aussitôt il formula son vœu simplement et fermement. »

Dieu sans doute eut pour agréable l'offrande qui lui était faite d'une victime aussi pure. Malgré les soins les plus empressés, la guérison n'avançait pas; bientôt des symptômes alarmants se déclarèrent, Auguste comprit que sa dernière heure approchait. Voulant mourir comme il avait vécu, il demanda lui-même les secours et les consolations de la religion. Sa patience, sa douceur et sa résignation ne se démentirent point un seul instant. « Notre cher malade, écrit la sœur qui veillait à son chevet, a conservé sa connaissance jusqu'à la fin. Il pressait continuellement le crucifix sur son cœur; il expira en prononçant les saints noms de Jésus, Marie, Joseph. »

Nous recueillons ici avec bonheur l'éloge funèbre consacré à la mémoire d'Auguste par la *Chronique Forestière*. Il nous semble l'expression exacte de la simple vérité. « Ame loyale, cœur ouvert, nature sympathique, M. Pison avait su partout se faire aimer; sa mort est un honneur pour l'administration. » S'il avait survécu, ajouterons-nous avec confiance, il eût également honoré l'Église et la patrie, par l'énergie de son caractère et la fermeté de ses convictions.

GASTON DE MURAT

Gaston de Murat, né à Paris le 15 mai 1848, élève du petit séminaire d'Orléans, puis de l'école Sainte-Geneviève du 16 octobre 1868 au 22 août 1869, lieutenant puis capitaine au 4ᵉ bataillon des mobiles du Loiret, blessé à Buzenval le 19 janvier, chevalier de la légion d'honneur, mort à Paris le 9 février 1871.

« Mon cher ami, disait Mgr l'évêque d'Orléans à M. l'abbé Crochet, auteur d'une relation sur la vie et la mort de Gaston de Murat (1), je vous écris les larmes aux yeux ; je viens d'achever votre si intéressant et touchant récit. J'avais connu cet admirable jeune homme et je l'avais beaucoup aimé dès son enfance. C'est visiblement un prédestiné. Je ne

(1) Gaston de Murat, capitaine au 4ᵉ bataillon des mobiles du Loiret, par M. l'abbé Crochet, curé de Sandillon. (Orléans, imprimerie de Georges Jacob, cloître Saint-Etienne, 4, 1872.

doute pas qu'il ne soit au ciel avec Dieu et ne prie pour sa famille et pour nous.

« Vous avez fait là une bonne œuvre; bonne et belle, car vous avez mis en lumière cette belle âme, sa candeur, son innocence, son héroïsme, sa piété filiale et fraternelle, sa tendresse pour ses amis, tous ces nobles et purs amours qui s'allient si merveilleusement dans son cœur avec l'amour de Dieu.

« Je vous bénis de toute mon âme,

† FÉLIX, Évêque d'Orléans. »

Gaston, âgé de douze ans, avait été envoyé par ses parents à La Chapelle Saint-Mesmin, pour y terminer ses études littéraires, commencées au château du Bruel sous la direction d'un précepteur dévoué. Elevé par une mère chrétienne avec tendresse et fermeté, il dut à cette première éducation, qui s'appliqua surtout à développer ses qualités naturelles, cet heureux mélange de sensibilité et d'énergie qui formait le fond de son caractère.

Fidèle aux prescriptions de la maison paternelle, Gaston se soumit volontiers à la discipline du collége. Il se montrait respectueux à l'égard de ses maîtres, aimable envers ses camarades, en un mot plein de gaîté et d'entrain. « Quand il fit sa première communion, raconte un de ses professeurs, le bon maître ne trouva pas, parmi ces petits élèves, de cœur mieux préparé.

Ce n'est pas à dire que Gaston fût exempt des imperfections de l'enfance mais les fautes dont il pouvait se rendre coupable tournaient ordinairement à son avantage, car il savait recevoir une réprimande méritée, et réparer noblement ses torts.

« O mon Dieu, écrivait-il à dix-huit ans, aidez-moi à défendre mon cœur contre les passions ; faites que je sois toujours prêt à paraître devant vous ; donnez-moi la pureté du jeune ami que je pleure. Je ne sais pourquoi, mais je me sens tout ému et sur le point de fondre en larmes.... J'entends une voix qui me dit : « Tiens-toi prêt ; aime Dieu ; sers-le avec dévotion, car ton heure est proche. » Cette pensée me poursuit partout.... O mon Dieu, je me recommande à votre paternelle bonté, et je me jette de tout cœur dans le sein de votre miséricorde. Mettez en moi le germe de votre amour ; faites-le fructifier.... Donnez-moi quelques succès dans mes études...... C'est avec une entière soumission à votre sainte volonté que je vous adresse ces prières..... »

Ame sensible, Gaston avait parfois ses heures de mélancolie ; il songeait à l'avenir, et il exprimait en accents poétiques ses tristes pressentiments :

Déjà la brise caressante
Sème les parfums dans les airs.
. . . .
. . . .
. . . .
L'oiseau chante dans la vallée,
L'hirondelle a fixé son vol.
Dis, pauvre fleur étiolée,
Pourquoi ta corolle étoilée
S'incline-t-elle vers le sol?

Le souffle brûlant de l'orage
A flétri tes belles couleurs :
De mes jours trop fidèle image,
Blanche parure du bocage,
Tu vis une aurore et tu meurs.

Après avoir terminé sa philosophie, Gaston suivit les cours de sciences à l'école Sainte-Geneviève. Bientôt apparurent en pleine lumière les qualités de son esprit et de son cœur. Ses maîtres lui portaient une vive affection. Elle se révéla tout entière à l'occasion d'une grave maladie, qui le conduisit aux portes du tombeau. Sa vie ne tenait plus qu'à la réussite d'une opération difficile. Dans cette circonstance, le R. P. Ducoudray recommanda la guérison du malade aux prières de toute l'école, et promit un pélerinage d'actions de grâces à Notre-Dame-des-Victoires, si les prières étaient exaucées. A partir de ce moment, le jeune homme se voua tout entier au culte de la sainte Vierge.

Après les examens du baccalauréat, Gaston se dirigea vers le sanctuaire de Notre-Dame de la Salette ; il voulait témoigner sa reconnaissance pour les grâces reçues et implorer de nouvelles faveurs. C'est de là qu'il écrivit à sa mère, le 11 septembre, ces lignes remplies d'une religieuse émotion :

« Vous ne vous figurez pas quelle atmosphère de piété calme et douce on respire là-haut! c'est une impression ineffable qui s'empare de vous et vous transforme ; tout le monde se salue ; on est affable les uns envers les autres ; il semble qu'on ne fait plus qu'une même famille ; en un mot, c'est une joie paisible et ravissante qui vous inonde de la félicité la plus complète; on ne se parle qu'à voix basse, pour ne pas déranger ceux qui prient autour de vous. Qu'on est heureux ! j'aurais donné tout au monde pour vous serrer dans mes bras en ce moment ; ne le pouvant pas, je priais du fond du cœur pour vos intentions les plus chères ; je demandais à la sainte mère du Sauveur de me conserver la mienne aussi longtemps que possible et de la combler de félicité. »

Plus tard pendant le siége de Paris, nous verrons encore le pieux jeune homme, malgré les occupations les plus accablantes, trouver quelques moments de liberté, et s'en aller prier à l'autel de Notre-Dame-des-Victoires.

Pour satisfaire aux désirs de ses parents, Gaston commença ses études de droit en 1869. Trois fois par semaine, quel que fût le temps, il partait à six heures du matin pour Orléans, et, le cours terminé, il repartait aussitôt. Cette vie studieuse et calme ne lui parut jamais ennuyeuse ou monotone. Les plaisirs du monde le laissaient indifférent à leurs attraits; il ne songeait pas à goûter d'autres jouissances que celles du foyer paternel. Déjà il se servait de son influence dans l'intérêt du bien : à l'occasion d'un jubilé, il eut la consolation de voir ses serviteurs et ses fermiers, gagnés par son exemple et ses conseils, s'approcher des sacrements et remplir leur devoir pascal.

Son exquise politesse était animée par la charité chrétienne. On ne l'entendit jamais prononcer un mot blessant pour personne, et il se montrait plein de respect envers ceux que l'âge ou la situation plaçaient au-dessus de lui. Sans que rien l'y obligeât, souvent il proposait ou acceptait des parties de chasse ou de pêche, divertissements pour lesquels il n'avait aucun goût. Tant d'amabilité devait naturellement lui gagner toutes les sympathies; seul il s'étonnait d'une bienveillance à laquelle il ne se croyait aucun droit, et qui le touchait vivement; l'attachement que lui gardaient ses amis n'était à ses yeux qu'une preuve de leur excellent cœur.

Toutefois la bonté d'âme n'excluait pas chez lui l'énergie de caractère. On le vit un jour répondre à des paroles blessantes avec une ferme dignité, puis, oubliant l'injure, proposer une promenade à celui qui l'avait offensé. « Un des plus jeunes de nos réunions, écrit un de ses amis, il en était le plus sage ; il nous reprenait parfois, mais nous l'en aimions davantage. Sa grande et continuelle gaîté, dont nous étions enchantés, lui avait valu parmi nous l'aimable surnom d'*enfant*, et véritablement il réalisait tout ce qu'il y a de beau, de bon et de pur dans ce mot. »

Dans une causerie familière, on déplorait le malheur de ces jeunes gens qui, séduits par de faux amis, se laissent entraîner au mal : « N'ayez pas peur, ô mère! s'écria-t-il tout à coup, dans un abandon filial, je suis chrétien, et il me semble que, si la pensée du mal osait se présenter à moi, la crainte de vous faire de la peine me retiendrait toujours. » Sa franchise de langage, autorisée par une conduite irréprochable, faisait dire à un de ses intimes amis : « Gaston est le modèle des jeunes gens. »

Une année s'était ainsi écoulée, année bien rapide pour un enfant qui aimait sa mère. L'organisation de la garde mobile vint l'arracher à la vie paisible du Bruel, et le jeter dans le tourbillon des camps. Gaston fut improvisé lieutenant dans le 4ᵉ bataillon du Loiret; il saisit, non par goût, mais par devoir, l'occasion offerte à son courage, et se rendit à Paris avec les mobiles pour combattre aux côtés de son père.

« Malgré mon vif désir de vous donner plus tôt de mes nouvelles, écrivait-il à sa mère au commencement de septembre, j'ai dû y renoncer. Le général Trochu nous a passés en revue, et cette cérémonie a duré depuis dix heures du matin jusqu'à trois heures de l'après-midi. Nous avons réuni nos hommes au Château-d'Eau, et de là nous nous sommes rendus, par le boulevard Sébastopol et les quais, jusqu'à l'Arc-de-Triomphe. Nous avons ramené nos troupes au point de départ, en descendant tous les boulevards ; nous étions tout blancs de poussière ; le nuage que les hommes soulevaient dans leur marche était si épais, qu'il eût été impossible de voir à trente pas devant soi ; ces infortunés n'en pouvaient plus. J'étais aussi exténué de fatigue. Le général Trochu a serré la main à M. de Fressinet, en le félicitant de la tenue des mobiles du Loiret.

« Tout le long du trajet, nous avons été acclamés

par la foule qui criait : vive la mobile! De temps à autre, on entendait percer une voix avinée qui criait : vive la république! Vous faire une idée de l'encombrement qui règne ces jours-ci est impossible. On rencontre à chaque instant d'immenses troupeaux de bœufs, qui descendent les boulevards en mugissant. Après, viennent les moutons, suivis d'énormes convois de grains et de fourrages, mêlés aux trains d'artillerie, aux obus et aux fourgons. Puis, partout des troupes manœuvrent, troupes de ligne, gardes nationaux, gardes mobiles, éclaireurs de la Seine, francs-tireurs, amis de la France.

P. S. « Le commandant m'a complimenté devant la compagnie sur mon activité. »

Gaston a raconté lui-même, dans son journal du siége et dans les lettres à sa mère, les principaux événements dont il fut témoin, depuis le mois de septembre 1870 jusqu'au mois de janvier 1871.

Dans ses lettres, avant et après l'investissement, il se montre fils affectueux et chrétien confiant. « Adieu, mère chérie; protégé par le bras de Marie, je reviendrai bientôt dans les vôtres. Ayez confiance et ne vous tourmentez pas. Adieu, je vous embrasse de tout cœur, comme je vous aime. » — « Hier, j'étais tellement désolé, que je me suis pris à pleurer, et, n'y tenant plus, je suis parti pour Paris, où j'ai prié longtemps à Notre-Dame-des-Victoires, puis je me suis confessé ; de retour au milieu de mon bataillon, qui ne soupçonnait pas mon absence, je me suis roulé dans ma couverture, et j'ai pu dormir, ce qui ne m'était pas arrivé depuis longtemps. Je brûle de chasser les Prussiens du sol de la France, d'autant plus qu'ils me séparent de vous. »

Dans son journal du siége, destiné à rappeler l'emploi de chaque journée, il consigne çà et là ses souvenirs et ses observations. On y suit le courageux lieutenant aux différents postes qui lui furent confiés ; la simplicité et la juvénile insouciance de son langage ne laissent pas soupçonner la moindre crainte de la mort; la confiance en Dieu et la paix de la conscience lui donnent une tranquillité parfaite; les épreuves de la vie militaire et les privations ne troublent point la liberté de son esprit et de son cœur.

Nous puiserons par ordre chronologique, dans le journal et dans les lettres, ce qui nous semble de nature à faire mieux apprécier les travaux et les souffrances de ces braves défenseurs de la capitale, soldats improvisés, mais cœurs héroïques, qu'aucun échec n'était capable de décourager.

Le 16 septembre 1870. « La cour du Louvre est désignée pour la réunion de notre bataillon, nos hommes reçoivent peu à peu leur outillage.

Le 18. « On remet à l'élection tous les chefs dans la mobile. Je suis sûr de conserver mon grade ; mais nous sommes tous irrités de cette mesure, qui est sans précédent et ne tend à rien moins qu'à renverser toute hiérarchie ; j'ai déclaré à mes hommes, disposés à me nommer capitaine, que je refusais tout avancement venu de leur part. Cela est l'œuvre de la canaille de Paris, qui travaille nos hommes. Que je plains notre pauvre France !

Le 19. « Malgré ma défense formelle, mes hommes m'avaient donné quarante voix pour être capitaine ; quand est venu mon tour j'ai été nommé lieutenant à l'unanimité. Les opérations terminées, nous partons pour Clignancourt, où nous monterons la garde sous les buttes de Montmartre.

Le 20. « Quelle nuit je viens de passer ! quels êtres insupportables, que ces gardes nationaux ! N'ayant pas d'abri, je demande asile aux officiers de la garde nationale. On ne me l'accorde qu'en maugréant, et encore quel gîte me donne-t-on ? Une botte de paille ayant déjà servi, jetée dans une chambre qui n'a plus ni portes ni fenêtres ; j'y suis transi de froid.

« Pour comble de bonheur, à chaque instant, un caporal amène au capitaine un homme de la garde nationale ivre ou récalcitrant. Le chef lui fait un discours patriotique en tâchant de le désarmer... Quelles troupes! Elles se croient le boulevard de la France. Chanter, crier et boire, voilà néanmoins, pour le moment, leur principale occupation. Ces nationaux s'exercent encore à faire crier : vive la république ! par nos hommes, qui gardent le silence pour la plupart; ils vont même jusqu'à proposer la même réjouissance aux officiers, mais nous passons sans leur répondre. La plus grande réserve nous est recommandée vis-à-vis d'eux, on craint une collision.

Le 21. « Grande joie parmi nos mobiles, on distribue des chassepots.

Le 24. « Voici enfin une mission sérieuse qui nous est confiée. Notre 37e est incorporé dans l'armée active et fera partie du 13e corps.

Le 25. « Jeudi j'ai dîné avec mon père et l'amiral du Quilio. Mon père est très-satisfait des fonctions qu'on lui a confiées.

« Je suis allé hier à Bicêtre avec le commandant et le général Trochu, qui ont été charmants pour moi.

« Vous ne pouvez pas vous imaginer la joyeuse vie que nous menons provisoirement ici. Nous faisons nous-mêmes notre cuisine, et nos hommes nous ont apporté deux lièvres, une perdrix, et deux lapins qu'ils ont pris à la course.

« Avant-hier, un canonnier de marine a tué, au second coup de canon, une sentinelle ennemie qui montait la garde à deux mille mètres.

Le 26. « Nos hommes s'évertuent à embellir le camp ; ils improvisent de tous côtés des bosquets, construisent des bancs et des tables.

Le 29. « A cinq heures du matin, tout le camp est en l'air. Les tentes sont pliées, les couvertures roulées sur le sac de nos hommes ; nous allons camper au milieu du bois de Vincennes, où nos troupes doivent se faire une place, la hache à la main, pour établir leur modeste campement. Ma tente est établie au milieu de ma compagnie, sous un épais taillis qui nous préserve un peu du soleil pendant le jour et de la froide rosée pendant la nuit.

« Le commandant a élu domicile dans une villa abandonnée, propriété d'une famille Prussienne ; nous y prenons nos repas avec lui, mais faisons d'ailleurs très-maigre chère. On parle déjà de nous donner du cheval.

Le 30. « Combat de Villejuif. Je reviens harassé de fatigue et mourant de faim. Il est cinq heures, et nous avons quitté hier notre campement à six heures du soir. Nous allions nous mettre à table, quand arrive un officier à cheval, qui remet une dépêche au commandant. Il faut partir immédiatement. Cinq minutes après nous étions en marche ; à deux heures du matin, nous arrivons à Ivry ; nous faisons halte sur la route, où chacun tâche de se reposer. A quatre heures, le clairon sonne, et nous reprenons en silence notre mouvement en avant.

« Aux premières lueurs du jour, nous gravissons, dans le plus profond silence, les coteaux de Villejuif, par des chemins creux et couverts d'arbres. Je me souviendrai longtemps de la gravité et de la solennité qu'avait cette marche silencieuse de nos troupes, encore incertaines du sort qui les attendait. A six heures un quart, nous atteignons la redoute, et le feu des batteries françaises commençait en même temps. On nous plaça, comme corps de réserve, au centre même de la redoute, d'où nous voyions défiler les régiments qui se rendaient sur le théâtre du combat. Dès huit heures, la fusillade était engagée sur toute la ligne.

« Je n'avais jamais si bien compris comme il est difficile, tout en étant au milieu d'une bataille, de se rendre compte de ses différentes phases. Je ne croyais l'action engagée que sur le point où nous étions, tandis qu'elle avait une étendue considérable. La ligne prussienne me parut un instant coupée.

En face de nous le feu avait cessé ; on n'entendait plus la fusillade qu'à droite et à gauche. A ce moment, le 3ᵉ bataillon du Loiret fut porté à cinq cents mètres en avant de la redoute. Peu après, la fusillade se ralentit ; le canon gronda à de plus longs intervalles, les mitrailleuses cessèrent de remplir l'air de leurs déchirantes et effroyables décharges, et bientôt nous vîmes les troupes se replier sur Villejuif.

« Cependant le général Vinoy, en ordonnant la retraite, l'avait fait protéger par une batterie prête à marcher en cas de besoin, et nous fûmes chargés de l'appuyer. On nous confiait un poste d'honneur ; malheureusement, au lieu d'avancer, il nous fallut reprendre le chemin qui conduisait à nos campements de la veille. Nous y arrivâmes épuisés de fatigue, couverts de poussière, mais les mains vides de lauriers. Espérons que notre tour viendra bientôt.

Le 4 octobre. « Grand déboire : rien à se mettre sous la dent ; nous tâchons d'oublier la faim en chantant.

Le 7. « On me charge du commandement de la 6ᵉ compagnie.

Le 15. « Dans la soirée, notre commandant nous amène un aumônier ; nous le recevons à bras ouverts. »

Dans les nombreux combats où fut engagé son régiment, Gaston montra beaucoup d'énergie et de sang-froid. Il fut même mis à l'ordre du jour pour une action d'éclat. Le 15 octobre, à dix heures du soir, il avait reçu l'ordre d'escorter avec sa compagnie, un convoi de fourrages, qu'on devait ramener de Créteil, village occupé par les Prussiens. Sa petite troupe fut accueillie à coups de fusil, en arrivant aux premières maisons. La lutte, soutenue vigoureusement des deux côtés, finit par la fuite des ennemis, qui laissèrent trois morts, six blessés et quelques prisonniers. Après avoir échappé à une balle tirée presque à bout portant, Gaston avait saisi le fusil d'un de ses hommes et tué le malheureux Prussien qui l'avait manqué. Sauvé par la Providence de ce grave péril, il revint à son campement et ramena ses prisonniers à Paris.

Le général Trochu félicita chaleureusement le jeune officier, en lui serrant la main, et tous les officiers du quartier général, où il eut l'honneur de dîner, se montrèrent pour lui remplis d'égards et d'amabilité.

Moins poëte qu'Horace mais aussi plus brave, un des prisonniers de Gaston essaya, dans quelques vers allemands, de dire la reconnaissance que lui inspiraient les bontés dont il était l'objet. Voici la traduction à peu près littérale de l'essai poétique de notre rêveur d'outre-Rhin.

« Loin de tout ce que j'aime, dans ce beau pays de France je fus retenu prisonnier. Au lieu de la cruauté dont on m'avait tant menacé, je trouve l'accueil d'une bonne table et d'un vin toujours suffisant à ma soif.

« De ma prison de Paris, monsieur, je vous envoie ces lignes de reconnaissance.

« Merci pareillement à vous, excellent monsieur, qui m'avez si bien traité. Un guerrier allemand vous adresse ce chant en remercîment de vos bontés.

« J'étais souffrant lorsque je fus fait prisonnier, et vous m'avez fait rendre la santé; c'est pourquoi je vous ai dédié ce poëme.

« Baron de S. »

Indépendamment des soins dont le baron de S. se montrait reconnaissant, Gaston poussa les égards jusqu'à lui rendre visite et s'assurer qu'il n'avait point à se plaindre de sa captivité.

« Quelle horrible situation que celle de la France en ce moment, écrivait Gaston à sa mère le 25 octobre ! je ne puis vous dire combien le silence de tout ce que j'ai de cher ici-bas me pèse. Pour le supporter, il ne faut rien moins que la vie agitée que nous menons. Nos nouveaux messagers aériens doivent bien vous apporter, sinon toujours, du moins de temps à autre, des nouvelles de vos enfants qui ne vivent que pour vous. Le général Trochu étant ravi de mon petit fait d'armes de l'autre jour, permet qu'on joigne cette lettre aux dépêches du gouvernement. J'espère qu'elle vous arrivera.

« Mon prisonnier, dont mon père a dû vous parler, est ravi de son sort. Il n'entend pas qu'on l'appelle prussien. Je ne veux pas non plus que vous soyez inquiète de ma santé. Jamais je ne me suis mieux porté; tout le monde me fait compliment de ma bonne mine. De tous les officiers, je suis le seul qui n'ait pas été indisposé, pendant les trois semaines que nous venons de passer sous la tente par le vent et la pluie.

« L'esprit de nos hommes est excellent; ils désirent vivement une bataille. Vous ne vous figurez pas, bonne mère, leur attachement pour moi. Quand donc, mère bien-aimée, pourrai-je avoir de vos nouvelles? En attendant cet heureux moment, je vous embrasse de tout cœur. »

Le 30, il écrit encore, ne soupçonnant rien de l'émeute qui allait éclater : « Nous sommes toujours à Paris, où nous nous reposons de nos durs travaux. Tout le monde est plein d'attention pour moi. On vient de me rendre l'ordre du jour où j'étais cité à toute l'armée; ce sera pour moi un précieux souvenir. Paris est d'une tranquillité parfaite. Nous n'avons qu'une seule pensée, repousser l'ennemi. Nos braves mobiles sont devenus d'intrépides soldats; tout le monde se plaît à admirer leur courage et leur bonne tenue. »

Le 10 novembre, Gaston partit avec les mobiles du Loiret pour Asnières, puis se dirigea sur Vincennes et Fontenay-sous-Bois.

Le 19, vers deux heures du matin, ils reçoivent l'ordre de se préparer au combat. On voulait tenter un suprême effort dans la direction de Champigny. Les Prussiens sont attaqués sur plusieurs points à la fois. Au sud, le général Vinoy s'empare de leurs positions, et le général Ducrot s'installe sur le plateau de Villiers, pendant que plusieurs régiments et les mobiles du Loiret soutiennent en face le choc des autres corps d'armée. La lutte fut terrible, mais inutile; nos troupes durent revenir, sans avoir pu rompre les lignes ennemies qui enserraient Paris.

Pendant toute la sortie, Gaston avait montré beaucoup de sang-froid et d'intrépidité, ce qui lui valut l'honneur d'être nommé capitaine sur le champ de bataille. Le général Trochu et l'amiral du Quilio le comblèrent des témoignages de leur estime, et adressèrent à M. le comte de Murat les compliments les plus flatteurs sur la valeur de son fils.

Gaston va de nouveau nous raconter, dans sa concision pleine d'intérêt, les pénibles mais glorieuses journées qui suivirent :

Le 20. « Je me prépare à suivre mon bataillon malgré la bronchite qui me déchire la poitrine. On n'est pas capitaine pour rien, me disais-je ; à la guerre comme à la guerre! Je réveille donc un peu mon énergie; nous nous souhaitons gaiement au revoir devant l'ennemi, et nous allons prendre le commandement de nos hommes que nous menons à la gare. Là nous montons en wagon, après avoir averti nos troupiers que nous passerions à cinq cents mètres de l'ennemi, qu'ils eussent à être prudents jusqu'à éviter même le feu d'une allumette.

« Après avoir traversé Saint-Denis où nous étions descendus, nous passons sous le fort de l'Est et nous nous acheminons vers la Courneuve que nous dépassons un peu, pour former nos faisceaux dans la plaine du Petit-Drancy occupé par les avant-postes prussiens. Chacun s'établit de son mieux sur la terre nue qui doit nous servir de couche; mais le froid est si vif que les hommes sont obligés de se lever et de marcher pour se réchauffer. Malgré cette précaution, plusieurs hommes surpris par le sommeil ont été gelés.

Le 21. « De très-bonne heure, les faisceaux sont rompus et nous sommes prêts à partir; à ce moment, les canons des forts et les batteries de campagne commencent leur concert. Aussitôt nous nous mettons en marche, guidés sur notre gauche par la fusillade des marins de l'amiral de la Roncière. Après trois quarts d'heure, nous faisons halte pour creuser des tranchées auxquelles nos hommes travaillent activement, stimulés qu'ils sont par le froid et le danger. Ils allaient s'occuper de faire le café, quand ils reçoivent l'ordre de se porter en avant. Nous entrons successivement dans le Petit et dans le Grand-Drancy, que les Prussiens n'avaient que médiocrement défendus. Poursuivant notre marche, nous nous arrêtons à sept cents mètres du Bourget.

« Vers midi, une batterie ennemie, établie sur notre gauche, nous envoie une vingtaine d'obus qui ne nous font pas grand mal, et ne nous empêchent pas même de continuer nos tranchées. Sur les trois heures le feu s'arrête de part et d'autre.

« Cependant les Prussiens tirent sur nos ambulanciers, tuent un des frères de la doctrine chrétienne et en blessent un autre. Cette barbarie n'empêche pas toutefois le service, qui se fait d'une façon si dévouée et si intelligente, qu'il ne reste pas un seul blessé sur le champ de bataille au bout d'une heure.

« A quatre heures je reçois l'ordre de me replier; mais, en arrivant au Grand-Drancy, nous sommes assaillis par une grêle d'obus. Contraints de nous débander, ce n'est que le lendemain à neuf heures que nous pouvons nous reformer à Romainville, après avoir traversé Bobigny et Noisy-le-Sec. Dévoré par la fièvre que me donne ma bronchite, épuisé par la faim, après avoir pris une tasse de café, mon seul repas depuis trente-six heures de marche et de travail, je repars de Romainville à six heures et demie, afin de réunir mes hommes. Par bonheur ma compagnie se trouve au complet. Je me dirige alors sur Aubervilliers, où nous attendait notre commandant. Au bout de deux heures de repos, que je passe auprès du feu, en proie à de vives souffrances, nous recevons l'ordre d'aller camper rue de Flandre. A peine arrivé, je rencontre mon colonel qui m'envoie à Paris me faire soigner.

Le 23. « J'écris à mon colonel pour le prier de me faire prévenir s'il doit y avoir un engagement. Le soir même je reçus une dépêche m'annonçant un combat pour le lendemain. Sur ces entrefaites arrive un médecin, auquel je communique mon projet de me lever et d'aller prendre part au combat. Le docteur repousse vivement ma proposition : « Vous avez une bronchite aiguë, me dit-il, et de plus le poumon gauche fortement engagé. » Mais mon parti était pris, le docteur devait avoir tort.

Le 24. « A cinq heures, je monte donc en voiture et me rends rue de Flandre, où je trouve une agitation extraordinaire. Mais il paraît que ma mine contrastait tellement avec les préparatifs du combat, que mon colonel m'ayant rencontré vers neuf heures me renvoie à l'ambulance. Rentré dans mon lit avec la poitrine plus brûlante que jamais, je m'abandonne aux soins qui me sont prodigués.

Le 25 (jour de Noël). « Mon père me quitte à huit heures et va établir un campement à Fontenay-sous-Bois. Vers dix heures, je reçois la visite de mon oncle, et, comme je souffre moins, je lui communique mon intention d'aller entendre la messe; mais il me le défend. Après son départ, livré tout entier à mes réflexions, je trouve trop pénible d'être privé de la messe le jour de Noël; c'est pourquoi je me lève résolûment, dans l'intention d'aller à l'église. Mais les forces me trahissent et je suis obligé de me recoucher. Bientôt on m'apporte un léger déjeûner; il semble que je vais y faire honneur, et voilà qu'à la deuxième bouchée l'appétit disparaît, et je dois m'arrêter. Ainsi le jour de Noël passe bien tristement pour moi ! j'en fais le sacrifice au Dieu Sauveur qui pour nous naquit dans une étable !

Le 28. « Je me trouve mieux ; ma respiration est plus libre ; je me lève dans la journée.

Le 29. « A deux heures je quitte Paris, pour aller rejoindre mon bataillon à Aubervilliers. »

Le même jour Gaston envoie d'Aubervilliers une lettre à sa mère, pour lui offrir ses vœux de bonne année et lui dire, en peu de mots, ce qu'il fait et ce qu'il souffre. Après avoir parlé de sa bronchite, il ajoute : « Mais aujourd'hui, la respiration étant libre, j'ai rejoint mes soldats.

« Pendant tout le cours de ma maladie, mon oncle et ma tante sont venus me voir tous les jours, et m'ont apporté mille douceurs.

« Notre pauvre Loiret est de toutes les affaires ; cet honneur lui coûte cher. Par bonheur ma compagnie, qui est pourtant une de celles qui ont le plus donné, a moins perdu d'hommes que les autres.

« Par moment, quand je suis seul, je me sens le cœur déchiré, en pensant qu'il y a si longtemps que je suis séparé de vous, mère bien-aimée ; aussi, en me rendant hier à Notre-Dame-des-Victoires, où je me suis confessé, ai-je demandé du fond de mon cœur à la très-sainte Vierge qu'elle abrége par ses prières cette terrible séparation; c'est le vœu le plus ardent que je puisse faire au commencement de cette année. »

Le journal de Gaston se termine au 4 janvier. Il y constate avec peine que le bruit des canons ennemis se rapproche. En présence de nos malheurs, dont il ne peut entrevoir le terme, la joie l'abandonne; il devient préoccupé, soucieux, et ses paroles, empreintes d'une énergie calme, laissent deviner qu'il a fait son sacrifice, pour le moment suprême.

Au milieu de cette vie traversée par tant d'émotions, Gaston ne parvint jamais à oublier l'absence de sa mère et il en éprouvait, par moments, une accablante tristesse. La cause de Dieu et celle de la France étaient unies dans son cœur, et il s'efforçait, par la pureté de conscience, de mériter à sa patrie les secours du ciel. Profitant de ses heures de repos, il allait fréquemment à Notre-Dame-des-Victoires, emmenant chaque fois avec lui quelques-uns des officiers, ses camarades.

Le 11 janvier, Gaston terminait sa dernière lettre par ces mots pleins de foi et d'affection : « Mère bien-aimée, je vous embrasse bien tendrement; j'espère, malgré tout, en Notre-Dame-des-Victoires, que je viens de prier pour vous et pour la France. Confiance, courage, sont mes seules paroles. Adieu. »

Les officiers de tous rangs étaient unanimes à reconnaître les éminentes qualités du jeune capitaine. « Colonel, disait le 18 janvier à M. Fressinet le général Berthault, qui préparait les mouvements d'attaque projetés pour le lendemain; en cas de besoin, pourriez-vous me désigner un officier d'une valeur éprouvée et sachant l'allemand? — Mon général, répondit le colonel, le capitaine de Murat parle allemand, et de sa bravoure j'en réponds. »

Quant aux soldats, il y avait entre eux rivalité de soumission envers celui qui leur consacrait sans réserve son dévouement. « Je m'occupe beaucoup de ma compagnie, écrivait-il à sa mère et j'ai le bonheur de voir que mes efforts ne restent pas infructueux. » — « L'esprit de mes hommes, disait-il une autre fois, est excellent; ils désirent vivement une bataille, vous ne vous figurez pas leur attachement pour moi. »

Le 19 janvier, vers deux heures du matin, Gaston quittait Asnières avec son bataillon; après avoir remonté la Seine jusqu'à l'avenue de la grande armée et traversé Rueil, il s'établit sur le plateau situé entre la Jonchère et Buzenval. Une vive fusillade s'engage alors entre les francs-tireurs et les Prussiens, embusqués derrière le mur du parc de Buzenval. En attendant que sa compagnie fût appelée au combat, Gaston prenait tranquillement un croquis du château et du parc. Vers midi le château est occupé par nos troupes; les mobiles du Loiret, sur qui commençaient à pleuvoir les premiers obus, s'élancent dans le parc par une brèche faite aux murailles.

Le brave Gaston s'avançait à la tête de sa compagnie, lorsqu'il eut l'épaule traversée par une balle. Six hommes, formant aussitôt un brancard avec leurs fusils, emportèrent à l'ambulance de Rueil leur capitaine étendu sur une couverture pliée en quatre. Loin de se plaindre, Gaston, pendant le trajet, tâchait d'oublier son mal, causait tranquillement avec ses hommes, les rassurait sur sa blessure, et conservait le calme le plus complet. Quand il eut reçu les premiers soins, on le conduisit à Paris, chez son oncle, M. Fourcade.

Bien que sa blessure ne semblât pas mortelle, Gaston voulut se préparer à la mort. Dès le lendemain, il fit demander au R. P. Ducoudray de vouloir bien venir le visiter et de le recommander aux prières de l'archiconfrérie de Notre-Dame-des-Victoires. Il resta vingt jours entre l'espoir de la guérison et la crainte de ne plus revoir sa mère. Toutefois il cachait ses inquiétudes à son père pour ne pas l'effrayer, se contentant d'épancher son cœur et ses tristes pressentiments devant le P. Ducoudray et l'aumônier des mobiles du Loiret. Il eut le bonheur de se confesser et de communier dans les plus beaux sentiments de foi et de piété.

Une juste récompense, la dernière que ce monde devait lui offrir, le consola sur son lit de douleur. Gaston n'avait plus que quelques heures à vivre; du moins elles ne furent pas sans consolations. Le 8 février, M. le baron Fressinet, colonel de son régiment, vint lui apporter la croix de chevalier de la Légion-d'Honneur qu'il déposa sur sa poitrine. « Que ma mère sera fière et charmée de me revoir! » disait Gaston, dont le mieux allait s'augmentant depuis plusieurs jours. Tout occupé de pieux sentiments et d'espérances de bonheur, il s'endormit plus paisiblement qu'à l'ordinaire. Mais, pendant le sommeil, sa blessure se rouvrit, et, avant qu'on eût pu lui porter un secours efficace, il rendit son âme à Dieu sans douleur, sans agonie, vers les quatre heures du matin. Mme de Murat n'avait pu être prévenue de l'état de son fils, et Gaston mourut en appelant sa mère.

L'aumônier qui l'assista écrivait peu de temps après à Mme de Murat : « Je puis vous dire que j'ai la douce confiance que cette âme si chrétienne, si noble et si généreuse jusqu'au dernier moment, a déjà reçu la récompense de son héroïque sacrifice. Sa préparation à la mort, il la faisait avant chaque bataille par une bonne confession; son sacrifice était donc fait à Dieu depuis longtemps, et voilà pourquoi Dieu, qui avait besoin de nobles et pures victimes, a choisi celui dont nous regrettons l'absence, mais dont le bonheur aussi doit nous consoler et nous réjouir. »

Les mobiles furent douloureusement émus en apprenant la mort de leur capitaine. Les officiers donnèrent de nombreux témoignages de la sympathie et du sincère attachement qu'ils lui avaient voué. Dans une lettre écrite par M. le commandant de Morognes, nous trouvons l'expression de sentiments que tous partageaient. « J'avais pour Gaston autant d'affection que d'admiration. Pendant toute notre campagne je l'ai vu très-intimement, et c'est alors que j'ai pu considérer de près ses qualités si solides et si aimables. Excellent chrétien, bon camarade et très-brave officier, il était chéri et estimé de tous, et sa fin, pourtant si glorieuse, cause parmi nous une douleur et une consternation générale. »

Les funérailles furent célébrées à Paris; mais, le 18 juillet, un tombeau creusé dans la chapelle du château du Bruel recevait la dépouille mortelle de Gaston. Il était juste qu'il vînt reposer au milieu des siens, dans cette demeure encore vivante du souvenir de ses douces vertus. Les amis de la famille et des mobiles en grand nombre avaient voulu donner un dernier témoignage d'affection à celui qu'ils avaient apprécié pendant la vie, et dont ils admiraient la mort.

DENIS-MARIE-ANNE

ESPIVENT DE PERRAN

Denis-Marie-Anne Espivent de Perran, né au château de l'Écurays, paroisse de Prinquiau, diocèse de Nantes, le 16 avril 1850, élève de l'École Sainte-Geneviève du 10 octobre 1864 au 4 juillet 1865, et du 10 novembre 1865 au mois de janvier 1866, entré aux volontaires de l'Ouest le 3 novembre 1870, mort à Mayenne le 1ᵉʳ février 1871.

Denis faisait ses premières études sous les yeux de ses parents quand il sentit un vif désir d'entrer dans la marine. Une si rude carrière ne pouvait convenir à sa complexion délicate; mais, doué d'un caractère énergique, il espérait surmonter toutes les difficultés. A l'Ecole Sainte-Geneviève, il sut gagner l'estime de ses maîtres et l'affection de ses condisciples par une politesse exquise et une piété sincère. Longtemps il lutta contre la maladie, ne voulant pas apporter de retard à ses études; au moment de toucher le terme, il se vit tout à coup forcé, le 4 juillet 1865, de renoncer à ses examens pour aller au pays natal réparer ses forces épuisées. Une nouvelle tentative ne réussit pas mieux que la première. Vaincu par la souffrance, il écouta les sages conseils de ses maîtres et résolut de continuer ses études littéraires.

Quand les Prussiens envahirent le territoire français au mois d'août 1870, Denis avait vingt ans; mais sa frêle constitution le fit exempter du service militaire. En temps ordinaire, il se fût résigné peut-être à l'inaction; à la nouvelle de nos désastres, il crut qu'il devait se sacrifier, s'il le fallait, au salut de la patrie; et le 3 novembre 1870, après avoir obtenu l'autorisation de ses parents, il partit.

Sa place était aux zouaves pontificaux, dans les rangs desquels il avait voulu entrer quelques années auparavant. Animés par son courageux dévouement et par sa parole patriotique, cinq autres jeunes gens s'enrôlèrent avec lui sous les ordres de l'intrépide baron de Charette. Arrivés au Mans ils commencèrent par s'approcher de la table sainte, afin de mieux se préparer aux périls qui les attendaient.

C'est à Brou que Denis vit le feu pour la première fois. Lui-même raconte comment il conserva son calme pendant toute l'action, et déjeûna même tranquillement au milieu d'une grêle de boulets et d'obus que se lançaient les deux artilleries ennemies. Jusque-là, sa faible santé soutenue par une grande énergie, avait pu surmonter les fatigues d'une campagne d'hiver ; mais les forces trahirent son courage. Il tomba d'épuisement sur le champ de bataille de Patay où les balles prussiennes l'avaient épargné.

Après quelques jours de repos au sein de sa famille, Denis partit de nouveau le 27 décembre pour aller rejoindre les zouaves à Poitiers. A la bataille du Mans, il paya bravement de sa personne, bien qu'il fût déjà malade. D'après le récit de ses compagnons d'armes, tous admirèrent son intrépidité, sa présence d'esprit au milieu de l'action. Il parvint à Mayenne presque mourant ; le médecin constata une bronchite compliquée de dyssenterie et de fièvre typhoïde.

Recueilli dans une ambulance établie au petit séminaire, il montra sur son lit de douleur une patience égale à son courage sur le champ de bataille. Il se plaisait surtout à baiser une image de la très-sainte Vierge ; il demandait force pour lui-même, consolations pour ses parents. Touché de sa douceur et de sa piété, le supérieur de l'établissement lui prodigua les soins de la plus tendre charité. En proie aux plus vives souffrances, Denis ne songeait qu'à son père, à sa mère, à leurs inquiétudes, à leurs angoisses : « Je vais mourir, disait-il ; qu'on ait soin de placer sur ma tombe une croix avec mon nom, pour indiquer à ma famille le lieu de ma sépulture. » Le 1er février 1871; il rendit son âme à Dieu.

Le 13 février, le cercueil fut accompagné depuis la gare de Savenay jusqu'au château de l'Ecurays par une foule compacte. Elle venait rendre hommage au dévouement chrétien. Dans le tombeau de sa famille s'élève aujourd'hui une croix en marbre blanc, sur laquelle on lit ce texte des Machabées qui rappelle la noble mort de Denis à 21 ans : « Il a combattu pour son pays. »

CHARLES
DE SAISY DE KERAMPUIL

Charles de Saisy de Kerampuil, né à Tronjoly en Cléder (Finistère) le 28 août 1846, élève du collége Saint-François Xavier à Vannes, puis de l'École Sainte-Geneviève du 14 octobre 1863 au 28 juillet 1866, sergent au 2ᵉ bataillon des zouaves pontificaux, décoré de la croix de Mentana, blessé près de Brou le 25 novembre, et mort à Châteaudun le 2 décembre 1870 des suites de ses blessures.

Charles, après avoir terminé ses études, se reposait depuis un an au sein de sa famille, quand le 12 octobre 1867, au retour de la chasse, il manifesta soudain l'intention de se rendre à Rome, pour s'engager au service du Saint-Père. Monsieur de Saisy, joyeux du projet de son fils, voulut cependant s'assurer que son dessein était réfléchi, et il dit pour l'éprouver : « Charles, tu es brave aujourd'hui, mais demain tes idées auront changé. — Non, répondit le jeune Breton, désireux de se dévouer à la défense du Saint-Siége alors en péril, je parle sérieusement. Demain, si vous le permettez, j'irai *faire mes dévotions*. — Eh bien! pars, dit le père, car il n'y a rien de plus beau que de combattre pour les intérêts de la religion. »

Le 23 octobre 1867, Charles arrivait à Rome, où il retrouvait parmi les zouaves plusieurs de ses parents et de ses anciens condisciples. « Enfin, écrivait-il le jour même de son arrivée, nous sommes à Rome ! Mon premier soin a été de chercher à m'engager immédiatement, mais je n'ai pas réussi. J'espère que demain je pourrai me dire zouave du pape. » Puis il racontait comment à Gênes et à Livourne ses compagnons de voyage, qui étaient descendus à terre, avaient vu des proclamations au peuple toutes remplies de nouvelles fausses et de menaces contre la France, et des groupes agités se former autour des drapeaux piémontais. « Ici, ajoutait-il, on a fait sauter une caserne la nuit dernière, le peuple se remue, et il serait imprudent de sortir le soir dans les rues. »

Charles contempla les ruines récentes de la caserne Serristori, et ce triste spectacle de la méchanceté des hommes affermit sa résolution de se dévouer de plus en plus jusqu'à la mort, à la défense des droits sacrés du Souverain Pontife.

Arrivé quatre jours seulement avant la bataille de Mentana, il ne put prendre part à cette action décisive, qui termina cette longue série de combats si glorieux pour les troupes pontificales. « A l'affaire de Mentana, écrivait-il à son père le 12 novembre 1867, les zouaves se sont battus avec leur ardeur habituelle; les officiers français qui les ont vus au feu peuvent en répondre ; du reste, les troupes indigènes se sont aussi montrées dignes de défendre le Pape, et les Français qui sont arrivés à la fin ont complété et même décidé la victoire, de l'aveu des zouaves eux-mêmes. »

La vie de caserne allait succéder aux agitations d'une campagne pénible. Charles profita de ses loisirs pour se perfectionner dans la langue allemande, chose facile, car aux zouaves se rencontrait le dévouement de tous les pays. « Je me suis mis, disait-il, à causer allemand avec mon voisin de lit qui est Hollandais, mais qui a étudié la langue allemande à Munster en Allemagne, de sorte que j'en sais maintenant autant que lui sait de français; ce n'est pas beaucoup dire, à la vérité, mais je ferai des progrès et lui aussi; tour à tour nous sommes professeur et élève ; d'un autre côté, je puis apprendre l'italien, grâce à un indigène aussi mon voisin. Du reste, on peut rester à Rome sans savoir la langue; les garçons des plus modestes boutiques parlent un peu français. Et puis, les Italiens font tant de gestes qu'il est facile de deviner ce qu'ils veulent dire. » Les petites villes de Mentana, Monte-Rotondo, Bagnorea, Tivoli lui furent successivement assignées pour garnison; et, à chacune de ces étapes, il avait avancé d'un pas, parcourant successivement, observait-il en plaisantant, l'école du peloton et du bataillon, les grades de caporal instructeur et de sergent.

Sur le point de prendre un congé en 1869, il écrivait gaiement à son père, qui craignait de voir tomber l'enthousiasme de son fils, s'il s'éloignait de Rome : « Je suis venu volontairement, comme vous le dites; pourquoi, après avoir pris un congé, ne reviendrais-je pas ici volontairement encore ? La voix intérieure, qui me disait de partir en 1867, se taira-t-elle en 1869, ou croyez-vous que je ne l'écouterai plus? Allons, soyez tranquilles, je n'en ai pas fini encore avec les zouaves. Vivent les zouaves! vive Pie IX ! avec ça, de bonnes jambes, et un bon fusil, on va loin! »

Charles n'était pas insensible aux beaux spectacles de la nature et aux nouvelles de l'art. « La campagne romaine, écrivait-il au mois d'octobre 1867, n'est pas aussi triste qu'on veut bien le dire, en cette saison du moins. On se croirait au printemps à voir l'herbe fraîche et le ciel pur. » « La *campagne*, ajoutait-il le 12 février 1869, dans les environs de Monte-Rotondo, est une vaste plaine déserte à peine semée çà et là de quelques oliviers et de quelques *Cazalets*, anciennes tours carrées, qui ont abrité dans les temps anciens les habitants contre les incursions des brigands. De loin en loin on voit surgir une petite hutte conique en chaume, qui sert de maison aux *pecorari* ou gardeurs de moutons. Quand on approche de Rome, le coup d'œil change cependant, le paysage devient poétique ; la terre est cultivée en partie. Les restes d'aqueducs, et ils sont nombreux, forment des ruines intéressantes et l'horizon se termine par la vue des montagnes de *Rocca di Papa*, où était le camp, et de Frascati assise en étagère au pied de ces monts, comme les paresseux de Rome sur l'escalier de la Trinité des Monts. »

Il réussissait très-bien les dessins, surtout à la plume, aussi aimait-il à prendre les vues de quelque beau paysage ou de quelques ruines antiques. « Quand nous serons un peu installés, écrivait-il de Mentana, je dessinerai le *château* ou le *palais*, comme vous voudrez l'appeler; c'est là que nous sommes casernés; mais je vous préviens qu'on appelle *Palazzo* (palais) toute maison appartenant au moins à un monsignore. Notre palazzo n'est cependant qu'un grand bâtiment irrégulièrement construit et dont les murs laissent voir quelques traces de fresques presque entièrement effacées. »

Avec des amis choisis, il visitait les musées et les sanctuaires. « J'ai dit ma prière pour vous, écrivait-il à son père, dans la chambre même où saint François d'Assise a prié plus d'une fois. » Les fêtes civiles et religieuses laissaient en son âme une douce et consolante impression. « J'ai passé quatre jours à Rome, disait-il, pour y voir célébrer les fêtes du mardi gras. Quelle différence entre ce carnaval si joyeux et l'insipide promenade du bœuf gras à Paris ! » Quelque temps après, il assistait à la Fête Dieu : « c'est réellement la plus belle procession que j'aie jamais vue, disait-il, oh! je vous l'assure, il n'y a rien de plus solennel et de plus religieux que cette longue file de moines, de prêtres, d'évêques précédant le Saint-Père, comme aussi rien de plus beau que la noble figure du souverain Pontife quand il prie. » Après une excursion du dimanche dans la campagne, il écrivait à son père : « Nous avons assisté à la messe et même entendu le sermon. »

La tendresse fraternelle s'allie bien à la piété chrétienne. Ces deux sentiments sont exprimés d'une manière touchante dans une lettre qu'il écrivit en apprenant la mort d'une de ses sœurs. « Quand vous me dites que c'est nous et non elle qui sommes à plaindre, combien je trouve que vous avez raison ! Pourquoi faut-il que le bon Dieu me tienne éloigné de vous, lors de ces séparations qui amènent un vide que l'on ressent toujours ? Dans le jardin, comme au salon, nous verrons partout une place inoccupée, des allées solitaires, des fleurs abandonnées. Heureusement qu'il y a un ciel ; là au moins on se retrouvera, c'est ce qui console ; je tâche de me figurer que Cécile nous a dit simplement : Au revoir, là-haut ! C'est une belle occasion que le bon Dieu m'a fournie de faire une bonne communion et de ranimer ma foi. Je suis persuadé que Cécile a demandé à la sainte Vierge de mourir un de ses jours de fêtes, et certes Marie ne s'est pas montrée indifférente, puisqu'elle lui a permis de s'envoler au ciel le jour même où l'on célèbre l'Assomption ; puisse-t-elle nous accorder la même faveur ! Oh ! que j'aurais voulu voir cette figure angélique au moment du dernier soupir. »

Le jour des noces d'or de Pie IX, Charles était de garde et n'eut pas la consolation d'assister à la messe célébrée par le souverain Pontife. « Le jour même de la cinquantaine, dit-il, je me trouvais malheureusement de garde. Je n'ai pas pu voir la foule qui a envahi Saint-Pierre, dès 5 heures du matin, pour entendre la messe célébrée par le Saint-Père ; ceux des zouaves qui y étaient de piquet m'ont dit avoir été soulevés par la foule. »

Témoin des illuminations du soir, il les décrit avec un enthousiasme qui prouve son amour. « Il faut avouer que les Romains ont le sentiment de l'art, sinon plus développé qu'en France, du moins plus près de l'ancienne beauté. C'est là un des titres de gloire de la ville éternelle, et l'un des moins contestés même par les ennemis de la Papauté. »

« Vous parlerai-je de l'hymne de Pie IX, exécuté sur la place de Saint-Pierre par deux à trois cents chanteurs choisis dans chaque corps de l'armée et accompagnés par les musiques de tous les régiments. L'air était de M. Gounod, compositeur français. Je l'ai entendu et j'ai trouvé que, malgré le silence général, on ne distinguait pas bien les paroles ; mais quand le Saint Père donne la bénédiction *urbi et orbi*, du haut de la *Loggia*, on comprend chaque parole comme si on était dans une chapelle de couvent. D'où cela vient-il ?

« J'ai visité les dons faits au Saint-Père à cette

occasion par les différentes villes de ses États, et par les catholiques de tout l'univers. Subiaco avait envoyée une charretée des plus jolies fleurs; Frascati son meilleur vin, Monte-Rotondo la même boisson dans un tonneau aux cercles d'argent ; d'autres villes avaient envoyé des sacs de blé, de la laine, chacune selon son industrie. L'Australie a envoyé une colombe en argent massif de grandeur naturelle. Il y avait des ciboires et des calices en or et en argent, incrustés de pierres précieuses, ciselés et tous d'un style délicieux, Moyen-Age, Renaissance, Louis XV ; des aiguières ravissantes de forme; des croix enrichies de diamants avec leur collier; des chandeliers, mais ceux-ci je les ai trouvés d'un goût douteux; un thé en or ciselé, un livre où chaque page était enluminée à la manière des livres d'heures du Moyen-Age; des fleurs artificielles qu'on aurait prises volontiers pour la nature même; enfin des sommes en argent, s'élevant, dit-on, à 25 millions ; je ne garantis pas le chiffre. Mais ce qui vaut mieux, ajoutait-il, c'est la joie de tous les cœurs, encore plus ardente que les chaleureux vivats échappés des lèvres. »

Un an s'était à peine écoulé et les cris de mort allaient succéder aux chants de triomphe : « Nous sommes toujours sur le qui-vive, écrivait Charles à sa sœur, le 4 septembre 1870, avec quarante mille Piémontais sur la frontière. Il y en a six mille à six lieues d'ici, à Orvieto, campés et faisant l'exercice des tirailleurs et de la cible, tout comme nous autres ici. Sont-ils là pour empêcher les mouvements Garibaldiens ou les nôtres ? Qu'ils viennent donc une bonne fois et que tout ça finisse! Ne pas se battre, au moins contre les Piémontais, quand on se bat en France, sais-tu que c'est dur pour les douze cents Français qui sont ici aux zouaves ; et ce n'est pas la moindre partie du sacrifice que de savoir qu'à notre rentrée chez nous, si jamais nous y rentrons, il y aura beaucoup de gens *bien pensants* (ou du moins posant pour tels) qui nous reprocheront notre inaction. Ah! je t'assure qu'il faut avoir le feu sacré au cœur pour ne pas demander son congé définitif et changer son costume de zouave pontifical contre celui de zouave français! Enfin nous avons pour nous soutenir l'espérance de nous battre et la certitude du devoir accompli et d'un grand devoir. Nous remplaçons la France absente à la porte du Vatican; nous signerons de notre sang la protestation du Saint-Père, quand, sans déclaration de guerre, pour la troisième fois, le Piémont, sous un nom ou sous un autre, violera le territoire pontifical. Personne ne veut plus des Garibaldiens ici ; à Viterbe, on sait ce qu'ils ont fait en 1867; mais on est très-favorable au gouvernement de Victor-Emmanuel; quant au *gouvernement des prêtres*, comme ils l'appellent, ils n'en veulent plus. Il leur faudrait, comme simple punition de pareilles aspirations politiques, l'exécution même de ces souhaits; je ne le désire pas, mais j'avoue que ce serait pour eux un châtiment mérité que de se voir sucer leurs derniers baïoques par les Piémontais, jusqu'à ce qu'ils rappellent le paternel gouvernement pontifical. » Deux jours après il ajoutait : « Nous nous attendons à une invasion prochaine mais nous sommes prêts, nous tiendrons bon comme nos aînés de Castelfidardo et de Mentana, et vive Pie IX! »

Dans une lettre du 14 septembre, il raconte la subite invasion des États pontificaux, et la magnifique retraite opérée par les zouaves de Viterbe à Rome. « Après une sorte d'ultimatum posé au Saint-Père par le gouvernement de Victor-Emmanuel, les Italiens ont envahi le territoire pontifical, sur le refus du Pape de retirer ses troupes des provinces. Dimanche, 11 septembre, ils sont entrés au nombre de dix mille à Montefiascone; le commandant de Saisy, qui s'y trouvait, s'est replié sur Viterbe. Attaqués par vingt mille hommes, tandis que nous étions à peine sept cents, il nous a fallu battre en retraite, après deux jours et deux nuits passés à faire des fortifications aux portes. A une heure, le lundi soir, nous nous sommes repliés sur Vetralla qui est située à trois lieues et demie de Viterbe et nous y avons couché; de là, il nous fallait gagner Rome, et pour y arriver nous avons pris la route de Corneto, mais, à trois lieues avant d'y arriver, nous avons su qu'une colonne de huit à dix mille hommes occupait Corneto. Impossible d'y aller sous peine d'être massacrés ou faits prisonniers. Alors nous nous sommes dirigés sur Civita-Vecchia à vingt-deux lieues de là par des chemins impossibles, en couduisant nos deux pièces de canon à force de bras. Enfin, le lendemain à trois heures et demie du matin, après dix-huit heures de marche à travers un pays désert et des chemins de traverse, nous arrivions à Civita-Vecchia. A huit heures et demie nous prenions le chemin de fer pour Rome où nous sommes actuellement.

« Cette nuit ou demain nous nous attendons à faire le coup de feu, cent vingt mille hommes, dit-on, font partie de l'expédition contre Rome; nous ne sommes pas quinze mille, mais les indigènes semblent très-bien disposés ainsi que le peuple Romain; le pape est enchanté de ses troupes. »

Charles fut témoin des scènes de désolation qui

suivirent l'entrée des Italiens à Rome. Il combattait courageusement aux remparts, quand, sur l'ordre de Pie IX, les troupes pontificales cessèrent la résistance et se retirèrent dans la cité Léonine. Mais les zouaves, disséminés sur plusieurs points, ne purent tous suivre le mouvement général. Les vainqueurs, franchissant la porte Pia, saisirent ceux qu'ils rencontrèrent et les entassèrent dans des cours, des salles et des écuries. Charles était de ce nombre. Pendant plusieurs jours il fut, avec ses compagnons d'infortune, nourri au pain et à l'eau, puis conduit à Civita-Vecchia où il devait s'embarquer pour la France.

A ce moment, nos armées malheureuses avaient besoin d'un renfort d'hommes énergiques et disciplinés. Les zouaves, dévoués à leur patrie comme à l'Église, constituèrent, sous le nom de Volontaires de l'Ouest, ce corps d'élite qui consola les douleurs de la France, en montrant au monde comment savent mourir des soldats chrétiens. Charles, séparé de ses camarades à Civita-Vecchia, était revenu pour quelques jours au milieu de sa famille. C'est là qu'il reçut, le 30 septembre, une lettre de son ancien capitaine lui annonçant la réorganisation du régiment des zouaves.

« Le colonel de Charette, écrivait M. de Couessin,

est en ce moment à Tours, où il a été mandé près du gouvernement, et nous attendons son retour avec impatience. Nous sommes à Tarascon qui nous a été assigné comme résidence pour notre réorganisation. — Nous avons déjà reçu ce matin des fusils chassepots. — Enfin tenez-vous prêt, car d'ici huit jours vous allez probablement recevoir l'ordre de rejoindre, ainsi que tous les anciens zouaves auxquels nous allons faire appel. Le colonel a l'intention de demander que l'on nous envoie à l'armée de la Loire ou dans une garnison de l'Ouest; mais je ne sais s'il pourra l'obtenir.

« Les habitants de ce pays-ci nous ont l'air sympathiques. N'est-ce pas curieux de voir les zouaves pontificaux se promener en uniforme dans une ville de France et à titre de soldats français? »

Charles répondit à l'appel du devoir et bientôt il partit pour le Mans où s'organisait son régiment. Quand il arriva, déjà deux des compagnies, cent soixante-dix hommes à peine, étaient aux avant-postes à Fontainebleau, et arrêtaient à Arthenay l'effort de l'armée allemande. Le général prussien, ne soupçonnant pas leur existence, disait qu'il avait été arrêté sur sa gauche par deux régiments venus d'Afrique. Au Mans, les cadres déjà formés attendaient les soldats, qu'un bon nombre d'officiers allaient recruter de tous côtés, pendant que d'autres étudiaient attentivement le pays afin de le mieux défendre.

Charles écrivit à son père le récit d'une de ses excursions avec un officier de ses amis : « Le lieutenant du Plessis me prit dimanche à midi et nous partîmes en voiture pour la forêt de Bonnétable, étudiant sur la route les endroits favorables à la défense ou à l'attaque, les positions militaires, les ressources des villages, etc., etc... Nous arrivâmes sans encombre jusqu'au milieu de la forêt où l'on a établi une usine à poterie. Les quelques habitants qui logent en cet endroit parurent très-étonnés de notre costume; ils nous laissèrent nous diriger vers la partie sud, que nous explorâmes en partie. A la lisière du bois, il y a un carrefour et une auberge. Quelques paysans qui s'y trouvaient nous entourèrent et nous demandèrent nos papiers, inquiets qu'ils étaient à la vue de notre uniforme et d'un certain calepin sur lequel j'écrivais toutes les observations recueillies en passant. A moitié persuadés par la lecture d'une lettre de Charette qui ordonnait la reconnaissance que nous faisions, ils nous laissèrent partir, mais allèrent prévenir le garde de la forêt et plusieurs autres personnes. Nous étions déjà hors du bois, retournant à Bonnétable, quand à Aulaines nous fûmes arrêtés par la population. C'était un dimanche et il y avait foule ; les têtes étaient montées. Impossible de faire reconnaître notre *mission* par la lecture de nos papiers ; on nous remit entre les mains de la patrouille des mobiles, venue d'un quart de lieue de là, pour nous conduire à Bonnétable. Le maire nous relâcha et nous pûmes aller à l'hôtel où nous trouvâmes un autre lieutenant et un sous-officier arrêtés aussi en passant par la ville.

« La foule au nombre de trois ou quatre cents personnes encombrait la rue de l'hôtel, persuadée que nous étions des espions prussiens, et ce fut *soi-disant pour nous mettre à l'abri de toute vexation*, que le maire fit placer des sentinelles à la porte de l'hôtel, et de plus une troisième sentinelle dans le corridor où donnaient nos chambres. Elles y restèrent jusqu'à dix heures du matin. Le lendemain une estafette envoyée au Mans rapportait à dix heures et demie une lettre du préfet et du général, constatant que tous les quatre nous avions été envoyés en mission pour étudier ce pays, et aussitôt les sentinelles furent enlevées. »

« J'ai échappé à Rome, avait dit Charles à ses sœurs au moment des adieux, je n'échapperai pas en France, » et ses prévisions allaient se réaliser.

Le 9 novembre, les deux premiers bataillons

commandés par le baron de Charette, quittent le Mans pour gagner les avant-postes de l'armée de la Loire, et viennent prendre position dans les environs de Châteaudun. Là vient aussi d'arriver le général de Sonis. Son premier soin est de s'informer des troupes placées sous ses ordres, et il voit avec bonheur le nom des volontaires de l'Ouest sur la liste qui lui est présentée. Bientôt il aperçoit un de ces volontaires, qu'il reconnaît à son costume de zouave pontifical; mais il ne peut rencontrer le vaillant chef de cette troupe d'élite. Alors déchirant une feuille de son carnet, il y trace ces lignes qu'on nous saura gré de reproduire. La journée de Loigny s'est chargée de glorifier les sentiments qu'elles renferment, et nous dispense de tout commentaire :

« Châteaudun, 18 novembre.

« Mon Colonel,

« Je vous connais depuis longtemps, car il n'est pas un cœur de chrétien qui puisse ignorer votre nom, sachant déjà ce que l'histoire lui avait appris de votre héroïque aïeul. Arrivé hier à Châteaudun, je me proposais d'aller vous voir aujourd'hui et j'avais demandé des renseignements dont j'avais besoin à cet égard à un de vos jeunes zouaves. Je ne puis me donner ce plaisir, recevant l'ordre de partir avec ma division ; mais, avant de quitter votre voisinage, je veux saluer votre belle et héroïque troupe dans son admirable chef, et vous dire que je vénère tout ce que vous vénérez, que j'aime tout ce que que vous aimez. Dans ces tristes temps, c'est une consolation de mourir au milieu de braves gens comme vous et de pouvoir se dire que Dieu n'abandonne pas la France, puisqu'elle a encore des enfants fidèles :

« Adieu, mon colonel, je mets ma main dans la vôtre et vous prie de partager ensemble prières et sacrifices.

« Votre dévoué serviteur,

« SONIS. »

Le 25, à six heures du matin, arriva l'ordre de marcher sur Brou. Aussitôt les lignes de bataille s'ébranlent, et les volontaires de l'Ouest volent au premier rang. A la première halte, Charles s'empressa de purifier sa conscience, afin d'être sans reproche comme sans peur. Vers deux heures de l'après-midi, on s'arrêta en présence de l'ennemi, sur un terrain découvert. Une grêle d'obus pleuvait sur la plaine, heureusement sans toucher personne. Aux premiers sifflements des balles, quelques recrues qui voyaient le feu pour la première fois parurent chanceler :

« Ce n'est rien, dit à ses voisins le courageux sous-officier, » et il restait impassible. Le feu s'étant ralenti, le moment approchait de s'élancer à l'ennemi ; mais un obus vint éclater entre les jambes de Charles. Les soldats veulent le relever ; il refuse en disant : « Merci, mes amis, marchez en avant, moi je ne puis pas vous suivre. » Alors, faisant un signe de croix, il se coucha sur le côté jusqu'à la fin du combat.

Transporté d'abord dans une grange, puis conduit à l'hôpital de Châteaudun sur une charrette dont les soubresauts lui causèrent de violentes douleurs, il subit le lendemain l'amputation de la jambe gauche avec beaucoup de patience, et attendit avec résignation la mort. « Ce cher malade, écrit une religieuse de l'Hôtel-Dieu, était animé des meilleurs sentiments ; il a reçu tous les sacrements de l'Église. » Saisi par une fièvre brûlante, Charles rejoignit au ciel, le 2 décembre, ses compagnons de Rome dont il n'avait pas voulu se séparer sur la terre.

HIPPOLYTE BOUTIN

Hippolyte Boutin, né à Poitiers le 3 mai 1843, élève chez les frères des Écoles chrétiennes et à l'institution dirigée par M. Doussaint à Poitiers, puis à l'École Sainte-Geneviève du 20 novembre 1859 au 16 août 1860, sous-lieutenant au 2ᵉ de zouaves en 1862, lieutenant en 1866, blessé à la bataille de Frœschwiller le 6 août et mort de ses blessures à Bischwiller le 13 août 1870.

Hippolyte, après avoir suivi longtemps un cours d'études professionnelles, était arrivé à l'âge de quatorze ans, sans connaître un seul mot de latin. Comme il manifestait une véritable vocation pour la carrière des armes, ses parents résolurent de le préparer au baccalauréat ès-sciences. L'enfant, doué d'une grande énergie, se mit au travail avec ardeur et constance. Ses progrès furent si rapides, qu'au bout de dix mois il put comprendre les auteurs de troisième, et l'année suivante il obtint le diplôme exigé pour les examens d'admission à Saint-Cyr.

A l'école militaire, Hippolyte remplit pendant sa seconde année les fonctions de sergent-major ; il sut concilier les exigences de sa charge avec les égards dus à ses camarades. Désireux de faire campagne, il choisit en 1862 le 2ᵉ régiment de zouaves dont les bataillons de guerre étaient alors au Mexique, mais il ne fit point partie de l'expédition. L'Afrique allait offrir un dédommagement à son courage. Il se distingua en Kabylie sous le commandement du général Deligny, et fut mis à l'ordre du jour. Dans une chaude affaire où il montra beaucoup de sang-froid, une balle l'atteignit sans le blesser, grâce à son sabre qui amortit le coup. Le 12 août 1866, il fut nommé lieutenant, le premier de sa promotion.

En apprenant que la guerre était déclarée à la Prusse, il se réjouit à la pensée de l'avancement rapide que ses brillantes qualités lui permettaient d'espérer ; mais, dès le début, il vit s'évanouir ses beaux rêves d'avenir. Le 6 août 1870, le 2ᵉ régiment de zouaves prit part à la désastreuse bataille de Frœschwiller. Malgré des prodiges de valeur, nos troupes durent céder au nombre.

Hippolyte, frappé à la hanche par une balle, resta entre les mains de l'ennemi. De l'ambulance il écrivit au crayon un petit billet ainsi conçu : « Ma bonne mère, blessé au dernier combat, je suis maintenant au pouvoir des Prussiens. Je souffre un peu, mais ce ne sera rien, j'espère. Je vais être évacué sur la Bavière ; de là je t'écrirai plus longuement. Je t'embrasse de tout mon cœur, ainsi que toute la famille. Priez bien pour moi. »

Le jeune lieutenant ne pouvait supporter les fatigues d'un long voyage, car la balle n'avait pas encore été extraite. Transporté à Bischwiller, il fut recueilli par M. et Mme Buisson qui l'entourèrent des soins les plus affectueux. Le délire s'empara du malade le samedi 13 août à huit heures du matin, pour ne plus le quitter jusqu'au moment de sa mort à dix heures du soir.

« Dès l'arrivée du pauvre et cher blessé chez moi, écrivit M. Buisson à la mère d'Hippolyte, j'avais pu le préparer, à l'occasion des tableaux religieux qui ornaient sa chambre, à recevoir la visite de M. l'abbé Vallée, aumônier de la 4e division du 1er corps d'armée. Il m'avait confié son porte-monnaie dans lequel je trouvai une médaille de la sainte Vierge. » Marie n'avait point abandonné son enfant ; elle lui obtint la consolation de mourir en remplissant ses devoirs de chrétien.

CHARLES-ANTOINE-MAURCE

VERNHET DE LAUMIÈRE

Charles-Antoine-Maurice Vernhet de Laumière, né au château de Billeron, commune de Lugny-Champagne (Cher), le 26 octobre 1849, élève du collége de l'Immaculée-Conception, puis de l'école Sainte-Geneviève et des Carmes, admis à Saint-Cyr en 1867, sous-lieutenant au 71ᵉ régiment de ligne en 1869, lieutenant au 10ᵉ de marche (devenu plus tard 110ᵉ de ligne) le 6 octobre 1870, capitaine le 9 décembre suivant ; tué au combat de Buzenval le 19 janvier 1871.

Maurice était le neveu du général de Laumière, tué au siége de Puebla, et l'unique héritier d'un nom que l'armée n'a pas oublié. Le jour même où arrivait du Mexique la nouvelle de la mort du général, Maurice faisait, à Vaugirard, sa première communion. Ce jour-là son jeune cœur fut fortement touché, et deux sentiments profonds s'en emparèrent pour toujours, le sentiment de la foi chrétienne et celui de l'honneur militaire.

Nous ferions de Maurice un éloge que lui-même aurait désavoué, si nous disions que sa conduite fut toujours conforme à ses croyances religieuses.

Doué de toutes les brillantes qualités qui rendent la vie attrayante et facile, il ne sut pas assez résister à l'entraînement de la jeunesse ; mais sa pensée du moins demeura fidèle. Au milieu même de ses écarts, il ne perdit jamais le respect de la religion.

Non content de la révérer dans ses enseignements, il l'honorait dans les vertus qu'elle inspire. Venant d'assister à l'agonie d'un de ses parents qui mourut avec une entière résignation : « C'est beau de mourir sur un champ de bataille, disait-il d'un ton pénétré, mais c'est plus beau encore de mourir comme meurt mon cousin. »

Les religieux, ses maîtres, trouvèrent en lui un défenseur volontaire qui rendait, en toute occasion, hommage à leur dévouement. Un jour sous le coup d'un châtiment qu'il ne croyait pas mérité, il l'accepta sans plaindre, comprenant la nécessité de la discipline, et jamais il ne cessa de rendre à ces amis dévoués de son enfance et de sa jeunesse les sentiments d'affection qu'eux mêmes, il le savait, avaient gardés pour lui. « Les larmes me sont venues aux yeux, écrit l'un de ses anciens maîtres, lorsque j'ai appris que Maurice avait sacrifié sa vie pour la France.

« Depuis six ans, j'ai récité tous les soirs, comme je le lui avais promis, une prière pour ce cher enfant. Chaque fois que sa pensée se présente à mon esprit, je me sens ému au souvenir de ses heureuses et charmantes qualités. »

« Je traversais un des boulevards, raconte le P.***, quand j'aperçus, dans une calèche découverte, un jeune officier d'infanterie qui, passant près de moi, m'envoya un salut et un sourire des plus gracieux. Je fus étonné; alors, faisant arrêter sa voiture, cet officier descendit, accourut précipitamment, et, me saisissant les mains qu'il pressa chaleureusement :

« Mon Père, me dit-il vivement, vous ne me reconnaissez pas?

— Pardon, lieutenant, vos traits me sont parfaitement connus, mais je ne saurais y appliquer un nom.

— Comment, mais c'est vous qui m'avez fait faire ma première communion à Vaugirard. »

Si Maurice honorait la vertu chrétienne dans ses maîtres, il la respectait surtout dans sa sœur bien-aimée, qui était sa confidente quelquefois attristée, et dont la douce influence ne rencontrait jamais chez lui de parti pris mauvais.

Elle se rappelle l'étonnement dont elle fut saisie un matin, qu'assistant à la Messe avec lui, elle le vit se détourner brusquement, traverser la foule d'un pas ferme et décidé comme à la manœuvre, entrer dans un confessionnal et venir la rejoindre. « Je n'ai pas reçu l'absolution, lui dit-il en sortant de l'église, parce que je n'ai pas la volonté suffisante de ne pas recommencer. On m'a dit de revenir, je reviendrai. » Il ne voulait pas être envers Dieu moins loyal qu'envers les hommes.

Au milieu des entraînements d'une vie indépendante, Maurice garda toujours le scapulaire, comme un bouclier contre le mal. Sa famille conserve précieusement baigné de son sang celui qu'il portait au moment de la mort. Marie n'abandonna pas un enfant qui lui restait fidèle.

Il pourra bien oublier un instant ses devoirs de chrétien, mais il ne témoignera pas de mépris pour ceux qui les pratiquent. « Il ne trouvait pas, écrit sa sœur, qu'il y eût lieu de se vanter d'être fort, quand on avait la faiblesse de manquer aux préceptes de l'Église. »

Pendant sa vie de garnison, il lui répondait au sujet des Pâques : « Les jours saints arrivent ; en me le faisant remarquer, tu me rappelles des devoirs contre lesquels je ne m'insurge point, mais que j'ai le malheur de ne pas observer.

« Il y a quelque temps aussi, tu me recommandais la messe du dimanche ; tu prêchais encore un converti, négligent sans doute, cependant convaincu. »

Les sentiments sérieux semblaient sommeiller dans son âme encore inexpérimentée ; ils se réveilleront bientôt plus énergiques, lorsque Maurice se trouvera en face des grandes réalités de la vie.

Lui-même le pressentait, lorsqu'il composait, à l'âge de dix-sept ans, un écrit d'écolier, d'une saisissante originalité. Ne pouvant reproduire le texte, nous voulons au moins en rappeler le souvenir.

C'était au concours d'admission à l'école de Saint-Cyr. Le sujet de composition était la guerre. Laissant de côté les lieux communs sur les maux de tout genre que ce fléau de Dieu entraîne à sa suite, Maurice, prenant le contre-pied du programme et des idées courantes, chercha à établir, en quelques pages très-remarquées par les juges du concours, que la guerre, avec tous ses maux, peut devenir un bienfait inestimable pour les peuples, qui savent en accepter virilement les épreuves, pour ceux-là surtout qu'une civilisation raffinée a énervés, et qui peuvent, à cette source terrible, retremper leur caractère dégénéré.

On ne songe pas sans émotion que c'était l'œuvre d'un enfant de dix-sept ans, mais dont la guerre devait faire, en peu de temps, un militaire d'une fermeté peu commune, un chrétien convaincu.

A Saint-Cyr, Maurice avait acquis, par la séduction de ses manières et la flexibilité de son esprit, une certaine influence sur ses camarades. En entrant à l'école, il avait trouvé le régime des brimades en pleine vigueur.

L'oppression impunie et souvent grossière des nouveaux par les anciens, sous prétexte d'éducation militaire, révoltait tous ses instincts d'homme bien élevé, toutes ses notions de justice.

Un des premiers, il organisa contre les brimades une opposition dans laquelle il se jeta à corps perdu au risque de compromettre sa carrière ; mais l'opposition finit par triompher et la promotion de Maurice est connue dans l'histoire de Saint-Cyr, comme ayant eu l'honneur d'abolir les brimades.

Une altercation s'ensuivit entre lui et un ancien, et un défi fut porté pour les vacances.

Cette désolante perspective obséda le cœur chrétien de Maurice tout le reste de l'année ; mais les préjugés auraient parlé plus haut que le devoir, si de sages conseils n'étaient venus tempérer sa bouillante ardeur.

A sa sortie de Saint-Cyr, au commencement de 1870, Maurice avait été envoyé en garnison au Mans, où il passa, dans les habitudes et dans le commerce de la meilleure compagnie, les derniers moments heureux que Dieu ait accordés à sa courte vie, avant les épreuves cruelles qu'il lui réservait dans un avenir si rapproché. Tout le monde, au Mans, l'estima bientôt et le rechercha ; et on se rappelle encore aujourd'hui avec un regret sympathique ce jeune sous-lieutenant à l'esprit fin et cultivé, cavalier élégant et hardi, camarade généreux jusqu'à la prodigalité, aimable envers tous, excepté envers ceux qui se permettaient d'attaquer devant lui ce qu'il aimait et respectait.

Avec la campagne commence véritablement la vie sérieuse pour Maurice, la vie du devoir et de l'honneur ; en peu de mois il va devenir un vrai type d'officier français. « Maurice a été admirable pendant toute la campagne », disait plus tard le R. P. Ducoudray.

Aux premiers bruits de guerre, sans prévenir sa famille qu'il ne veut pas inquiéter avant l'heure, il se rend à Paris pour échanger sa place au dépôt du régiment contre un emploi actif.

Sa demande n'ayant pas abouti, il revint au Mans, mais pour être rappelé à Paris vers le milieu du mois d'août. Déjà l'état de cette ville était déplorable, et on sentait que, sous le coup de nos premiers désastres, les défaillances allaient succéder aux fanfaronnades.

Maurice ne se trompa pas et jugea sévèrement l'agitation d'abord stérile et bientôt coupable de la population parisienne sous un chef qui prétendait tout contenir par la force morale, c'est-à-dire sans doute par l'ascendant d'une popularité qui ne devait durer qu'un jour.

Dès ce moment Maurice augura mal de nos destinées : toutefois il forma chrétiennement la résolution de faire son devoir, quoi qu'il pût arriver.

« Je suis, écrivait-il vers ce temps-là, sous l'empire d'une vive émotion. Demain je comparais devant la 6e chambre pour témoigner dans l'affaire d'un *frère et ami* que j'ai fait arrêter : c'est le premier service que je rends à la société, c'est la première fois que je mérite ma solde.... »

Le séjour de Paris pesait à Maurice ; il brûlait d'aller se battre. « Mon cher père, écrivait-il encore dans le mois d'août, le 13e corps va sans doute être chargé de la défense de la capitale, vous devez comprendre combien je suis ennuyé. Je reste ici cantonné avec beaucoup de service et sans espoir de gagner aucune des récompenses que la guerre pourrait me promettre.

« Porter un uniforme dans les rues de Paris, quand ceux qui n'en ont pas vont à la frontière, m'attriste plus que je ne saurais le dire.

« C'est une honte qu'on ne devrait pas imposer à ceux qui ne le veulent pas. Je vous embrasse et vous quitte pour aller me traîner à la caserne... »

L'ordre est donné au 110e de marche de partir avec l'armée du général Vinoy pour Mézières et Sedan. C'était pour Maurice une sorte de délivrance. Il allait enfin, lui aussi, voir l'ennemi. Il n'avait sous ses ordres que de jeunes recrues, presque sans instruction, et cependant il préféra son emploi à celui d'officier d'ordonnance qu'il pouvait espérer.

« Je ne veux rien demander, disait-il. Si un général veut de moi, il me prendra ; je ferai, en attendant, mon affaire tout seul et dans l'emploi qui m'a été régulièrement assigné... »

La pointe du général Vinoy sur Mézières fut, comme on sait, sans résultat. Elle était pourtant de nature à amener de sanglants combats. Maurice le pensait comme tout le monde; aussi, avant de partir, écrivit-il à sa sœur cette lettre pleine d'une douloureuse et charmante tendresse.

« Paris, 1ᵉʳ septembre, 1 heure du matin.

« Chère sœur, je te dis au revoir ; ce n'est pas un adieu ; il serait trop cruel de nous séparer si tôt. Ayons chacun notre courage ; le mien, je veux l'avoir ; le tien, j'en réponds, n'est-ce pas ? car tu vaux mieux que moi. — Je ne dis pas que je penserai souvent à toi ; ton souvenir sera avec moi ; il m'aidera à faire mon devoir. Si tu m'as vu souvent égoïste, je le suis bien un peu pour nous deux, et, en te quittant, je ne puis me faire à l'idée que je ne laisse pas quelque chose qui m'appartient un peu, ma bonne sœur Jeanne.

« Dis à maman que je lui demande pardon d'avoir souvent si mal récompensé son affection.

« Embrasse notre bon père, et toi, *Believe me your catholic brother.*

« Maurice. »

De retour à Paris avec les troupes que le général Vinoy eut l'habileté de sauver du désastre de Sedan et qui devaient contribuer, dans une large part, à la défense de la capitale, Maurice écrit à son père, à la date du 6 septembre :

« Avant-hier j'étais à Laon, hier à la porte Maillot, aujourd'hui à Sèvres par une pluie torrentielle. La population est ici très-abattue ; tout le monde déménage. Les commerçants cachent leurs marchandises et s'apprêtent au départ. Plusieurs veulent aller en Belgique.

« Nous sommes en plein progrès : les émigrés de la première révolution fuyaient les massacres, la destruction de leur culte, la guerre à leurs idées et à leur foi ; le marchand d'aujourd'hui cache son vin dans sa cave, en mure les soupiraux et tourne le dos aux Prussiens.

« Il me donne dix-huit cents francs par an pour garder son gros bleu qu'il n'a pas le courage de défendre.

« Depuis ces derniers jours, je ne puis vous dire combien mon cœur se soulève en voyant toutes ces défaillances, malgré les grands mots dont se remplissent les nombreuses proclamations affichées sur les murs, les colonnes des journaux et souvent la bouche des poltrons.

« Quand j'entends les ivrognes crier : mourir pour la patrie, sur l'air des Girondins, ou un gamin chanter en fausset la Marseillaise, je ne puis garder mon sang-froid.

« Tout ce réchauffé de 92 est pitoyable. Il serait bouffon si notre deuil était moins grand.

« Bien que tout cela m'inspire le plus profond dégoût, je n'en veux pas moins faire mon devoir, et je vous promets bien, mon cher père, que je ne crierai jamais : sauve qui peut. »

Maurice a noblement tenu parole. On en jugera par le récit de sa vie militaire, si courte et si bien remplie.

Elle s'est passée presque tout entière sur le plateau de Villejuif, un des points les plus importants et les plus disputés des environs de Paris.

Occupée par nos troupes dès les premiers jours du siége, cette position avait été momentanément évacuée le 19 septembre, à la suite de la déplorable catastrophe de Châtillon; mais le gouverneur de Paris ordonna bientôt sa réoccupation.

La division de Maud'huy, à laquelle appartenait le régiment de Maurice, fut chargée de cette opération, d'autant plus périlleuse, qu'en abandonnant le plateau, on avait livré aux Allemands les redoutes ébauchées des Hautes-Bruyères et du Moulin Saquet.

Le 22 septembre, à la nuit tombante, nos troupes sortirent par la porte d'Italie. La compagnie de grand'garde était précisément celle de Maurice. Elle avait ordre de se porter en avant d'une batterie placée, disait-on, sur la route de Fontainebleau ; mais elle marcha sans rien rencontrer jusqu'à Villejuif.

Maurice, surpris de ne pas trouver les Prussiens, ne craignit pas d'engager immédiatement sa petite troupe dans le village. Ayant constaté qu'il était évacué, il fit occuper et barricader les débouchés en attendant que des renforts pussent arriver.

Le capitaine d'état-major de Malglaive, prévenu par Maurice, envoya tout un bataillon qui se dispersa dans les jardins. Vers une heure du matin, les Prussiens revinrent en force vers Villejuif pour y rentrer.

Nos troupes, postées derrière les murs crénelés, les accueillirent par un feu terrible qui les mit en complète déroute. Des morts et des blessés restèrent entre nos mains. La reprise de Villejuif amena l'abandon par l'ennemi des redoutes du Moulin Saquet et des Hautes-Bruyères.

Maurice avait pris une part principale et peut-être décisive à ce résultat important, et cependant il voyait le feu pour la première fois. De Villejuif il écrit à sa mère, le 25 septembre, une lettre qui témoigne de sa bonne humeur et de l'ingénuité de sa bravoure. Il ne parle pas du service qu'il vient de rendre par son sang-froid et sa présence d'esprit:

« J'habite la mairie qui est vide comme tout le reste du village. Ce soir nous avons fait un excellent dîner. Le cuisinier, qui se pique d'être un Vatel, nous a servi des plats baptisés par lui de noms si savants que je ne puis me les rappeler. Les Prussiens, dont nous apercevons les feux, font certainement moins bonne cuisine. Ils nous ont tué avant-hier matin un mulet qui sitôt tué fut aussitôt mangé. Les filets en étaient, paraît-il, excellents, mais m'en étant abstenu, je n'en puis rien dire.

« Parmi les vieux meubles abandonnés, il est resté un piano. Avec le talent que vous me connaissez, et l'aide d'un brigadier d'artillerie, chanteur de l'Opéra-Comique, j'ai charmé mon nombreux auditoire.

« Vous voyez que, sous le rapport matériel, je n'ai pas à me plaindre. J'ai ramassé plusieurs casques à paratonnerre, après une affaire que nous avons eue dans la nuit d'avant-hier. C'est là que j'ai réellement vu le feu pour la première fois. Le sifflement des balles et des obus au lieu de me glacer de peur, comme je m'y attendais, m'a plutôt échauffé. Le sang porté à la tête me donnait la fièvre, mais sans le frisson.

« Cependant je réponds que j'ai eu assez de sang-froid pour voir ceux qui n'en avaient pas. J'ai ramené par la courroie de son sac un homme de ma compagnie qui jugeait prudent de s'esquiver.

« Hier, dans une reconnaissance, j'ai fait feu sur les Prussiens. Un d'eux est tombé à mon coup de fusil. Au moins, s'ils nous le rendaient, je ne serais pas en reste avec eux. Mais soyez bien tranquille, ma chère maman; jusqu'à présent ils n'ont pas un seul de mes cheveux. »

Le 30 septembre, le 112e de ligne fut chargé d'attaquer de front le parc de l'Hay entouré d'un mur crénelé. On avait à parcourir, à découvert et sous le feu de l'ennemi, environ trois cents mètres. Le régiment plia. Maurice, après avoir vu tomber son commandant et la plus grande partie des officiers de son bataillon, rallia les hommes qui fuyaient.

« Ma peau vaut bien la vôtre, leur disait-il, suivez-moi donc. » Il parvint à en ramener une cinquantaine et entra avec eux par la brèche dans le parc. Il y fut accueilli par un feu violent et ne put maintenir ses soldats qui le bousculaient pour se sauver.

Un Prussien le mit en joue à bout portant et le manqua. Resté presque seul au milieu des ennemis, il parvint à en tuer un et à regagner la tranchée après avoir eu ses chaussures et ses habits criblés de balles.

Voici le texte de sa citation à l'ordre de l'armée pour sa belle conduite dans cette affaire. Elle renferme dans sa concision un éloge complet du jeune sous-lieutenant :

« M. de Laumière, excellent officier, d'une bravoure remarquable et d'un grand sang-froid, a pénétré dans le parc de l'Hay. »

Maurice, promu lieutenant le 7 octobre suivant, resta avec son nouveau grade attaché à la défense de ce plateau de Villejuif qu'il avait tant contribué à reconquérir; sans cesse il était mêlé à des combats d'avant-garde, ou occupé, quand il ne se battait pas, à des travaux de fortification qu'il exécutait avec une intelligence et une précision auxquelles les officiers du génie rendent hommage.

Lui qui, avant la guerre, aimait si peu le travail et n'écoutait que ses aises, il était devenu actif et travailleur, supportant gaiement et sans se plaindre jamais les privations de tout genre, attentif à tous les détails de son emploi, lisant et s'instruisant sans cesse.

Ajoutons qu'il méditait et réfléchissait profondément. Un de ses anciens professeurs, devenu aumônier d'ambulance, témoigne de la maturité sérieuse qu'avait prise son caractère.

A l'affaire du 30 septembre, une circonstance l'avait vivement impressionné. C'était pour lui un avertissement de se tenir toujours prêt à paraître devant Dieu. Il avait vu tomber à ses côtés un commandant qu'il estimait pour sa bravoure, mais dont il avait souvent combattu les idées anti-religieuses.

« Jésus, Marie! » s'était écrié celui-ci se sentant frappé à mort. Maurice fit remarquer ces paroles à tous ses camarades; les réflexions s'imposaient d'elles-mêmes.

Le 29 novembre, une nouvelle attaque de l'Hay fut ordonnée. Elle devait favoriser, par une diversion, l'attaque plus étendue et plus importante que le général Ducrot allait tenter sur la Marne.

La lutte à l'Hay fut des plus vives, et la fusillade très-nourrie. Le bataillon de Maurice entra cette fois dans la place, comme Maurice y était lui-même entré presque seul le 30 septembre. C'était un succès considérable et qui avait coûté bien cher! Les troupes en étaient fières et se disposaient à compléter leur avantage, lorsqu'un aide de camp du général en chef vint ordonner la retraite à nos soldats victorieux.

On peut imaginer leur désappointement et leur indignation; Maurice refusait de croire à cet ordre inexplicable, et, s'adressant à l'officier qui l'apportait, il l'apostropha avec une véhémence toute militaire dont ses camarades ont gardé le souvenir. Il fallut pourtant obéir.

On avait ajourné l'attaque sur la Marne, sans prévenir le général commandant le 13e corps, de sorte que les troupes engagées à l'Hay avaient en pure perte versé leur sang. La retraite fut plus meurtrière que n'avait été l'action.

L'ennemi, n'ayant point été inquiété sur la Marne, avait rassemblé sur le plateau de Villejuif une artillerie nombreuse, et il accablait nos troupes de projectiles. Maurice était exaspéré. Ses soldats harcelés et découragés voulaient se débander. Le jeune lieutenant sut, par son énergie, conserver le bon ordre. — Plantant son épée en terre et tenant son revolver au poing :

« Je brûle la cervelle, dit-il, au premier qui quitte le rang. »

Ce fut dans cette retraite qu'ayant entendu les gémissements d'un sergent blessé et tombé dans un fossé, il retourna sur ses pas pour le relever. Le malheureux ne pouvait marcher; Maurice le soutint et le ramena lentement sous une grêle de balles jusqu'à la tranchée; ses vêtements, comme au 30 septembre, étaient en lambeaux et la lame de son sabre avait été faussée par une balle.

Échappé à de tels dangers, il semblait, comme il le disait lui-même en riant, être invulnérable.

Une si belle conduite avait valu à Maurice une

notoriété éclatante dans son régiment et l'attention de ses chefs. Il fut une seconde fois cité à l'ordre de l'armée.

« Ce jeune officier, écrivait plus tard le général de Maud'huy, s'est comporté d'une manière remarquable toutes les fois que son régiment a été engagé, notamment le 30 septembre et le 29 novembre; et moi-même, à la première de ces deux dates, je l'ai complimenté sur le terrain, de sa bonne attitude pendant le combat. Il s'est montré brave, énergique, plein d'entrain, et sa conduite a motivé de ma part, auprès du général commandant le 13e corps, la demande d'une citation à l'ordre de l'armée. »

Le 9 décembre, Maurice fut nommé capitaine; il en remplissait depuis quelque temps déjà les fonctions à titre d'adjudant-major, ayant à peine vingt et un ans accomplis.

Il aurait cependant préféré la croix. Ses camarades assurent que ses chefs, voyant en lui l'étoffe d'un officier supérieur, aimèrent mieux, dans l'intérêt du service, lui conférer le grade que la croix.

Il fut pourtant proposé un peu plus tard, le 23 décembre, pour cette distinction qu'il souhaitait avec ardeur, et la demande était rédigée en des termes qui, s'il avait pu les connaître, auraient satisfait son noble cœur.

« M. le capitaine de Laumière, officier de la plus grande bravoure, a été cité à l'ordre de l'armée après l'affaire du 30 septembre devant l'Hay; ne s'est pas moins brillamment conduit à la seconde affaire de l'Hay le 29 novembre. Sa nomination serait un acte de justice. »

Vers le milieu du mois de décembre, le major de place des Hautes-Bruyères ayant été tué, Maurice fut chargé de cet emploi important et périlleux.

« Je le vois encore, le brave garçon, écrit un de ses amis, passant au galop d'un beau cheval alezan dans le chemin creux qui reliait les deux redoutes du Moulin Saquet et des Hautes-Bruyères, et répondant par un bon sourire aux compliments que je lui envoyais en le croisant.

« Ce fut aux Hautes-Bruyères que je le revis pour la dernière fois. C'était l'avant-veille de Buzenval. Le bombardement faisait rage dans la redoute; je venais d'y arriver au milieu d'une véritable pluie d'obus. Je trouve Maurice dans une casemate avec plusieurs officiers; il m'invite à prendre part à son festin de cheval coriace, de pain noir et de riz; jamais je ne l'ai vu si gai.

« Nous comptions les détonations dont le bruit

ébranlait notre toit de terre, et nous calculions, avec l'indifférence que donne l'habitude du danger, l'impression que produirait un projectile tombant au milieu de nous.

« Lorsque je quittai Maurice, sa physionomie était plus grave. Nous partons cette nuit, me dit-il, pour la porte Maillot; il y aura une affaire dans cette direction. J'ai eu trop de chance jusqu'à présent; qui sait? Je crois que je n'en reviendrai pas. »

Depuis quelque temps, en effet, une espèce de découragement assombrissait les pensées de Maurice, malgré toute la bonne humeur qu'il montrait au dehors.

Il avait vu l'inanité des efforts, presque toujours héroïques, mais mal concertés, de l'armée. Appelé dans Paris avec son régiment pour y réprimer la criminelle émeute du 31 octobre, il avait pu juger des dispositions morales de la population, et n'espérait plus rien de l'avenir.

« Cette affreuse guerre ne va donc pas finir! disait-il un jour à un ami de sa famille. Comme mon pauvre père doit avoir blanchi depuis qu'elle est commencée! »

Cette affreuse guerre allait finir, mais lui-même, hélas, ne devait pas y survivre! Les tristes pensées dont il était agité frappèrent tous ceux qui le virent à ce moment.

« Un matin, raconte un de ses anciens professeurs, Maurice vint me trouver. Nous causâmes guerre, politique et piété.

« Il paraissait dégoûté de tout, dans la persuasion qu'il serait tué bientôt. Je lui renouvelai son scapulaire; il se confessa; mais il ne put revenir faire la sainte communion. »

On était à la veille d'une capitulation absolument inévitable. Il ne restait bientôt plus un seul morceau de pain, et le bombardement devenait d'heure en heure plus terrible.

Le gouvernement, enfin désabusé des mensonges officiels de la province, ne se faisait point illusion sur le résultat d'une nouvelle offensive contre l'ennemi; mais Paris appartenait déjà aux clubs, dont le patriotisme consistait à déblatérer, sans vouloir se battre jamais, contre l'armée qui se faisait tuer.

Il fut résolu qu'on tenterait une dernière sortie. Le 110e de ligne fut désigné pour apporter son contingent à l'hécatombe humaine. Il avait déjà largement payé sa dette, toujours aux postes les plus périlleux, et ayant eu, depuis le commencement du siége, son personnel d'officiers presque renouvelé.

Maurice eut cette fois le pressentiment invincible

qu'il allait mourir, et se recueillant dans une suprême inspiration de résignation chrétienne et de tendresse filiale et fraternelle, il écrivit ces touchants adieux que la mort a consacrés et qui nous semblent égaler en grandeur morale ce que nous connaissons de plus beau.

« Mon cher père, je vais me battre encore demain ; et peut-être le bonheur providentiel que j'ai eu les autres fois, m'abandonnera-t-il demain ? Je ne veux pas vous quitter sans vous dire adieu. Ce sera d'ailleurs pour moi une force nouvelle de penser que mon dernier souvenir vous parviendra si je succombe, et que vous saurez qu'il a été pour vous tous.

« Je ne veux pas non plus que vous ignoriez ce que j'ai pu faire pour réparer les fautes de ces dernières années. Vous les avez pardonnées avec une indulgence inépuisable; mais il me restait à en atténuer le souvenir.

« Me voilà capitaine depuis bientôt un mois, deux fois cité à l'ordre, proposé pour la croix; j'attendais de l'avoir pour vous écrire. Comme j'aurais été content de vous la rapporter à la fin de la guerre! Enfin tout est peut-être pour le mieux. Mourant à ma majorité, j'aurai juste assez vécu pour n'en pas abuser.

« Je suis obligé de vous redire encore adieu, et, j'ai beau faire, je me prends à pleurer un peu en vous quittant.

« Dites à ma bonne sœur qu'elle ne me regrette pas trop; je ne veux pas qu'elle soit triste. Si elle se marie, je désire qu'un de ses enfants porte mon nom tout entier; c'est tout ce que je peux lui léguer.....

« J'embrasse tendrement ma mère, en lui demandant pardon de tous les chagrins que je lui ai causés.

« Adieu; votre fils Maurice, *and your catholic brother, you know* (1). »

Maurice porta lui-même cette lettre à un fidèle serviteur de la famille, celui-là même qui devait le ramener mort du champ de bataille. Cela fait, il alla passer la soirée du 18 janvier avec ses camarades :

« Si l'un de nous vient à mourir demain, dit-il, nous aurons eu du moins la consolation de passer nos derniers moments ensemble. »

Il les égaya tous, en se livrant devant eux au goût remarquable qu'il avait pour la musique, et qui était entre beaucoup d'autres, un don de sa brillante et fine nature.

L'heure arrivée, au milieu d'une nuit froide et

---

(1) Hautes-Bruyères, 17 novembre 1871.

noire, on se mit en marche vers la plaine du Mont-Valérien.

« Je serai tué aujourd'hui, » dit Maurice, en serrant la main de monsieur d'Aubignosc, son ami. Le 110° ne devait donner qu'à titre de réserve, mais des bataillons de garde nationale désignés pour former les colonnes d'attaques firent peu ou point leur devoir et les régiments durent bientôt entrer en ligne.

Maurice remplissait les fonctions de capitaine adjudant-major, et accompagnait le commandant Bernard.

A peine celui-ci avait-il pénétré dans le parc de Buzenval et déployé son bataillon en tirailleurs, qu'il tomba frappé d'un coup de feu au visage ; son ordonnance fut aussi frappé mortellement, au moment où le commandant cherchait à lui remettre sa montre entre les mains. Maurice aussitôt s'élance vers eux pour leur porter secours.

« N'avancez pas, M. de Laumière, lui cria le capitaine Santa-Maria du 109°, qui se tenait déjà depuis quelques heures embusqué sur ce terrain périlleux ; n'avancez pas, le commandant est mort. » Maurice n'écoute rien, s'approche et n'a que le temps de serrer la main de M. Bernard et de recueillir la montre abandonnée ; mais le groupe formé par les deux hommes gisant à terre et par l'officier accomplissant son œuvre charitable sert de cible aux coups assurés de l'ennemi. Maurice tombe foudroyé.

Son corps percé de dix balles, dont une l'avait frappé à l'endroit du cœur, demeura sur le champ de bataille, depuis le jeudi 19 jusqu'au dimanche suivant.

Quand on le recueillit, toutes ses armes avaient été volées avec les objets précieux qu'il portait. Une bague, souvenir de sa sœur et qu'il appelait son talisman, avait été arrachée de sa main glacée.

On retrouva maculé de sang et percé d'une balle son scapulaire; son portefeuille renfermait une lettre tout ouverte : c'était une dernière lettre de sa sœur, contenant ses dernières recommandations.

Le cercueil fut religieusement déposé dans une chapelle de la sainte Vierge, à Saint-Étienne-du-Mont, sous la garde du vénérable curé, ami de la famille.

Des fédérés entrèrent dans l'église lorsque déjà les troupes de Versailles avaient franchi les fortifications. Ils demandèrent quel était ce cercueil, et sur la réponse qu'il renfermait le corps d'un jeune officier tué par les Prussiens :

« Nous voulons ouvrir ce coffre, dirent-ils, on y a caché des armes. » Ces misérables, insultant les restes inanimés d'un héros, commençaient à briser l'enveloppe; mais une vive fusillade retentissant sur la place du Panthéon, les obligea de sortir.

C'étaient nos soldats qui arrivaient providentiellement au secours de leur frère d'armes!

Dieu aura fait miséricorde, nous en avons la ferme confiance, à celui qui a fait généreusement le sacrifice de sa vie pour accomplir son devoir; et les hommes de cœur garderont, comme un exemple, le souvenir de cet héroïque jeune homme, tombé à vingt et un ans, l'une des plus touchantes victimes de cette triste guerre.

ANGE LE POMELLEC

Ange le Pomellec, né à Binic (Côtes-du-Nord) le 8 juillet 1844, élève de l'institution Saint-Charles à Saint-Brieuc, puis de l'École Sainte-Geneviève du 8 octobre 1861 au 24 août 1863, élève de l'École Polytechnique en 1863, sous-lieutenant élève d'artillerie à l'École d'application de Metz en 1865, lieutenant au 4e régiment d'artillerie en 1867, lieutenant en 1er 1870, blessé au combat de Saint-Julien (près Metz) le 1er septembre et mort à Metz le 3 septembre 1870.

Ange, lieutenant d'artillerie depuis 1867, avait quitté son régiment au mois d'octobre 1869, pour aller à l'école de Saumur. C'est là qu'il apprit au mois de juillet 1870 la déclaration de guerre à la Prusse ; aussi, avec quelle joie ne reçut-il pas la dépêche ministérielle qui, le créant premier lieutenant au 1er régiment d'artillerie, lui permettait d'entrer aussitôt en campagne.

Il n'éprouva qu'un regret, celui de quitter au moment du danger, ses amis du 4ᵉ régiment. Depuis trois années, ils formaient pour lui comme une seconde famille, et il eût combattu volontiers à leurs côtés. Les témoignages rendus à sa mémoire montrent assez qu'il était payé de retour. « Il faut avoir « connu votre fils, écrivait le capitaine Rouvellois à « M. le Pomellec, pour savoir combien il était bon « et courageux. Par sa nature loyale, par sa fran- « chise bretonne, il avait gagné l'affection de tous « ses camarades d'école. » « Votre fils, écrivait aussi « le lieutenant-colonel Legardeur à Mᵐᵉ le Pomellec, « avait su conquérir tous les cœurs par ses aimables « qualités, et tous ceux qui ont vécu intimement « avec lui le regardaient comme leur frère ou comme « leur enfant. »

Ange, en effet, était doué d'une grande délicatesse d'esprit et d'une parfaite droiture de cœur, à laquelle répugnait vivement tout ce qui n'était pas honnête. Dès le collège on avait pu apprécier sa loyauté et son énergie, qui étaient chez lui comme un héritage de famille. Aux qualités brillantes qui lui gagnaient de si vives sympathies, il joignait des sentiments profondément chrétiens. Soutenu par sa fermeté de caractère, il sut réclamer la liberté pour ses croyances, et resta toujours fidèle aux pratiques de la religion.

Quelques heures seulement lui avaient été accordées pour se préparer au départ ; mais son premier soin fut de régler les affaires de sa conscience. « Soyez
« rassurée, disait-il ensuite à sa mère, je suis en paix
« avec le bon Dieu. » L'âme tranquille, il embrassa pour la dernière fois, à la gare de Strasbourg, un de ses frères, accouru en toute hâte pour lui dire adieu, et qui vint ensuite à Paris, à la tête d'une compagnie de mobiles bretons, mettre au service de la France une épée naguère consacrée à la défense des droits du Saint-Siége.

Peu de jours après, Ange faisait ses premières armes au combat de Borny. Du champ de bataille, il data la dernière lettre qui soit parvenue à sa famille. Son patriotisme lui faisait partager les espérances du reste de la France ; mais, ennemi de l'exagération, il ne savait dire que la vérité : « Au point où je me battais, écrit-il, nous avons gagné du terrain, mais je ne connais point le résultat gégéral. » Un officier, près duquel Ange combattit à Borny, à Gravelotte, à Saint-Privat, assurait qu'il n'avait jamais vu dans un jeune homme autant de bravoure et de sang-froid. « Sous l'enveloppe grêle d'un enfant, disait-il, le lieutenant le Pomellec possédait la force et le courage d'un vieux soldat. »

Nous empruntons à diverses relations le récit du

combat de Saint-Julien sous les murs de Metz. Le soir du 31 août, Ange reçut l'ordre d'aller camper à quatre cents mètres en arrière du village de Noisseville, qui avait été le théâtre d'une lutte très-vive et d'où nos troupes avaient fini par déloger l'ennemi. Le feu de mousqueterie se faisait toujours entendre ; les artilleurs restèrent sur pied jusqu'à onze heures. « Le feu ayant alors à peu près cessé, raconte un officier, il fut décidé qu'on pouvait se reposer, et chacun s'enveloppa de son mieux dans son manteau. La nuit était froide, un brouillard épais pénétrait les vêtements ; nous nous couchâmes par terre, auprès de nos pièces attelées. Nous étions heureux, car la journée avait été glorieuse pour nos armes ; nous avions marché en avant, la charge avait battu sur toute la ligne, et nous nous endormîmes en faisant de beaux rêves pour l'avenir. »

Le village de Noisseville, où l'on n'avait laissé qu'un régiment d'infanterie, fut repris dans la nuit par les Prussiens. Le lendemain, dès le matin, l'artillerie reçut l'ordre de se replier un peu en arrière, et, vers dix heures, on prit position, pour contrebattre l'artillerie ennemie qui avait ouvert un feu violent sur nos troupes.

Ange se mit en marche avec sa batterie, et parvint bientôt à la position désignée. Ne songeant qu'à diriger son feu de la manière la plus efficace, il s'avança, la lunette à la main, pour observer la position ennemie et se rendre compte de la distance qu'il devait indiquer aux pointeurs. Il regardait avec attention, quand arrivèrent dans la batterie trois ou quatre obus qui firent beaucoup de mal. Plusieurs canonniers furent tués, et le jeune lieutenant fut atteint d'un éclat à l'épaule droite.

« Je suis touché, s'écria-t-il, mais ce ne sera rien, j'espère ! » et il ne voulut point descendre de cheval. Bientôt vaincu par la douleur, il mit pied à terre et se dirigea vers une ambulance. Mais ses forces l'abandonnèrent ; on dut le porter sur un brancard. La veille, il avait visité l'ambulance du Polygone, dans l'île Chambière. A la vue des sœurs de charité qui s'y dévouaient au soin des malades, il avait dit : « S'il m'arrive quelque chose, c'est ici que je veux venir. » Il y fut en effet transporté, après un premier pansement au château de Grinault.

Le médecin sonda sa blessure, opération douloureuse qu'il supporta sans laisser échapper la moindre plainte. La blessure était très-grave. L'éclat d'obus avait brisé une artère et pénétré de façon à causer un mal sans remède. La ligature de l'artère fut faite avec soin, mais on ne jugea pas prudent de tenter l'extraction du projectile.

« Ce ne fut que le lendemain de cette triste journée, écrit un ami, que j'appris le malheur qui nous était arrivé. Je m'empressai de me rendre à l'île Chambière pour voir le cher blessé. Je le trouvai très-affaibli. Son ordonnance était près de lui, le soignant avec grand soin, épiant ses moindres désirs, pour lui épargner les souffrances que lui auraient causées les plus légers mouvements, dans sa position gênante et forcée. La fièvre s'était emparée du malade. Malgré cela il me reconnut très-bien, m'appela par mon nom, mais ne put supporter l'effort d'une conversation. Voyant que toute parole le fatiguait beaucoup, je cédai aux instances de son ordonnance, et je me retirai à cause de la fièvre qui le dévorait. »

A l'ambulance, Ange remplit tout le monde d'admiration, par sa patience et par sa résignation. Laissons parler la religieuse qui recueillit son dernier soupir. « Le nouveau blessé, dit-elle, me frappa tout de suite par un air de candeur où se révélait son âme. J'aperçus un scapulaire et des médailles sur sa poitrine, et je compris que j'avais affaire à une âme sincèrement chrétienne. Il demanda monsieur l'aumônier et reçut les derniers sacrements. Le 3 septembre, au matin, le mal fit de rapides progrès. Après avoir baisé plusieurs fois le crucifix, le pieux jeune homme remit sans agonie son âme à Dieu. »

Un mois s'était écoulé : le 2 octobre, fête des saints Anges, une lettre apprenait à Mᵐᵉ le Pomellec que son fils avait quitté ce monde, pour aller sans doute se réunir au ciel à ceux dont il portait le nom.

Dans un discours prononcé sur la tombe du jeune lieutenant, le colonel Legardeur avait rendu un hommage public aux qualités du défunt, en proclamant qu'il était mort en brave, et qu'il emportait, avec l'estime et les regrets de tous, son estime et son affection particulière.

Un an après, au mois de juillet 1871, le corps fut ramené de Metz à Binic, et, le jour des obsèques, on put connaître à quel point Ange avait su se faire aimer, dans son pays natal aussi bien qu'à l'armée. Jamais on ne vit un plus grand concours de tous les rangs de la société, ni plus de recueillement, ni plus de larmes. Le service funèbre fut célébré par un des anciens maîtres du glorieux défunt, et Monseigneur l'Évêque d'Aire, ami de la famille, voulut en cette douloureuse circonstance lui témoigner ses sympathies, en prononçant l'éloge de ce brave officier tant regretté de tous ceux qui l'avaient connu.

AUGUSTE-FRANÇOIS-ANTOINE-ROGER

COMTE

DU PLESSIS DE GRÉNÉDAN

Auguste-François-Antoine-Roger, comte du Plessis de Grénédan, né à la Bruyère (Côtes-du-Nord) le 25 janvier 1839, élève du collége Saint-Sauveur de Redon, puis de l'École Sainte-Geneviève du 4 avril 1856 au 11 mars 1858, admis à l'École Polytechnique en 1858, sous-lieutenant élève d'artillerie à l'école d'application de Metz en 1860, lieutenant au 3e d'artillerie en 1862, capitaine en 1869, chevalier de la légion d'honneur, mort à Rennes le 15 janvier 1872.

Au lendemain de la mort d'Auguste qui venait de succomber à la suite des fatigues supportées durant la guerre, le général Demolon traçait ainsi le portrait du jeune officier dans une lettre adressée à M. le vicomte de Saisy :

« Rennes, le 16 janvier 1872.

« Monsieur,

« En rentrant chez moi je trouve la lettre dans laquelle vous m'annoncez la mort de votre beau-frère. J'en éprouve un vrai chagrin et m'associe de tout cœur à la douleur de sa malheureuse mère et de sa famille. Sa rare énergie l'avait fait surmonter la fatigue de la rude campagne contre les Prussiens, et sa brillante valeur lui avait assigné une belle place parmi les plus braves, mais elles l'ont conduit à dépasser la limite du possible dans l'horrible guerre où l'appelait de nouveau le devoir du soldat, et il tombe victime de sa volonté de le remplir jusqu'au bout. Toute l'artillerie s'associera au deuil de votre famille, et moi en particulier, monsieur, je vous prie de dire à Mme du Plessis que je prends la part la plus vive à sa douleur.

« Veuillez agréer l'assurance de mes sentiments dévoués.

« Gal DEMOLON. »

Dès son enfance, Auguste avait puisé dans l'éducation de la famille ces principes d'honneur qui dominèrent toujours sa vie et sans lesquels il n'y a point d'hommes véritablement forts. S'il oublia souvent, au milieu des entraînements de la jeunesse, de régler sa conduite sur les sentiments religieux profondément gravés au fond de son cœur, jamais du moins, il ne rougit de sa foi. Il était le premier à gémir de sa faiblesse ; et il défendait avec chaleur les devoirs de chrétien qu'il ne se sentait pas la force de pratiquer.

Cette fermeté de principes, que les orages des passions ne furent jamais capables d'ébranler, était le résultat d'une étude approfondie de la religion. Aussi les PP. Eudistes de Rennes, ses premiers maîtres, lui avaient-ils décerné un prix spécial sous le nom de *Science du catéchisme*. La bonne semence n'était point tombée dans une terre ingrate, et plus tard elle devait porter ses fruits. « Toujours avant de me battre, écrivait-il à sa mère le 10 septembre 1870, j'ai mis mes affaires de conscience en règle. »

Auguste avait autrefois manifesté de l'inclination pour l'état ecclésiastique. Enfant, il voulait être prêtre comme d'autres veulent être soldats, et il débitait avec un grand sérieux les petits sermons qu'il avait composés. Parcourant un jour un album où se trouvaient les monuments de Paris, il dit à sa mère en lui montrant le séminaire de Saint-Sulpice : « Voilà où j'irai dans dix ans. » Ces paroles ne devaient pas se réaliser. Après sa rhétorique, il manifesta l'intention de se préparer à l'École polytechnique où il entra en 1858.

Vers la fin de sa première année, la rentrée triomphante de l'armée d'Italie, dont il fut témoin, décida sa vocation militaire. Du reste, les souvenirs de sa famille auraient seuls suffi pour l'engager à embrasser une carrière dans laquelle s'étaient distingués ses ancêtres. Le chef de la famille avait combattu à Bouvines dans l'armée du roi de France. Quelques années plus tard, Geoffroy du Plessis suivait saint Louis à la septième croisade; en 1488, Olivier du Plessis succombait sur le champ de bataille de Saint-Aubin du Cormier, où il soutenait la cause de l'indépendance de la Bretagne; après la désastreuse expédition de Quiberon, trois du Plessis tombaient sous les balles révolutionnaires; et le père d'Auguste lui-même avait pris une part glorieuse à la guerre d'Espagne en 1823.

En 1860, lorsque le premier noyau de l'armée pontificale se formait sous la puissante impulsion du général de Lamoricière, Auguste voulut faire partie de ce corps d'élite qui allait défendre la plus sainte des causes; mais Gaston son frère aîné, qui renonçait alors à une brillante alliance pour s'engager parmi les volontaires de M. de Cathelineau, lui conseilla d'attendre quelques mois encore, sous prétexte qu'il serait plus utile après avoir achevé ses études à l'École polytechnique.

On sait la douloureuse mais glorieuse issue de cette première campagne. Gaston l'avait prévue; et ce noble jeune homme, qui ne craignait pas de s'exposer personnellement au danger, avait dissuadé son frère de l'accompagner, afin d'épargner à sa famille la rude épreuve d'un double sacrifice. Malgré des prodiges de valeur, les nouveaux croisés ne purent triompher du nombre et de la perfidie de leurs ennemis; mais ils avaient laissé un grand exemple qui allait bientôt trouver de nombreux imitateurs.

En apprenant la mort de son frère, l'une des premières victimes du guet-apens de Castelfidardo, Auguste sentit se réveiller en son âme, plus vif que jamais, le désir de consacrer sa vie à la défense du Saint-Siége. Il supplia donc sa mère de lui permettre de partir; mais cette femme chrétienne, qui n'eût pas hésité devant un devoir parfaitement connu, résolut d'éprouver encore la vocation de ce fils, sur lequel elle fondait toutes ses espérances. Elle promit de lui donner son consentement, après les deux années d'école d'application à Metz, s'il continuait alors de manifester les mêmes intentions. Auguste, à Metz, se livra tout entier aux devoirs de son état. « Je ne puis vous dire, écrivait-il au mois de janvier 1861, si Metz est une belle ville. Nous sommes occupés à l'école de sept heures du matin à quatre heures du soir. Sauf une heure pour déjeûner, le reste du temps j'aime mieux être dans ma chambre qu'à geler dans les rues. »

Ce fut les larmes aux yeux qu'Auguste reçut pendant les vacances de 1861 la croix de Pie IX que le souverain Pontife lui envoyait en reconnaissance du dévouement de son frère aîné; mais l'année suivante, quand il sortit de l'école d'application, l'état des choses était bien changé en Italie; la France veillait l'arme au bras au pied du Vatican, et le jeune officier put croire à une sécurité complète pour les États du Saint-Père.

Apprenant alors qu'un de ses frères, religieux à Marseille, était souffrant, il accourut près de lui, et, pendant une semaine entière, se conforma sans témoigner le moindre ennui, aux exigences de la vie de communauté. Un jour qu'il assistait à la bénédiction du Saint-Sacrement, on l'aperçut pleurant à chaudes larmes. Il songeait à la lutte terrible qu'il devait soutenir contre les entraînements du monde, et connaissant sa faiblesse, il demandait à Dieu les grâces nécessaires pour triompher des passions qui agitaient son cœur.

Nommé lieutenant au 14e d'artillerie en garnison à Rennes, il eut le bonheur de passer deux années au milieu de sa famille. Il remplissait les obligations du service avec une rigoureuse exactitude, formant avec un soin tout particulier les jeunes soldats dont il savait se faire aimer, malgré la rigueur avec laquelle il voulait qu'on exécutât ses ordres.

Détaché à Lyon au mois d'octobre 1864, Auguste sentit se réveiller près du sanctuaire de Notre-Dame-de-Fourvière tous les sentiments religieux qui étaient restés quelque temps assoupis au fond de son cœur. On vit le jeune lieutenant gravir souvent la sainte colline et demander à Marie, salut des infirmes, la guérison d'une sœur dangereusement malade. « J'espère, écrivait-il, que le bon Dieu aura enfin pitié de nous, et surtout de vous, ma pauvre mère, qui avez été déjà tant éprouvée. C'est le souhait et la prière les plus sincères que je puisse faire. » Lorsqu'à la fin de décembre il revint à Rennes passer quelques jours au milieu de sa famille, il se confessa, prit des habitudes plus réglées et déclara qu'il était résolu à mener une vie chrétienne.

Un préjugé, malheureusement enraciné dans beaucoup d'esprits, lui fit bientôt abandonner les pratiques religieuses après son retour au régiment. Il voulait être aussi fidèle aux promesses faites à Dieu qu'à la parole donnée aux hommes; mais se défiant trop de ses propres forces et ne comptant pas assez sur la grâce divine, il ne croyait pas à la possibilité d'une bonne confession, si l'on n'était assuré de ne plus retomber après s'être relevé. Pourtant il ne refusait pas d'écouter une parole amie qui lui rappelait ses devoirs. « Tes bons conseils, écrivait-il à l'une de ses sœurs, n'ont pas eu tout le succès possible, cependant ils m'ont été profitables. » Quand celle-ci fut entrée au noviciat des dames du Sacré-Cœur à la Ferrandière près de Lyon, Auguste alla plusieurs fois la visiter et se recommander à ses prières. En la quittant, au mois de mars 1868, avant de se rendre en Afrique avec son régiment, il ne se doutait pas qu'il la voyait pour la dernière fois. Elle s'endormit, en effet, du sommeil des justes au mois de juin; ses dernières pensées avaient été pour sa mère déjà tant éprouvée, et pour son cher Auguste dont le salut la préoccupait vivement.

Lorsqu'il connut la mort de cette sœur aimée, il écrivit alors une lettre qui montre toute la tendresse dont son cœur était rempli pour sa famille. « Que j'étais loin de m'attendre à une pareille nouvelle et comme je croyais peu la voir pour la dernière fois, lors de mes visites à la Ferrandière! Je n'ai même pas eu le temps de lui dire adieu la dernière fois que j'ai passé à Lyon. Je reçus si brusquement mon ordre de départ, que je ne pus pas aller lui rendre visite le 1ᵉʳ avril, comme je lui avais promis. Mais aussi qui aurait pu s'attendre à un pareil malheur? Elle avait l'air d'être si gaie, si heureuse, si bien portante. Comme je voudrais être près de vous, ma chère maman ! j'essaierais, non pas de vous consoler, je n'en serais guère capable et je crois que je suis à bout de courage, mais nous parlerions ensemble de notre pauvre petite Pauline.

« Je ne sais pas encore au juste quand je pourrai partir, j'espère cependant être à la Bruyère dans le mois prochain, je partirai le plus tôt que je pourrai, j'ai tant hâte de nous voir réunis, au moins ceux qui restent.

« Adieu, ma chère maman, à bientôt ; vous au moins qui êtes si bonne, et si éprouvée cependant, vous êtes sûre de revoir au ciel ceux que nous avons perdus. — Votre fils tout dévoué, Auguste. »

Auguste, pendant son séjour en Afrique, acheva son éducation militaire. Les heureuses qualités qu'il manifesta dans plusieurs circonstances le firent apprécier de ses chefs, et plusieurs déclarèrent dès lors qu'il serait en campagne un officier distingué. Il devait bientôt avoir occasion d'en fournir la preuve.

Nommé capitaine à la fin de 1869, il fut incorporé au 7ᵉ régiment d'artillerie et détaché à la fabrique d'armes de Châtellerault jusqu'au moment où éclata la guerre contre la Prusse. Vers la fin de juillet, il rejoignit à Rennes son régiment, et, après quelques jours d'attente, fut dirigé avec une batterie de mitrailleuses vers l'armée du Rhin. C'est à Colmar qu'il devait se réunir à la 1re division du 7e corps dont il faisait partie; mais l'attaque soudaine des Prussiens nécessita une marche rapide sur Haguenau. Il y arriva trop tard pour soutenir l'armée du maréchal de Mac-Mahon et ne put qu'aider à protéger la retraite.

Le 7 août, il écrivait de Phalsbourg à sa mère : « Je suis arrivé hier à Haguenau pour voir écraser le corps de Mac-Mahon, nous sommes en retraite, je me porte bien. »

Le 19 août, il écrivait de nouveau du camp de Châlons et indiquait brièvement les péripéties de ce pénible voyage. « Nous venons enfin de terminer le mouvement commencé après la malheureuse bataille de Freschwiller où les 35,000 hommes du maréchal de Mac-Mahon ont été écrasés par 140,000 Prussiens. Nos batteries étaient arrivées de Colmar trop tard pour entrer en ligne, et nous n'avons pu que soutenir la retraite. Notre mouvement en arrière a été pénible, à cause des marches forcées et des marches de nuit que nous avons été obligés de faire ; mais le succès en a été complet en ce sens que les

Prussiens n'ont pu nous rejoindre nulle part. Notre armée va se réorganiser ici avant de rentrer en ligne.

« Je n'ai reçu aucune lettre de vous, ce qui ne me surprend pas, car nous faisions tout pour cacher notre marche, et le service des postes de l'armée était tellement désorganisé que je ne sais pas si vous avez reçu les deux billets que je vous ai écrits depuis la bataille. J'ai bien fait d'emporter plus d'argent que je n'en avais l'intention, car dans les petits villages que nous traversions tout était hors de prix. Je me porte parfaitement et je vous embrasse de tout mon cœur, en attendant que je puisse vous revoir. Votre fils affectionné, Auguste du Plessis. »

L'armée se dirigea, comme on sait, vers le Nord-Est, et, après les engagements malheureux de Mouzon et de Beaumont en Argone, elle livra le 1er septembre la funeste bataille de Sedan. Auguste, qui avait déjà pris part aux combats précédents, se fit remarquer, et le maréchal de Mac-Mahon, avant sa blessure, lui promit la croix pour sa belle conduite. Il fit noblement son devoir tout le reste de cette fatale journée. En portant un ordre de son commandant, il eut un cheval tué par un obus, dont les éclats mirent ses vêtements en lambeaux, sans lui faire aucun mal. La roue d'un caisson lui passa sur le bras gauche, au moment où il tombait avec son cheval. Malgré de fortes contusions, il n'en continua pas moins son service jusqu'au bout, et quand tout fut terminé, il écrivit de Sedan à sa mère le 3 septembre.

« Encore une grande bataille de perdue! Je suis très-légèrement blessé et probablement prisonnier. J'ignore encore les conditions de la capitulation signée par le général en chef... Je remets cette lettre à un habitant de la ville qui a bien voulu me recevoir et m'a promis de vous la faire parvenir aussitôt que les communications seraient rétablies. »

Auguste trompa bientôt la vigilance de ses gardiens, envers lesquels il avait refusé de prendre aucun engagement, et parvint, à l'aide d'un déguisement et au péril de sa vie, à passer en Belgique. La mort lui paraissait préférable à la captivité. Il raconte son évasion dans une lettre du 10 septembre 1870.

« Je vous écris d'un territoire neutre. J'ai été légèrement blessé à Sedan et fait prisonnier. J'ai trouvé le régime prussien ennuyeux et, comme ils m'emmenaient en Allemagne, je les ai quittés cette nuit sans leur dire bonsoir ; j'ai fait six lieues à pied et suis arrivé en Belgique. Ma blessure va bien et je compte rentrer en France demain ou après demain par Lille, si Dieu le permet.

« Ma pauvre maman, quel malheur! Cette bataille, nous pouvions la gagner malgré notre infériorité numérique. On est, à ce qu'on dit, furieux en France contre l'armée de Sedan. Pour l'artillerie, on a tort, nous avons fait crânement notre devoir ; nous nous sommes bien battus. »

Le jeudi 15 septembre, Auguste, désireux de recommencer la lutte, était à Paris, offrant ses services au gouvernement de la défense nationale. On l'envoya à Rennes, pour y former des batteries de marche. A peine eut-il embrassé sa mère, heureuse de le revoir sain et sauf après tant de périls, qu'il partit pour l'armée de la Loire sans attendre sa sœur, et son beau-frère le vicomte de Saisy, commandant aux zouaves pontificaux, qui revenaient de Rome après l'invasion sacrilége du roi de Piémont.

Auguste commandait la 18ᵉ batterie du 7ᵉ régiment d'artillerie, attachée à la 3ᵉ division du 15ᵉ corps, lorsqu'il exprimait le 15 octobre ses bonnes impressions sur l'entrée en campagne.

« Je me porte bien et j'ai repris complétement la vie du camp. L'armée de la Loire a eu le 11, avant l'arrivée de notre division, un léger engagement après lequel elle s'est repliée sur nous. Pour le moment je ne crois pas que nous soyons engagés avant quelque temps. J'ai une bonne batterie et surtout deux très-bons lieutenants. L'un d'eux, mon lieutenant en premier, connaît à fond la comptabilité, ayant été longtemps adjoint au capitaine trésorier. L'autre lieutenant est un charmant garçon. Bref je crois que nous allons faire une campagne très-agréable. »

Le 2 novembre, il était campé avec sa brigade près du petit village de Taley d'où il écrivait : « Nous sommes toujours sur le qui-vive, nous attendant à une rencontre prochaine... Le froid se fait vivement sentir et j'ai les doigts gelés. »

Quelques jours après, la bataille de Coulmiers ranimait le courage de nos soldats et les espérances de la France entière. Auguste y avait pris une part glorieuse, et n'avait pas peu contribué par une manœuvre hardie au succès de la journée. On le vit, avec des canons de quatre, s'approcher de l'ennemi à cinq cents mètres, et forcer successivement à la retraite deux batteries allemandes. Après un feu de trois heures, il délogeait des maisons les tirailleurs ennemis qui défendaient les approches de Coulmiers, et le chemin du village était ouvert à l'infanterie. Félicité par le général en chef et par le général de Blois pour ce beau fait d'armes, il fut proposé pour la décoration qu'il reçut huit jours après.

« Nous avons livré bataille hier, écrivait Auguste à sa mère, le 10 novembre, nous avons chassé les Prussiens de Bacon et de Coulmiers ; j'ai été content de ma batterie. » — « A la bataille du 9, ajoutait-il le 28 novembre, ma batterie a donné et franchement donné ; j'ai reçu des félicitations un peu de tous les côtés ; j'ai été décoré et on m'a accordé tout ce que j'ai demandé comme récompense pour la batterie ; mon lieutenant a été nommé capitaine, et mon adjudant, officier. Nous avons toujours un temps affreux et qui nous gêne beaucoup pour la suite des opérations ; nous sommes littéralement campés dans la boue.

« Pour moi, je me porte toujours on ne peut mieux et je suis plein d'espoir sur le succès définitif. Notre jeune armée de la Loire ne s'est pas laissé abattre par la capitulation de Metz. Elle est disciplinée, pleine d'enthousiasme, et a prouvé à nos ennemis que l'on aurait à compter avec elle. »

D'après le témoignage de M. de Tromeleuc, officier d'artillerie, la manœuvre audacieuse qui avait si bien réussi à la prise de Coulmiers, eut le même succès aux combats de Patay et de Poupry. Le 2 décembre, à Artenay, quand les Prussiens, poursuivant le 16ᵉ corps en déroute, tombèrent à l'improviste sur le 15ᵉ corps, c'est encore la batterie d'Auguste qui soutint seule, pendant une demi-heure, le premier choc, d'autant plus formidable qu'on s'y attendait moins. L'intrépide capitaine reçut un éclat d'obus, qui lui fit une légère contusion.

Chargée de protéger la retraite, la 18ᵉ batterie tomba le 4 décembre dans une embuscade prussienne sur la route d'Orléans. Elle n'échappa à la destruction que par une espèce de miracle, grâce au sang-froid de son brave commandant. Deux cents Bavarois tiraient à bout portant, et l'on ne perdit que treize hommes et deux caissons.

Au mois de janvier, nous retrouvons Auguste dans la campagne de l'Est, toujours intrépide, le premier à l'attaque et le dernier à la retraite. Le 13 et le 15, il prit une part glorieuse aux combats d'Ornam et de Montbéliard. Dans la nuit qui précéda ce dernier engagement, il alla, d'après les indications d'un curé des environs, examiner s'il ne serait pas possible de faire arriver sa batterie sur les hauteurs par un petit sentier couvert de neige. Le lendemain, en effet, la 18ᵉ batterie s'avançait jusqu'au bord de l'escarpement qui domine Montbéliard et réduisait au silence des batteries prussiennes placées de l'autre côté de la ville; puis, se portant en avant dans deux positions successives, elle continua son feu jusqu'à quatre heures contre les batteries ennemies, qui couvraient de leurs projectiles le plateau et les bois environnants. Malgré la contusion occasionnée par un éclat d'obus à la hanche, le capitaine n'avait pas voulu cesser son service.

« J'avais quitté M. du Plessis le 6 décembre, écrit un capitaine du 23e régiment d'artillerie, et je ne le vis que le 22 janvier à Baume-les-Dames, où il était encore chargé de soutenir la retraite. Quelques jours auparavant, j'avais rencontré son fourrier. Il me dit que M. du Plessis s'était battu bravement selon son habitude dans les malheureux engagements qui précédèrent notre triste retraite de Montbéliard. »

De retour à Rennes après l'internement de nos troupes en Suisse, Auguste espérait jouir enfin d'un repos nécessaire pour réparer sa santé compromise par les souffrances inouïes d'une triple campagne. Mais un grand danger menace de nouveau la France; Paris est tombé aux mains des insurgés; il faut des hommes d'énergie pour combattre la Commune, Auguste reste insensible aux conseils de ses parents, aux ordres des médecins, et, n'écoutant que son courage, se rend, malgré son excessive faiblesse, au poste qui lui est assigné. D'après l'historique du

7ᵉ régiment d'artillerie, la 28ᵉ batterie, commandée par le capitaine du Plessis de Grénédan, quitta Rennes le 26 mars 1871 pour être attachée à la 1ʳᵉ division du 1ᵉʳ corps (corps Ladmirault).

Pendant deux mois, Auguste soutient et relève le *moral* de ses hommes, et leur montre quels prodiges de dévouement peuvent enfanter le sentiment du devoir, et la volonté de le remplir jusqu'au bout. « Nous sommes depuis quelques jours engagés contre les Parisiens, écrivait-il le 10 avril 1871. Je ne sais au juste quand tout cela finira. On y va un peu mollement et, de part et d'autre, on se fait peu de mal. L'esprit des troupes est très-bon ; je me porte bien. » — « Heureusement, ajoutait-il huit jours après, que messieurs les Parisiens ne tirent pas aussi juste que les Prussiens. »

Tel était son état de faiblesse, durant les derniers jours du second siége, qu'il ne pouvait plus marcher sans appui; et cependant, du 22 au 27 mai, il ne cesse d'agir avec la plus grande vigueur à la tête de sa batterie. Entré à Paris par la porte de la Muette, il se porte à l'avenue d'Eylau avec le 1ᵉʳ corps et la division Grenier, et prend au N. E. de Montmartre une position qu'il occupe jusqu'au 26, tirant avec succès sur la rue Mercadet. Le 27, dernier jour des hostilités, il se porte en avant avec sa division sur le canal Saint-Martin, près de la rue de Flandre. Ce fut son dernier combat; il avait eu, dans cette difficile campagne, 8 hommes blessés et 10 chevaux tués.

La lutte finie, les forces factices que donne un état de surexcitation presque continuel tombèrent rapidement, et Auguste se vit contraint d'entrer à l'hôpital. Dès le premier instant, les médecins jugèrent qu'il n'y avait plus pour lui aucun espoir de rétablir sa santé; car il était atteint, depuis plusieurs jours, d'une pleurésie, et le mal avait fait, au milieu de fatigues accablantes, un effrayant progrès.

Mais voulant ménager autant que possible la sensibilité de sa mère, Auguste ne parlait, dans ses lettres, que d'une légère indisposition. « Je vais mieux, écrivait-il le 28 juin 1871, sans être complétement guéri. » Lorsqu'il était sur le point de revenir à Rennes, alors seulement il laissa entrevoir la gravité de sa maladie. « Je m'arrêterai à Rennes pour voir M. Bruté et le consulter, écrivait-il à sa mère qui était alors dans le Finistère, car j'ai été tellement secoué que je ne tiens pas à une rechute. »

Dans les premiers jours de janvier 1872, la maladie prit un caractère plus inquiétant, et le médecin ne crut pas devoir cacher ses appréhensions à la famille. Mme du Plessis, préoccupée avant tout du salut de son cher fils, ne voulut pas, en mère chrétienne, différer plus longtemps à lui manifester son état. Auguste reçut sans émotion cette communication que lui fit M. de Saisy, son beau-frère. Il avait vu trop de fois la mort de près pour la redouter.

Il se disposa par une confession sérieuse, le 13 janvier, aux derniers sacrements, et reçut l'Extrême-Onction avec les sentiments les plus édifiants ; mais sa grande faiblesse ne permit pas de lui donner la sainte communion. Dès lors apparut sur ses traits une expression de douce sérénité qui ne le quitta plus jusqu'au dernier soupir. Il rendit son âme à Dieu le 15 janvier 1872.

La ville de Rennes témoigna ses douloureuses sympathies à la famille du Plessis par la foule nombreuse qui accompagna le cercueil jusqu'au cimetière. Les officiers d'artillerie tinrent à honneur d'assister aux funérailles du soldat héroïque qui leur avait donné l'exemple de toutes les vertus militaires. « Comme son frère à Castelfidardo, comme son aïeul à Bouvines, disait sur la tombe encore entr'ouverte celui qui s'était fait l'interprète de ses camarades, il est mort au champ d'honneur ; car, quoique échappé par miracle à la mort du champ de bataille, il est mort victime de son dévouement à son devoir. »

Huit jours plus tard, le général de Sonis assistait au service célébré pour le repos de l'âme d'Auguste, dans l'église Saint-Germain de Rennes, et, voulant témoigner son estime pour le brave capitaine, il écrivit à M. le vicomte de Saisy.

« Rennes, le 25 janvier 1872.

« Monsieur,

« J'éprouvais un certain embarras à faire parvenir à la famille du capitaine du Plessis de Grénédan ma plus douloureuse sympathie. Vous me fournissez aujourd'hui une occasion que je saisis avec empressement.

« J'étais à ma place auprès de ce catafalque, puisque je n'avais pu me trouver auprès du cercueil, retenu que j'étais par une question de service.

« Nous sommes trop du même bois, Monsieur, pour qu'une douleur qui fait vibrer votre âme ne trouve pas un écho dans la mienne.

« Veuillez mettre mes respects aux pieds de la malheureuse mère, si souvent et si cruellement éprouvée, et dites-lui bien que je lui suis très-étroitement uni dans son malheur. »

JOSEPH MARGUET

Joseph Marguet, né à La Marre (Jura) le 20 mars 1864, élève de l'École Sainte-Geneviève du 14 octobre 1862, au 13 août 1863, admis à l'École Polytechnique, sous-lieutenant d'artillerie en 1866, lieutenant en 1868, tué à Metz le 16 août 1870.

Au commencement de la guerre, Joseph se trouvait à Strasbourg. Déjà il avait écrit à sa mère qu'il devait prendre part à la défense de la ville ; il se plaignait même d'une situation si peu en rapport avec son courage. Mais à la suite de nos premiers désastres, un ordre de départ arriva.

Joseph, aussi pieux que brave, alla de suite trouver un prêtre ; puis, ayant à peine le temps d'embrasser son jeune frère élève en médecine, il partit joyeux pour Metz, comptant sur une revanche éclatante et prochaine. Le 16 août, la batterie de Joseph fut assaillie par un escadron de cavalerie prussienne. On se battit à l'arme blanche. Le vaillant jeune homme se défendit avec le courage du désespoir, mais enfin il tomba frappé d'une balle au front.

MARIE-ROBERT DE LUPEL

Marie Robert de Lupel, né à Paris le 10 novembre 1847, élève du collége de l'Immaculée-Conception à Vaugirard, puis de l'École Sainte-Geneviève du 11 octobre 1864 au 9 juillet 1866, admis à l'école de Saint-Cyr en 1866, sous-lieutenant au 47° de ligne en 1868, blessé à Sédan le 1ᵉʳ septembre 1870, mort le 8.

En envoyant son fils à Paris pour y continuer des études commencées sous la direction paternelle, M. de Lupel écrivit au R. P. Olivaint, alors recteur du collége de Vaugirard. : « Bon et religieux enfant je vous le donne, bon et religieux jeune homme vous me le rendrez, j'en suis convaincu. » Ces paroles allaient se réaliser dans l'avenir comme elles étaient déjà réalisées pour le passé.

Doué d'un caractère doux et fort, d'un cœur noble et généreux, Robert avait, dès son enfance, répondu par de rapides progrès dans le bien aux soins éclairés d'une mère pieuse.

Rien n'avait été négligé pour déposer en son cœur, avec le respect et l'amour de la religion, les principes d'honneur et les vertus solides qui forment la base de la vie chrétienne. Aussi M. Hamelin, curé de Sainte-Clotilde, disait-il en parlant de Robert, à l'époque de sa première communion : « Voilà un enfant dont je réponds ! »

Au collége de l'Immaculée-Conception, comme à l'école Sainte-Geneviève, il sut conserver et développer les principes sérieux de sa première éducation. « J'ai peur, écrivait-il le 15 juillet 1861, de faire comme beaucoup d'autres que la perspective des vacances émancipe ou plutôt dissipe ; mais, heureusement pour moi, nous sommes dans les six dimanches de saint Louis de Gonzague; je communie tous les huit jours et cela me rend plus attentif à me bien conduire. »

En rhétorique, il obtint avec d'autres succès un prix de catéchisme, et il en fut ravi : « Je sais, avait-il écrit à sa mère en 1863, que c'est un des prix qui te feraient le plus de plaisir, si je l'avais. » Il apportait un soin particulier à son instruction religieuse, car il voulait être bien armé pour défendre victorieusement sa foi contre les sophismes de l'impiété.

« J'ai su que ma place en histoire t'avait fait grand plaisir et cela ne m'a pas étonné, car je sais combien tu tiens à cette matière qui, du reste, est des plus importantes, surtout dans le temps présent où tous les écrivains, même les plus distingués, s'appliquent à dénaturer les faits et à calomnier l'Eglise pour servir leur cause. »

La constance de Robert au travail assurait le succès de ses examens, pendant que son attachement à la discipline et la délicatesse de ses manières lui gagnaient l'estime de ses maîtres et l'affection de ses condisciples. « J'ai souvent essayé de modérer son ardeur, raconte un de ses professeurs, mais je dois avouer qu'alors seulement j'ai pu me plaindre de sa désobéissance. »

Plus tard, il décrivait aussi ses progrès et sa méthode d'étude : « Je ressemble un peu aux bataillons anglais qui avancent lentement sans se laisser entamer ; mais j'avoue que j'aimerais mieux avancer comme un Français avec *furia*, quitte à recevoir de temps en temps un échec. Aussi vais-je commencer dès à présent à prendre mon élan, mais un élan capable de tout enfoncer. »

Rien n'était capable de le décourager. Avait-il moins bien réussi qu'à l'ordinaire, lui-même le premier parlait de son échec avec la fine plaisanterie d'un esprit délicat. « Je n'ai pas été premier en version, écrivait-il le 25 novembre 1861. En voulez-vous savoir la raison? Le sujet de la composition était un passage de Quintilien sur l'éducation du collége ; j'ai cru que ce bon auteur pensait comme moi, c'est-à-dire que cette éducation était utile et pas du tout nécessaire, et j'ai fait un gros contre-sens. »

A la fin de ses études littéraires, Robert avait conquis le double diplôme du baccalauréat ès-lettres et du baccalauréat ès-sciences. C'est à la très-sainte Vierge qu'il attribuait son succès dans les compositions et dans les examens, car il l'invoquait sans cesse, plaçant sous cette puissante protection la réussite de toutes ses entreprises. « O Marie, écrivait-il avec une piété touchante la veille de son baccalauréat, 11 novembre 1864, vous qui m'avez adopté pour enfant à ma naissance, vous dont j'ai tant de fois senti la main bienfaisante, pourriez-vous m'abandonner dans cette circonstance critique? vous qui êtes ma mère du ciel, au nom de ma mère de la terre, faites-moi recevoir ! »

Enrôlé dès son enfance dans l'archiconfrérie de Notre-Dame-des-Victoires, Robert avait eu à cœur plus tard d'appartenir aux congrégations destinées à honorer Marie d'un culte spécial. Dès sa première année de collége, il écrivait le 18 mars : « Je fais demain ma consécration. J'espère que la sainte Vierge continuera de m'aider dans mes études et que cette consécration me mettra encore plus particulièrement sous son puissant patronage. »

Une lettre du R. P. Olivaint, alors recteur à Vaugirard, nous dira ce qu'était le jeune bachelier, « si constant, si laborieux, si attaché à son devoir, » et ce qu'on pouvait attendre de lui dans l'avenir, s'il réalisait les espérances conçues par ses professeurs et sa famille. Elle est adressée à madame la comtesse de Lupel : « Je vous suis bien reconnaissant de la lettre que vous avez eu la bonté de m'écrire. Je me réjouis avec vous et je bénis Dieu des succès de votre cher fils. Je n'en puis douter, il vous fera honneur un jour. Son esprit de foi, l'élévation de ses sentiments et son amour du travail vous assurent d'avance des succès plus sérieux encore dans l'avenir. Puisse sa santé ne pas trahir son zèle. C'est la grâce que je demande à Dieu pour lui et pour vous. Qu'il reçoive ici, avec mes remerciements de sa bonne lettre, toutes mes félicitations et l'assurance de ma bonne et paternelle amitié. Croyez-le bien, madame, maintenant comme autrefois, je mets à sa disposition tout mon dévouement. J'aime les jeunes gens, et je suis heureux de leur rendre quelques services en Notre-Seigneur et pour Notre-Seigneur. »

En se décidant à embrasser la carrière des armes, Robert envisagea le devoir d'employer utilement sa vie, plutôt qu'il ne céda, comme tant d'autres, aux entraînements de l'imagination. « J'ai beaucoup réfléchi, dit-il à ses parents, lorsqu'il leur annonça sa détermination ; j'ai considéré toutes les positions sociales, mais l'état militaire répond seul à mes goûts. » Une prière, retrouvée dans un de ses cahiers d'élève, confirme la fermeté de sa résolution, dès l'année de sa rhétorique. Parmi les grâces qu'il demandait à Marie, « sa bonne mère et sa sainte patronne, » comme il se plaît à la nommer, il insistait surtout pour obtenir la pureté, puis la persévérance dans sa vocation, et le succès dans les examens qui devaient l'y conduire.

A Saint-Cyr, il continua par son travail et sa conduite à se montrer digne de l'intérêt que tous lui témoignaient. « J'ai une nouvelle position qui est des plus agréables, écrivait-il le 23 avril 1868, je suis gradé à l'étude des recrues, parfaitement libre de mes actions, par conséquent libre de ne rien faire si je veux, mais ce n'est pas précisément mon cas ; surtout ayant des facilités de travail que je n'avais pas ailleurs. Je vais en profiter pour tâcher de remonter encore de quelques rangs. » Tous ses bulletins portent cette note méritée : « jeune homme bien élevé. »

Trop raisonnable pour approuver de puériles brimades, qu'il trouvait ridicules de la part de futurs officiers, il les supportait néanmoins gaiement comme de simples plaisanteries. « Tu as cru, disait-il à sa mère, que les mille petits inconvénients de l'Ecole m'inspiraient du dégoût et de la répugnance, mais détrompe-toi là-dessus ; ils n'ont rien altéré de ma gaîté et de ma bonne humeur. Parfois elles étonnent vivement les anciens, qui ne croient pas que l'on puisse vivre heureux ici. Aussi, je te le dirai sans vanité mais parce que je sais que cela te fera plaisir, je suis très-aimé des anciens de ma compagnie, qui m'ont déclaré *melon* parfaitement dressé. Tous les soirs ils me font mettre à contribution mon recueil de chansons et d'histoires, qui se trouve un peu à sec du reste en ce moment-ci. Ils plaisantent et rient avec moi comme avec un ancien, et parfois finissent par s'apercevoir que je me moque d'eux de la plus jolie façon. »

Le choix d'amis sûrs devenait d'une souveraine importance ; Robert suivit la même ligne de conduite qu'à l'école Sainte-Geneviève. Poli pour tous, il rechercha les jeunes gens qui partageaient ses idées. Nul ne connut mieux les devoirs de l'amitié ; sévère pour lui-même, il se montrait facile pour les autres ; il oubliait les défauts de ses camarades et ne se souvenait que de leurs qualités. Apprenait-il dans une conversation que l'un d'eux s'était jeté dans une situation regrettable, toujours il prenait la défense de l'absent. Il admettait de la légèreté ou de l'imprudence, mais point de faute ou de méchanceté. Cependant il était le premier à donner un bon conseil à celui qui s'était égaré, le premier à l'accueillir quand il revenait au bien. « Il faisait alors sonner bien haut, racontait-il lui-même, les traditions de famille, l'honneur de gentilhomme, toutes choses qu'on oublie beaucoup trop de nos jours. »

Fidèle aux pratiques religieuses, Robert ne cherchait pas à dissimuler sa conduite, mais il n'en parlait pas; il ne songeait nullement à se faire un mérite d'une obligation de conscience. Toutefois, si l'on attaquait ses principes, il les défendait avec une ardente conviction. A l'apparition du livre impie de Renan sur la vie de N. S. J. C., il ne peut retenir sa juste indignation et s'écrie dans une lettre à sa mère : « C'est déplorable! 40,000 exemplaires ont été tirés ; je ne comprends pas le succès d'un auteur dont les pensées sont toujours fausses. Heureusement qu'un tel ouvrage ne produira aucune fâcheuse impression sur l'esprit des gens sérieux ! »

Encore élève de Saint-Cyr, il passait le mois d'août à la campagne avec sa famille. La veille de l'Assomption, sa mère lui dit qu'elle demanderait à M. le curé l'heure où il pourrait le trouver seul. « A quoi bon, répondit Robert, j'irai bien le trouver au confessionnal. » Puis on le vit attendre son tour parmi les femmes du village, et le lendemain s'approcher recueilli de la table sainte.

Dès le début de la vie militaire, Robert prit à cœur le côté sérieux de son avenir. Sacrifiant et le désir de ses parents pour l'état-major, et ses goûts particuliers pour la cavalerie, il préféra l'infanterie, comme l'arme où l'avancement est le plus sûr et le plus rapide. On lui citait des régiments, dans lesquels un officier instruit et sortant de l'école pouvait compter sur l'avancement au choix ; mais il sut résister à la tentation. Elle l'aurait isolé au milieu d'une société qui ne partageait pas ses sentiments.

« Les demandes vont se faire incessamment, écrivait-il vers la fin de son séjour à Saint-Cyr, et je ne serais pas du tout fâché de recevoir encore quelques informations. C'est une chose assez grave pour qu'on s'en occupe sérieusement. Cependant je suis à peu près décidé pour tel régiment; l'avancement y est peut-être moins rapide que dans certains autres, mais l'agrément y est, sans contredit, beaucoup plus grand et c'est bien à considérer. Pourtant, si dans un autre je pouvais trouver les deux choses réunies, naturellement je le prendrais de préférence. ».

Robert avait atteint sa vingt et unième année, lorsqu'il fut nommé sous-lieutenant. « C'est une importante majorité qui va commencer pour toi, lui écrivit sa mère à cette époque, puisque tu vas être lancé dans la vie, seul, livré à tes propres inspirations et obligé de te poser toi-même dans le monde et d'y établir ta réputation. J'aurais tort d'être inquiète de toi, le passé doit nous rassurer pour l'avenir, et nous recueillerons, j'espère, le fruit des efforts avec lesquels tu as toujours répondu aux soins que nous avons pris, pour faire de toi ce que tu es appelé à rester toujours, un bon chrétien et un vrai gentilhomme. Cela renferme tout, vertu, honneur, loyauté; ce sont des vertus héréditaires, dont mon Robert ne se départira pas. C'est à la sainte Vierge, la première protectrice à qui nous avons confié ton berceau, que j'irai demander cette année de te bénir et de te conserver pour notre bonheur. »

Au régiment, Robert, docile aux recommandations de sa mère, ne tarda pas à gagner la sympathie des officiers par sa droiture et sa loyauté. « Je me trouve dans une situation véritablement heureuse et tout à fait selon mes goûts, écrivait-il de Chambéry le 21 mai 1869... Je fais mon service en conscience ; j'ai des camarades charmants ; j'ai trouvé auprès de tous un accueil bienveillant. » Un visage grave mais non sévère, une taille avantageuse et bien proportionnée, une constitution robuste et un joyeux entrain devaient assurer son ascendant auprès des soldats.

Prévenu par les sages conseils de son père, il se gardait bien d'affecter ces airs de dédain, cet esprit d'exclusion qui excitent tant de préventions et d'animosités. Aussi plus tard, un officier supérieur, le colonel Galland, put-il avec justice lui rendre ce bon témoignage. « Il arrive trop souvent que nos jeunes gens, récemment sortis de l'école militaire, ne savent pas ménager les susceptibilités de leurs camarades, issus de la classe des sous-officiers, susceptibilités un peu ombrageuses peut-être, mais généralement prêtes à s'effacer devant les bons procédés. Robert, en restant lui-même, et par la seule expansion de sa loyale nature, s'était attiré l'affection de tous ceux qui se trouvaient en rapport avec lui. »

Quelques faits viennent confirmer cette bienveillante appréciation. Pour ne point paraître se tenir à l'écart, Robert se rendait chaque jour au café, mais il se retirait après avoir causé quelque temps avec ses camarades. Une de ses principales distractions consistait à jouer du piano et à chanter au milieu d'un petit groupe d'amis qui se réunissaient dans ses modestes appartements, d'où la vue s'étendait jusqu'aux Alpes. « Tu crois peut-être, écrivait-il à son père, que le château de Saint-Martin est le point le plus élevé que l'on puisse habiter; eh bien! non, le château de Bellevue est encore plus haut. Il faut te dire que Bellevue c'est mon manoir, lequel se compose de trois chambres à coucher, un salon, une salle à manger, une cuisine et un office, tout cela pour deux. De là j'aperçois un horizon, qui n'a au monde de comparable que celui de Saint-Martin. Au nord s'étend la vallée du Bourgey remplie de prairies, d'arbres, de hameaux, de ruisseaux, de châteaux, et terminée par le lac du Bourgey ; à droite et à gauche du lac, s'élève une grande chaîne de montagnes toutes blanches maintenant et vertes en été, et qui se terminent par un pic surmonté d'une croix à 1,550 mètres au-dessus du niveau de la mer. »

Robert eut un moment la pensée de faire venir son cheval, pour mieux occuper ses loisirs ; mais des officiers prudents le dissuadèrent de ce projet, afin de ne pas exciter de jalousies. Peu de temps après, les mêmes officiers l'engagèrent à ne pas se refuser ce petit plaisir, car sa réputation de bon camarade était si bien établie qu'il n'avait point à craindre d'éveiller les susceptibilités.

Le 1er janvier 1870, Robert se trouvait en garnison à Montmélian avec un détachement peu nombreux. Cet isolement lui pesait, car il avait espéré passer ce jour dans sa famille. Il voulut du moins qu'on s'égayât autour de lui, et il offrit un punch à ses sous-officiers. Mais pour ne pas compromettre la dignité de son grade, il se contenta d'en faire les honneurs. « Je suis, ajoutait-il après avoir raconté ce qui précède, je suis, à ce qu'il paraît, bien posé à Chambéry. Tout le monde a poussé les hauts cris en apprenant mon départ pour Montmélian, trouvant que c'était affreux de confiner un honnête homme dans cette solitude; aussi suis-je devenu l'objet du plus tendre intérêt; c'est consolant. »

Les débuts de Robert dans la société n'avaient pas été moins heureux qu'au régiment. Grâce à ses manières polies et réservées, à la distinction de son esprit et à la gaieté de son caractère, il avait été favorablement accueilli dans les salons de Chambéry où se réunissaient les anciennes familles de Savoie. On invitait même aux fêtes intimes un jeune homme qui savait se montrer pour tous plein d'égards et de prévenance.

M. le colonel de Gramont encourageait de tout son pouvoir les goûts de ses jeunes officiers pour la compagnie. Il aimait à les voir contracter au milieu d'une société polie les manières distinguées qui doivent caractériser l'officier français. Madame de Gramont elle-même les traitait avec une bonté parfaite. Elle leur ouvrait les portes de sa maison afin de les consoler de la famille absente ; et souvent, dans la belle saison, elle les engageait à faire des excursions dans les montagnes, avec les parents et les amis qui venaient la visiter. Robert nous a laissé de vives descriptions de ses pittoresques voyages à la Dent du Chat, à Chamounix, au lac d'Annecy et à la grande Chartreuse, et il conservait le plus doux souvenir de ses charmantes promenades.

Le voisinage des eaux d'Aix procurait, en été, une joyeuse distraction à la garnison de Chambéry ; mais là se rencontrait un écueil, qui avait déjà causé la perte d'une nombreuse jeunesse. Robert, prémuni par les avis de ses parents, sut résister à la tentation du jeu. On le voyait, s'oubliant lui-même, entourer de prévenances les personnes qu'il connaissait. L'une d'elles, à son retour de Chambéry, disait à Madame de Lupel : « Votre fils possède ce que j'appelle la politesse du cœur ; c'est-à-dire qu'il sait redoubler d'égards et de prévenances en raison de l'âge des personnes avec lesquelles il se rencontre. »

Robert commençait donc sa carrière sous les plus favorables auspices. Rien n'eût manqué à son bonheur, si l'absence de sa famille n'eût été pour son cœur un regret presque continuel. Lui, qui se félicitait autrefois de n'avoir pas versé de larmes en franchissant le seuil du collége, éprouvait maintenant des accès de tristesse dont il ne pouvait se rendre compte, en se rappelant avec reconnaissance les soins et l'affection dont on l'avait toujours environné. « Non certes, écrivait-il à ses parents, je ne vous oublie pas ; je ne cesse de songer à vous. De temps en temps, quand je pense que je suis si loin de vous, je me sens saisi d'un véritable accès de spleen, qui ne dure pas longtemps, il est vrai... » « Sans doute, ajoutait-il, la vie de Saint-Cyr était plus rude que celle-ci, mais du moins j'avais la consolation de vous voir fréquemment. On nous traite plus en hommes, il est vrai, mais aussi ne nous fait-on pas regretter quelquefois de n'être plus enfants? » Grâce à son empire sur lui-même, Robert retrouvait promptement sa gaieté naturelle, et son énergique volonté triomphait de toutes les difficultés?

Quand il put obtenir un congé le 1ᵉʳ février 1870, quelle joie n'éprouva-t-il pas à la seule pensée de revoir sa famille après un an de séparation !

« Je puis enfin chanter victoire ; ma permission est en route depuis avant-hier, et mon remplaçant arrive demain. Depuis que j'ai la certitude de me trouver bientôt près de vous, je ne me sens plus de joie. » Hélas ! la joie ne devait pas être de longue durée ; le 5 mars, il partit de nouveau pour ne plus revenir.

Robert, au mois de juillet 1870, était encore à Chambéry où le 47ᵉ de ligne se trouvait en garnison. Attaché au dépôt, il se vit condamné à mener une vie inactive pendant que les bataillons de guerre se préparaient à marcher à la frontière. Dans une lettre du 15 juillet il exprimait ses vifs regrets, tout en calmant les inquiétudes de sa mère :

« Grâce à MM. Niel et Lebœuf qui m'ont joué un tour pendable, sans penser à mal du reste, je suis dans une position fort rassurante pour vous, fort désagréable pour moi. Il me faudra rester les bras croisés quand mon régiment ira se promener en Allemagne. Je serai réduit à lire dans les journaux le récit des hauts faits de mes camarades. Pourtant je ne me suis pas fait soldat uniquement dans ce but. »

Ecrivant à son père le 20 juillet, il ajoutait :

« Le 47ᵉ a reçu sa destination. Il fera partie du corps d'armée du général Douai, division Conseil

Dumesnil, et opérera sur le Haut-Rhin pour couvrir Belfort et Besançon. Depuis trois jours tout le monde est prêt à partir. L'enthousiasme est au comble parmi les officiers et les sous-officiers ; les soldats, plus calmes, feront aussi noblement leur devoir. Quant à moi, je n'ai plus qu'un espoir, la formation des quatrièmes bataillons. Cela me semble une réserve qui ne marchera qu'au dernier moment ; rôle superbe en cas de défaite, mais inutile en cas de victoire. C'était bien la peine d'aller à Saint-Cyr; pour marcher à l'ennemi, il suffit d'avoir deux bras et deux jambes. »

Robert, malgré toutes ses démarches pour passer aux bataillons de guerre, se vit contraint de rester à Chambéry où il rongeait son frein avec impatience. L'instruction des conscrits lui laissait à peine le temps d'écrire à sa famille ; toute la journée s'écoulait à la caserne ou au champ de manœuvre. « Parmi mes recrues, disait-il, il y en a dont l'enthousiasme fait plaisir à voir, mais il y en a d'autres qui s'engagent dans un moment de délire, et le lendemain ils se mordent les doigts jusqu'au sang. »

Il suivait avec intérêt la marche de son régiment, espérant bien un jour aller le rejoindre. Le 6 août, il annonça son prochain départ : « Le colonel me fait dire que ma demande de permutation est chez le général et que je dois me tenir prêt à rejoindre au premier jour. » Le 47ᵉ, dirigé d'abord sur Colmar puis sur Haguenau, avait pris part à la bataille de Wœrth, où il eut à essuyer des pertes cruelles : colonel, lieutenant-colonel et chef du 1ᵉʳ bataillon, blessés ; chef du 3ᵉ bataillon et plusieurs officiers tués.

« La position n'est plus tenable, s'écrie Robert en apprenant ces tristes nouvelles. J'ai honte de me montrer dans les rues de Chambéry, moi officier, lorsque mes camarades se font tuer là-bas, et qu'ici tous, jusqu'aux pompiers, veulent courir à la frontière. »

Après la dépêche qui annonçait la désastreuse journée du 6 août, on reçut à Chambéry des détails précis sur la glorieuse lutte du 47ᵉ de ligne. Robert eut la douleur d'apprendre la mort d'un de ses plus intimes amis, André de Suffren. « Pauvre garçon, écrit-il le 14 août, et surtout pauvre mère ! Je lui étais sincèrement attaché ; sa perte me cause le plus grand chagrin. »

On racontait plusieurs traits de courage qui méritent d'être recueillis. Le lieutenant-colonel se distingua en ralliant avec sang-froid, sous la mitraille, les soldats affolés ; il fut blessé en les ramenant une dernière fois à la charge. Le porte-drapeau, M. Besse, fut sublime. Il se trouvait presque seul à dix pas des Prussiens, n'ayant pour toute escorte que cinq lanciers. Epuisé de fatigue et ne pouvant plus soutenir le drapeau, il le traîna par la hampe pour le sauver. Parvenu sain et sauf près d'un autre officier, il le lui remit entre les mains et continua de combattre. Le commandant Galland, aujourd'hui colonel du 116e de ligne, eut l'honneur de sauver les débris du régiment. Il resta à cheval plus de trente heures pour diriger la retraite, malgré une balle qu'il avait dans le pied. Il ne songea à l'extraction qu'après avoir conduit ses hommes à Phalsbourg.

Ces récits enflammèrent de plus en plus l'ardent désir qu'avait Robert de partager la bonne comme la mauvaise fortune de ses camarades. Le 16 août ses vœux furent réalisés. Désigné pour conduire un détachement au camp de Châlons, il obtint, à force de démarches, l'autorisation de rester, et fut placé dans une compagnie du 3e bataillon. Dans deux lettres au crayon qu'il écrivit de Châlons et de Vouziers, il exprime sa joie d'être enfin « un vrai guerrier. »

« Aujourd'hui nous levons le camp pour nous diriger sur Reims. Dans quel but? je l'ignore ; le commandant en chef a négligé de me le faire savoir. Nous avons ici des forces énormes, 150 ou 200 mille hommes environ. Je n'engage pas MM. les Prussiens à venir nous voir de trop près ; ils pourraient bien passer un mauvais quart d'heure. Cette vie me va parfaitement, je dors sur une botte de paille, avec ou sans tente, comme dans mon lit, souvent mieux. *Monsieur le difficile* se nourrit comme un roi avec un oignon cru et un morceau de pain ; mais il ne faut pas croire que ce soit là notre ordinaire. Mon bureau seul n'est pas très-commode ; il consiste en un maillet sur lequel j'écris, couché par terre. Nous gardons les défilés de l'Argonne ; notre division ayant beaucoup souffert à Frœschwiller est en réserve. Chose très-remarquable, nous n'avons pas un homme malade ; presque tous montrent de la bonne volonté et un entrain superbe. »

Dans une lettre qu'il écrivit la veille de la bataille de Beaumont, Robert exhortait sa mère à la confiance envers la sainte Vierge : « Prions-la tous ensemble, disait-il, pour la France et pour nous, et tout ira bien. »

Cette dévotion à Marie était un héritage précieux. Un de ses ancêtres fait prisonnier à la bataille d'Azincourt, avait adopté pour devise cette invocation : *Marie, mère de grâce et de miséricorde!* Puis, par un vœu solennel, il avait consacré sa famille à la sainte Vierge, et depuis lors, tous ses descendants reçoivent au baptême le nom de Marie. Jamais il ne cessa d'invoquer sa sainte patronne : Il tombera sur le champ de bataille portant sur la poitrine une médaille miraculeuse, et mourra le 8 septembre, jour de la Nativité de Marie, à trois heures du matin, comme si la sainte Vierge l'appelait au ciel pour y célébrer sa fête.

M. Guitard, capitaine adjudant-major, commandait le 47ᵉ de ligne, depuis qu'à Reichshoffen le régiment avait été privé de tous ses officiers supérieurs. C'est à son journal des marches et aux récits de plusieurs officiers que nous empruntons ce qui concerne Robert dans les événements des 30, 31 août et 1ᵉʳ septembre.

Le 30, avant d'arriver à la ferme de la Thibaudière, sa compagnie reçut ordre de se tenir à la gauche du convoi. Dès que le feu fut ouvert, les voitures prirent une direction à gauche de la route pour la dégager. Près de Mouzon, les bombes commencèrent à tomber au milieu du convoi. Il s'ensuivit une panique effroyable : aussitôt le train d'artillerie de prendre le galop pour dépasser les bagages, et les conscrits de vouloir se sauver. En ces difficiles circonstances, Robert s'arrêta debout sur le bord du chemin, le révolver au poing, et déclara qu'il brûlerait la cervelle au premier conducteur qui ne marcherait point au pas; quelques vieux soldats étaient chargés d'envoyer une balle au premier conscrit qui sortirait des rangs. Grâce à son énergie, l'ordre se rétablit et la partie du convoi qu'il protégeait fut sauvée. Le soir, il ralliait, avec quelques autres officiers, les débris du régiment. Il paraissait triste, mais désireux de recommencer la lutte contre l'ennemi.

Le 31, dans la matinée, les compagnies se réorganisèrent, et l'on prit position autour de Sedan. M. de la Chaise, lieutenant, rencontra Robert près de la citadelle. « Il se plaignait amèrement, dit-il, de la conduite de sa troupe dans la journée précédente et, comme nous, augurait mal de celle qui devait suivre. » Le même jour, au soir, le 47ᵉ campait sur ses positions de combat non loin d'Illy, adossé à la partie nord du bois de la Garenne.

Le 1ᵉʳ septembre, dès cinq heures du matin, l'artillerie prussienne foudroyait toutes nos positions. L'ordre fut donné de faire coucher les hommes; mais quelques officiers restèrent debout et Robert était du nombre. Il fallait payer de sa personne et encourager des soldats qui avaient mal tenu l'avant-veille. Lorsque, à une heure de l'après-midi, fut donné le signal de se porter en avant, Robert s'élança à la téte de la compagnie pour l'entraîner, traversa au pas de course un ravin de plus d'un kilomètre, et gravit le calvaire d'Illy où son bataillon se maintint jusqu'à quatre heures du soir. On l'aperçut, pendant toute l'action, sur la crête du calvaire, stimulant ses hommes et relevant leur courage abattu. C'est vers trois heures et demie qu'il fut blessé; la douleur lui arracha un léger cri et il tomba. Sa première pensée fut de détacher sa montre et de la confier à quelqu'un pour la faire parvenir à ses parents ; mais se sentant encore plein de force, il se ravisa. Transporté sur un tas de pierres, en arrière de la crête, il y resta quelque temps assis, la tête dans les mains, et ne voulut pas que personne restât près de lui. « Laissez-moi, leur dit-il, et faites votre devoir. » Quand on sonna le retraite, il se releva et essaya de suivre le mouvement. Plusieurs de ceux qui le virent ainsi marcher avec peine crurent sans doute à une légère blessure à la jambe ; mais le soir et le lendemain on le chercha vainement à Sedan.

En apprenant l'immense catastrophe, les parents de Robert inquiets sur son sort employèrent, mais sans succès, tous les moyens possibles, afin de savoir ce qu'il était devenu. M. de Lupel, écrivant à son fils au départ, lui avait dit : « Sache bien que celui qui reste est le plus à plaindre. » A ce moment déjà, il ne pouvait se faire à l'idée de ne pas partager les dangers auxquels son cher Robert allait être exposé ; aussi, dès le mois d'août, le vit-on, à la nouvelle de l'invasion, prendre le commandement d'une compagnie, dans la garde mobile de l'Yonne. La situation était grave ; et, comme tant d'autres gentilshommes, il jugeait qu'en pareille occurrence sa place devait être sous les drapeaux. Agé de plus de 50 ans, il aurait voulu s'engager comme simple soldat et défendre aux avant-postes le pays menacé ; mais il ne put refuser l'honneur de commander une poignée de braves qui avaient en lui toute confiance. Au mois de septembre, il sut comprimer sa douleur de père et resta fidèle à son poste de péril. Madame de Lupel, mère courageuse, partit seule à la recherche de son fils.

A Paris, elle rencontra chez une amie commune madame la comtesse de la Ferronnays qui arrivait de Sedan. Robert avait été reçu à Illy dans une maison de paysan, où l'ambulance dirigée par M. le duc de Fitzjames lui avait prodigué les premiers soins ; il n'était pas blessé à la jambe, comme on l'avait cru d'abord ; la balle l'avait atteint dans les côtes ; cependant la blessure, disait-on, paraissait sans gravité. Aussitôt la pauvre mère, à moitié rassurée, partit pour Illy en traversant la Belgique.

Le jour de son arrivée, le 14 septembre, elle apprit que les blessés avaient été évacués la veille. Elle rencontra plusieurs officiers et leur demanda où l'on avait conduit son fils. Au nom de Robert, tous la regardèrent avec un douloureux étonnement : « Madame, dit un chirurgien, vous avez su sans doute que votre fils était gravement blessé? » Madame de Lupel comprit la signification de ces paroles ; mais elle essayait encore de douter de son malheur! « On m'a affirmé, répartit-elle, que la blessure était légère. » Le chef de l'ambulance lui apprit alors, avec tous les ménagements possibles, que son cher enfant était mort le 8 septembre : « S'il avait pu être sauvé, ajouta-t-il, nous l'aurions certainement guéri, car nous l'aimions tant! » Robert, avant de mourir, avait écrit des adieux touchants à sa famille, mais cette lettre ne lui est jamais parvenue.

M. l'aumônier raconta comment le jeune sous-lieutenant avait édifié tous ceux qui l'entouraient, par l'ardeur de sa foi, et par la résignation avec laquelle il avait offert à Dieu le sacrifice de sa vie. Sa dernière pensée, après Dieu, fut pour sa famille. « Je suis prêt, avait-il répondu au prêtre qui vint l'avertir de sa fin prochaine, mais quelle douleur pour ma famille! » C'est le seul regret qu'il exprima sur son lit de souffrances. Il cessa de parler politique avec les officiers, pour ne plus songer qu'à paraître devant Dieu et reçut les sacrements avec une piété exemplaire.

M. de Lupel marchait à la tête de ses hommes sur Dijon, quand il apprit la mort de Robert. Encore éloigné de l'ennemi, il obtint une permission de quelques jours pour consoler sa famille, et revint à son poste, fier de la conduite courageuse de son fils. Pendant quatre mois, il supporta les fatigues de la triple campagne de la Saône, de la Loire et de l'Est. Après la dernière bataille, les pieds gelés et dans un état de santé déplorable, il consentit à se laisser diriger sur l'hôpital de Besançon. Grace à une avance de deux heures, il put échapper à la fatale surprise qui rejeta l'armée sur les frontières de la Suisse.

Robert laissa de bien vifs regrets au régiment. « Mon pauvre de Lupel! s'écriait un de ses amis.... Au moment où j'écris ces quelques lignes sur mon lit d'hôpital, je sais depuis hier soir qu'il n'est plus, et les larmes me viennent aux yeux!... Riche, gai, spirituel, aimé de tous ceux qui l'entouraient, comme la vie s'ouvrait belle pour lui ! Mais du moins il est mort comme il a vécu, en gentilhomme et en chrétien, sans connaître les amertumes et les déceptions, sans survivre au désastre de sa patrie. »

ROLAND DU LUART

Roland du Luart, né à Paris, le 19 mars 1840, élève du collége de Brugelette, puis de Vaugirard et de l'école Sainte-Geneviève du 8 octobre 1856 au 18 août 1860, admis à Saint-Cyr en 1860, sous-lieutenant au 5ᵉ hussards en 1862, tué à l'affaire d'Etla (à 4 lieues d'Oajaca) durant la campagne du Mexique, le 18 décembre 1864.

Vers la fin du mois de janvier 1864, Roland avait obtenu du ministre de la guerre l'autorisation de faire partie de l'expédition du Mexique. Joyeux de quitter le repos de la vie de garnison pour les fatigues d'une campagne lointaine, il s'empressa de communiquer la bonne nouvelle à sa famille. C'est un de ses frères qu'il charge de cette commission, car il y avait à ménager le cœur d'une mère toujours si sensible aux séparations.

« Mon cher Georges, je n'ai que le temps de t'annoncer mon départ pour le Mexique. Samedi prochain je m'embarque à Cherbourg. Ce jour-là même, tâche d'écrire à maman ; aide-moi à la consoler, c'est un service de frère que je te demande. J'ai enlevé mon départ hier au ministre lui-même ; c'était pour moi un devoir. »

Roland partit de Cherbourg plein d'espoir dans l'avenir. La vie de périls souriait à son imagination ; et le Mexique, vers lequel il faisait voile, lui promettait de glorieux combats.

A bord de la *Drôme*, il commença le 1er février 1864 une intéressante correspondance, dans laquelle il se montre plein d'affection pour ses proches, d'égards pour ses amis, de reconnaissance pour les bons avis qu'on lui donne. « Il me semble encore être au milieu de vous tous, écrit-il, et j'assiste en pensée aux détails intimes de la bonne vie de famille que nous savions si bien mener. — Mon cher, dit-il à un ami, nous sommes tous les deux bien coupables de ne pas nous être donné signe de vie. Enfin, embrassons-nous, pardonne-moi comme je te pardonne, et tout sera pour le mieux dans les deux mondes. — Merci, écrit-il à son père, des bons conseils que me dicte votre expérience, car ici plus que partout ailleurs, on en a grand besoin. »

Après une traversée de deux mois, la *Drôme* vint aborder à la Vera-Cruz, et les troupes se dirigèrent immédiatement vers Mexico, sous une chaleur de quarante degrés. Roland, dans une lettre à son oncle, raconte son voyage pittoresque avec un entrain et des détails qui dénotent sa bonne humeur, et son esprit d'observation.

« Partis de France le 25 janvier, nous abordions à la Vera-Cruz le 9 mars. C'est vous dire assez la rapidité de notre marche, puisque sur ce laps de temps il faut comprendre trois jours de relâche à Madère, et huit à la Martinique. Vera-Cruz est une petite ville très-commerçante. Elle plaît de loin par sa physionomie tout orientale et l'aspect de propreté qui semble y régner; mais une fois à terre, que le spectacle change! Les maisons, qui au premier abord frappent par leur blancheur à l'extérieur, sont basses et mal tenues à l'intérieur; les rues peu larges ont presque toutes un ruisseau au milieu. Enfin, ajoutez à tout cela une petite chaleur de quarante degrés.

« De la Vera-Cruz à la Soledad, le pays est un vrai désert, c'est ce que l'on appelle communément les terres chaudes, quoique la région ainsi nommée s'étende plus loin encore, et aille presque à Cordoba. Mais c'est de la Vera-Cruz à la Soledad que se trouve la plus mauvaise partie; on y souffre beaucoup de la chaleur, rien ne pousse, car il n'y a pas de culture, et l'on n'y voit que des landes incultes ou des marécages malsains.

« Après la Soledad, on monte un peu ; la végétation commence à se faire voir; on rencontre des bouquets de bois, et quelques cabanes d'Indiens le long de la route. Ils forment ce que l'on appelle des *haciendas*, espèce de hangars mal établis, et seule ressource du voyageur qui s'aventure dans ces déserts. Enfin on arrive à la forêt vierge du Chiquite qui est la plus belle et en même temps la plus imposante chose qu'on puisse voir. Ici, plus de déserts, plus de plaines incultes comme auparavant; une végétation prodigieuse succède à cette désolation ; pas un seul éclairci dans cette forêt; de tous côtés l'horizon se confond avec la verdure. Ce n'est pas tout, on aperçoit un peu sur la droite les glaciers couverts de neige du Pic d'Orizaba, et plus loin sur la gauche, la cime blanche du Popocatepelt, une des plus hautes montagnes du globe. Cette forêt, pleine de gibier, dit-on, renferme des quantités de singes, de perroquets et les espèces d'oiseaux les plus variées et en même temps les plus rares.

« Orizaba est une assez belle ville ; les rues sont larges et les maisons grandes et bien bâties. J'ai été voir la curiosité de l'endroit, le mont Borrego où s'est tant distingué le commandant Détrie. J'avoue que si ce fait ne m'avait pas été raconté par des personnes sérieuses, je n'aurais jamais voulu croire à la possibilité de cette action d'éclat. Il a escaladé une montagne de 1800 pieds presque à pic, et, avec cent hommes, il en a mis en fuite plus de deux mille qui avaient du canon. — C'est prodigieux ! Cela fait juger de la bravoure de nos adversaires. A Orizaba nous avons laissé le 2me escadron avec lequel nous sommes venus de France, et le colonel et moi avons continué sur Puebla; à mon regret, nous n'avons fait que la traverser, et cinq jours après nous arrivions à Mexico.

« Mexico, à mon avis, est la plus belle ville de celles que nous avons vues jusqu'à présent. Les maisons y sont bien tenues et assez belles, quoique, selon l'usage ici, il y en ait fort peu bâties en pierres de taille. On se sert plus ordinairement de briques ou de petites pierres que l'on met au-dessus les unes des autres, et que l'on recouvre de plâtre à l'extérieur. Aussi cette blancheur éclatante des bâtiments, jointe au soleil affreux qu'il fait dans la journée, produit-elle un rayonnement perpétuel très-fatigant pour la vue.

« Mexico a d'assez beaux monuments; d'abord le

palais où habite la régence est très-curieux à voir; j'ai eu occasion de le visiter déjà lors d'un bal où nous avons été invités; il y a beaucoup de luxe, mais ce luxe déplaîrait en France par son mauvais goût. La cathédrale ensuite mérite la peine d'être vue; c'est un immense bâtiment qui donne sur la grande place de Mexico, et dont l'aspect est fort imposant. L'intérieur est resplendissant de dorures et de médailles de toutes sortes; du reste il est facile de juger, par les églises et les innombrables couvents que l'on rencontre ici à chaque pas, de la richesse du clergé; presque tous nos quartiers ou casernes sont d'anciens couvents qu'avait saisis Juarès.

« Les environs de Mexico sont peu agréables; la ville est entourée d'un côté par des lacs, considérables pendant la saison des pluies, et qui, à cette époque, ne sont que de vastes marais; de l'autre, c'est une plaine immense de sable s'étendant jusqu'aux montagnes qui entourent la ville complètement, mais à une assez grande distance. A deux lieues de la ville, se trouve le fort de Chapultepeck qui était auparavant le Saint-Cyr du Mexique. C'est un lieu charmant, où presque tous les matins on dirige ses promenades à pied ou à cheval.

« Il n'y a guère à Mexico que trois ou quatre familles qui reçoivent, en dehors de notre monde officiel; du reste, cela se comprend assez dans la position où nous nous trouvons. Nous sommes d'aimables vainqueurs autant que possible, mais enfin nous sommes toujours des vainqueurs; aussi, le nouvel empereur est attendu bien impatiemment, car l'on pense, et avec raison, que son arrivée fera beaucoup de bien, en calmant ces haines et ces dissensions de partis toujours inséparables d'une conquête récente.

« Quant au pays, il est pacifié ou du moins à peu de chose près; il reste encore bien des bandes de brigands, mais elles sont inabordables. C'est ce qui nous désespère. La seule expédition sérieuse qui reste à faire sera entreprise après l'arrivée de l'archiduc. Vous savez peut-être qu'un général, qui s'était rallié à nous et qu'on appelle *Vidauri*, occupait l'état du *Nuevo Léon* et s'était établi dans Monterey sa capitale. Juarès, venu pour l'y attaquer, s'est procuré des intelligences dans la place, de sorte que ce malheureux Vidauri trahi par son monde s'est enfui. Juarès alors s'est fortifié dans cette position, et nous attend. Si cela pouvait être vrai ! »

Grâce à la correspondance de Roland, conservée avec soin par sa famille, nous pouvons le suivre en quelque sorte étape par étape, depuis son arrivée à

Mexico jusqu'à sa mort sur le champ de bataille ; il nous peint sous son vrai jour, comme il l'a vue, la situation de nos troupes au Mexique en 1864. Mais pour bien comprendre la marche des événements auxquels Roland fut mêlé, et qu'il signale dans ses lettres, il n'est peut-être pas sans intérêt de jeter un coup d'œil en arrière.

On connaît la convention signée le 30 novembre 1861 entre la France, l'Angleterre et l'Espagne, dans le but « de contraindre le Mexique à exécuter des obligations déjà solennellement contractées et à nous donner des garanties de protection plus efficaces pour les personnes et les propriétés de nos nationaux. » Le 19 février 1862, des négociations préliminaires, qui confirmaient l'autorité de Juarès, avaient aussi été signées à Soledad par le gouvernement mexicain et les plénipotentiaires des trois puissances alliées ; mais le gouvernement de l'Empereur désavoua le plénipotentiaire français et déclara hautement, par l'organe du Moniteur, qu'il ne pouvait accepter la convention de Soledad, comme « contraire à la dignité nationale. » Le sort en était jeté ; la rupture éclata entre les trois alliés dont les intérêts étaient manifestement opposés ; et, pendant que les escadres espagnole et anglaise mettaient à la voile, notre corps expéditionnaire, fort de six mille hommes environ, se préparait à prendre vigoureusement l'offensive.

Depuis deux ans déjà notre intrépide armée se voyait engagée dans une guerre où toutes nos victoires étaient stériles. Le sentiment du devoir la soutint seul dans la tâche pénible qu'elle remplit avec une héroïque fermeté. Au mois d'octobre 1863, le général Bazaine reçut le commandement suprême des mains du vainqueur de Puebla, le général Forey, promu maréchal et rappelé en France. Au moment où le nouveau chef prit la direction des affaires, la situation était difficile et critique. Partout dans l'intérieur du pays, les bandes juaristes s'étaient reformées aux cris de *libertad e independencia*. De jour en jour elles devenaient plus menaçantes, infestant les routes et même les environs de la capitale.

Plusieurs coups de main hardis contre les bandits ramenèrent bientôt la confiance dans Mexico et les bourgades voisines. Les Mexicains étaient surtout flattés d'entendre le général français parler leur langue, qu'il avait apprise durant la dernière guerre d'Espagne, et sa réputation de bravoure faisait bien augurer de la grande expédition préparée pour repousser les Juaristes de l'intérieur.

Dès les premiers jours de novembre 1863, nos

troupes, dispersées en vue d'un mouvement convergent, reçurent le signal de s'ébranler. En six semaines, l'ennemi fut culbuté par la rapidité de notre marche, et le drapeau franco-mexicain flotta sur toutes les hauteurs depuis Morelia jusqu'à San-Luis, depuis Mexico jusqu'à Guadalajara. Au mois de février 1864, le général en chef de l'armée française pouvait rentrer dans la capitale, et le Mexique, durant les quatre mois qui suivirent cette campagne heureuse, jouit d'un calme parfait, favorable, selon la devise *Dios e orden*, aux idées qu'on espérait voir dominer à l'arrivée de Maximilien. Celui-ci, trop confiant dans les promesses de ses amis, et ne connaissant pas toutes les difficultés de l'entreprise, avait accepté sans hésitation et sans crainte la couronne qui lui était offerte. On sait comment ce prince malheureux, après une alternative d'embarras politiques, d'espérances et de craintes, tomba dans le fossé de Queretaro sous les balles des soldats de Juarès.

D'après le plan du général Bazaine, approuvé plus tard par le nouveau souverain, on devait, pour pacifier le pays d'une manière durable, lancer des colonnes mobiles qui, rayonnant dans tous les sens, en se donnant la main, inspireraient de la confiance aux habitants des villes et les aideraient à installer leurs moyens de défense. Roland va nous dire comment ce plan fut exécuté.

27 mai. « Nous étions à Mexico depuis quelques jours, et tranquillement à déjeuner vers dix heures et demie, lorsque nous recevons l'ordre du général en chef de monter à cheval et de quitter Mexico à midi.

« Je n'eus donc que le temps de revenir chez moi prendre ma tente et mes deux cantines avec un peu de linge. Je charge mon mulet, je selle mon cheval, et nous voilà partis ! Nous avions l'ordre d'aller coucher *le jour même*, à 19 lieues de Mexico, à un petit endroit appelé Tysancha où un fameux chef de bandes venait de se montrer avec six cents hommes. Nous n'avions que quatre-vingts chevaux, c'est vrai ; mais c'était bien assez, je vous en réponds, pour les prendre tous. Oh ! que j'aurais voulu que vous nous vissiez partir ; si vous saviez quel entrain et quel enthousiasme nous avions tous ! Malheureusement, Romero, c'est le nom du fameux brigand, en a été quitte pour la peur ; car en arrivant à l'étape de Tysancha, le soir à dix heures et demie, après une marche affreusement pénible dans des sables mouvants, et par un soleil brûlant, nous avons appris que nos ennemis n'étaient plus là, mais bien à 30 ou 40 lieues plus loin. Nous sommes restés deux jours pour nous refaire, et le général nous a envoyé l'ordre du retour.

« Vous allez probablement apprendre par les journaux le grand succès du jour; c'est la défaite de Doblacto un des derniers généraux Mexicains qui tenaient encore pour Juarès. Il s'est fait tuer beaucoup de monde, a perdu ses bagages, son artillerie, et ne peut même pas dire ce que disait François Ier après Pavie, car il s'est sauvé comme un lâche.

« Cette belle victoire jointe à l'arrivée de l'Empereur, va peut-être changer la face des choses dans le pays. On dit que d'autres généraux, qui sont encore à la tête de forces très-respectables, vont faire probablement leur soumission à l'Empereur. Cet *on dit* m'effraie un peu, car il serait triste d'être venu au Mexique sans essayer mon sabre sur le dos d'un ennemi. »

10 *juin*. « Nous attendons l'Empereur bien impatiemment ; il a débarqué à la Vera-Cruz et s'achemine le plus rapidement possible vers sa capitale, où on lui prépare une magnifique réception.

« On peut dire, quant au pays, qu'on en est tout à fait maître, puisque ses grandes forces régulières sont détruites ; mais tout n'est pas fini pour cela. Trois ou quatre chefs dissidents occupent encore fortement des provinces d'où il faudra nécessairement les déloger, sans quoi notre besogne serait incomplète. La cavalerie jouera le principal rôle dans les expéditions projetées, et mon escadron est de ceux désignés pour partir. Nous allons être envoyés à Monterey, à quatre cents lieues d'ici vers le Nord, afin de dissiper les quelques mille hommes qu'y a amassés Juarès, derniers vestiges de son ancienne puissance. Cette expédition sera fort pénible. Il y a des endroits où l'on est obligé de prendre avec soi de l'eau pour quinze jours; mais nous en viendrons bien à bout. Je désire essayer contre ces brigands Mexicains et la trempe de mes armes et la vigueur de mes chevaux. »

Roland se réjouissait à la seule pensée d'une marche à l'ennemi. Bientôt l'occasion se présente de déployer une énergie qui lui valut les plus flatteuses approbations. « Grande nouvelle, mon cher bon papa, écrivait-il le 8 août, du bivouac de Calnali! Je suis heureux de pouvoir vous l'annoncer le premier, car je sais tout le plaisir qu'elle vous fera; je viens d'être cité à l'ordre du jour de l'armée et proposé pour la croix de la légion d'honneur à la suite d'une très-chaude affaire qui a eu lieu au col de la Caudelaria, le 1er août dernier. Nous avons eu un brillant succès. Mon escadron a mis pied à terre, et est monté de concert avec les zouaves à l'assaut d'une formidable position ; je vous assure que le baptême de feu peut compter cette fois, car il a été bon. A plus tard de plus amples détails. »

Au col de la Caudelaria, l'ennemi s'était fortement retranché sur une montagne qu'il fallait emporter d'assaut. Les zouaves s'élancent au pas de course et gravissent la pente rapide ; mais bientôt épuisés de fatigue, ils vont être écrasés par le nombre en atteignant le sommet. Alors les hussards mettent pied à terre et escaladent à leur suite la montagne. Le peloton de Roland est lancé le premier et s'empare d'un plateau, position importante et périlleuse qu'il devait défendre. « J'ai eu, écrit-il le 9 septembre, deux hussards tués à mes côtés, ainsi que trois zouaves; de plus deux autres de mes hommes ont été grièvement blessés ; enfin c'est un miracle de la Providence si je suis sain et sauf. » Ce que Roland ne dit pas, c'est que durant l'action il déchargeait sur l'ennemi avec un grand sang-froid les armes des blessés qui tombaient autour de lui et en même temps se baissait de temps en temps vers un pauvre hussard, qu'une balle à la tête faisait horriblement souffrir, pour lui humecter les lèvres à l'aide de sa gourde.

Le colonel Tourre, témoin du sang-froid qu'il avait montré dans cette chaude affaire, écrivait à un ami en parlant de l'intrépide sous-lieutenant :

« Votre jeune protégé, M. du Luart, a eu ces jours derniers une très-belle citation à l'ordre de l'armée ; c'est sous mes ordres directs qu'il l'a méritée, et bien méritée. C'est un garçon de cœur, il a été très-beau dans un moment fort difficile. Je l'avais proposé pour la croix, et il n'a pas tenu à moi qu'il l'obtienne. C'était la première fois qu'il allait au feu. Ce début est de bon augure pour l'avenir. Je suis sûr du reste, qu'il lui sera tenu compte de sa brillante conduite dans cette circonstance. »

Voici cette citation à l'ordre du jour, précieux titre d'honneur qui mérite d'être rapporté : « M. du Luart a su conserver pendant toute l'affaire une position où tous ses hommes furent tués ou blessés. »

Roland paraissait sur le point d'obtenir ce qu'il avait tant souhaité : « Mon parti est pris, disait-il, et mon programme arrêté d'avance. Je suis venu au Mexique dans l'espérance d'avoir la croix, et je ferai tout ce que je pourrai pour atteindre ce but.... En tout cas, chère maman, que j'aie ou que je n'aie pas cette fameuse croix, sachez que je me conduirai partout de manière à la mériter toujours. » Aussi l'avait-on vu, bien que malade, rester onze ou douze heures à cheval pendant plusieurs jours, malgré l'avis du médecin qui voulait le retenir à l'hôpital.

Mais bientôt les affaires devinrent si nombreuses et les traits d'héroïsme si fréquents, que le général en chef dut se montrer réservé dans la distribution des récompenses.

La résolution du jeune officier n'en fut pas ébranlée. « Rien de nouveau en fait de politique, écrit-il de Tacubaya, le 7 octobre, l'empereur achève le grand voyage qu'il a entrepris dans l'intérieur du pays. Quant à la situation militaire, elle est à peu de chose près la même qu'il y a quelques mois ; on se bat toujours un peu partout, et je crois que cet état de choses durera encore longtemps. Le pays est si grand et notre armée si peu nombreuse qu'il est impossible d'occuper tous les points importants. Aussi, dès que nous abandonnons une ville ou un poste, la plupart du temps les libéraux y reviennent après nous ; ce qui fait que souvent après de brillants succès, nous nous trouvons n'avoir rien fait du tout.

« Puisque nous sommes sur le chapitre militaire, je ne sais, mon cher bon papa, si vous avez entendu parler d'une très-belle affaire qui vient d'avoir lieu ici, quelques jours après la nôtre ? Le lieutenant-colonel Martin, avec la moitié du 2e zouaves, a rencontré l'autre jour cinq mille Mexicains établis avec vingt pièces de canon dans une position formidable.

N'écoutant que son courage, malgré la disproportion du nombre (il n'avait avec lui que cinq cents hommes), il commande l'attaque. Nos soldats, admirables d'entrain, s'élancent à la suite de leur colonel. Après une heure et demie de lutte pour ainsi dire corps à corps, l'ennemi est mis en fuite, nous abandonnant ses vingt canons, son parc, ses munitions, deux cents tués et blessés, et cinq cents prisonniers.... Le brave colonel Martin fut coupé en deux par un boulet, cinq officiers français furent tués ou blessés, et cinquante hommes tombèrent sur le terrain, parmi lesquels on compte quinze tués. Cette armée était, dit-on, un des derniers débris des troupes régulières de Juarès. Je ne sais si ce bruit est bien fondé; mais il est certain que, dans le Oaxaca, province située au Sud de Mexico, il existe un autre tronçon des armées de Juarès. Il est commandé par Porphyrio-Diaz, homme d'énergie et d'intelligence, et qui est déterminé à défendre jusqu'à la mort le château en Espagne qu'il se bâtit dans sa belle province d'Oaxaca. On organise une expédition contre ce grand seigneur, et j'aurai l'honneur de faire partie de la colonne qui doit partir d'ici dans quinze jours ou trois semaines. »

Roland ajoutait en post-scriptum : « Je vais aller passer huit jours avec mon peloton à deux lieues d'ici dans la campagne, afin d'arrêter de ce côté les guerillas et voleurs qui infestent les abords de la capitale. Il n'y a pas l'ombre de danger et par conséquent pas de crainte à avoir. Seulement, si le hasard pouvait me favoriser en m'envoyant à portée de quelques bandits, jugez de mon bonheur ! »

Un mois après, le 9 novembre, il avertit un de ses amis de la situation des affaires au Mexique et lui annonce en même temps qu'il va faire partie d'une expédition importante, mais il recommande le silence, car son cœur de fils redoute de causer la plus légère inquiétude à sa mère.

« L'empereur, lui dit-il, est de retour à Mexico d'une grande tournée qu'il a faite dans l'intérieur du pays. Il est assez découragé. Ce qu'il a vu est peu consolant, et surtout bien loin de l'idée qu'il se faisait du Mexique avant d'y venir; mais enfin, comme il est empereur de fait, il faut bien qu'il accepte la position et cherche à mériter ce nom. Son empire est loin d'être pacifié, et de tous les côtés on se bat encore; quoi que puissent dire les journaux français, il n'y a d'à peu près soumis que Mexico et ses environs; sortez de là, et vous êtes à la merci des nombreuses bandes de guerillas qui sont maîtresses partout où nous ne sommes pas. Or, vingt-cinq mille hommes ne peuvent occuper un pays plusieurs fois grand comme la France; que s'ensuit-il?

« Comme les points les plus sérieusement occupés par l'ennemi sont les provinces de Monterey, de la Sonora et du Oaxaca, trois grandes expéditions vont être dirigées sur ces points, d'ici à une quinzaine de jours. La province du Oajaca est la mieux défendue; le général Juariste Porphyrio-Diaz, qui commande ce point, a huit ou dix mille hommes de bonnes troupes et cent pièces de canon. Notre colonne sera composée de deux bataillons d'Afrique, du 1er escadron du 5e de hussards et de trois escadrons de chasseurs d'Afrique, enfin de quelques batteries d'artillerie.

« Je t'en prie, cher ami, ne parle pas de ceci à ma mère; elle sait que nous allons partir, mais ignore que notre campagne peut être sérieuse. Lorsque les trois expéditions auront été menées à bonne fin, les dissidents seront chassés de leurs grands centres, et il ne restera plus qu'à galoper après leurs bandes, éparses dans toute l'étendue du pays. »

Roland avait achevé de conquérir l'estime de ses chefs. Le maréchal Bazaine écrit lui-même qu'il avait résolu de le comprendre dans la promotion de la fin de l'année, quand il reçut le rapport de l'affaire du 18 décembre à Etla près d'Oaxaca; le lieutenant du Luart avait été tué. « Nous ne savons encore rien de cette mort, disait un journal français, en apprenant la fatale nouvelle, mais nous affirmons qu'elle a été marquée au coin de la bravoure, de l'intrépidité et de l'honneur. »

L'ami qui traçait ces lignes bienveillantes ignorait toute la vérité de son affirmation; mais, connaissant Roland, il pouvait assurer d'avance la mort héroïque du jeune officier.

« Vers deux heures, raconte M. le comte Jules de Saint-Sauveur (1), nous avions devant nous quelques escadrons ennemis, environ quatre cents chevaux. Un escadron mexicain et un peloton de hussards sont envoyés contre eux. Notre cavalerie arrive au village de Saint-Sébastien, chassant devant elle les ennemis. Roland, entré dans le village avec treize hommes, se trouve tout à coup sur la place en présence de forces considérables. Conservant son sang-froid, il ordonne de battre en retraite, mais au pas, et dépêche un lancier mexicain pour avertir qu'il n'était pas en force. Au même moment les escadrons ennemis s'ébranlent et les officiers se précipitent vers Roland qui marchait le pistolet au poing. L'un d'eux saisit son sabre et lui demande son revolver.

---

(1) M. le comte Jules de Saint-Sauveur, officier plein d'avenir, était capitaine au 3e de zouaves quand il fut atteint, à Reichshoffen, d'une blessure à laquelle il succomba peu après.

— « Tiens, voilà comme je me rends, » répondit-il en faisant feu de son arme. Une décharge générale retentit alors ; Roland tomba frappé de trois balles. Quatre hussards furent tués de la même décharge et deux blessés. » Notre cavalerie chargea bientôt et mit l'ennemi en fuite. L'ambulance suivait un peu en arrière, elle ramassa le corps de Roland que les brigands avaient eu le temps de dévaliser, et le plaça dans un cercueil après l'avoir embaumé.

« Et maintenant, ajoutait M. de Saint-Sauveur en parlant de son ami, il est là qui dort à côté de moi. Hélas ! pourquoi faut-il qu'il ne doive plus se réveiller ? Nous avions passé ensemble tout le temps de cette expédition ; nous aimions à cheminer côte à côte. Le soir, nous nous retirions sous ma tente, sous la sienne ; nous nous plaisions à parler des nôtres ; nous nous demandions si le lendemain on entendrait le canon ; et puis, nous nous endormions après ces longues causeries, comme si nous avions quitté Paris de la veille. Des rêves de gloire nous berçaient. Hélas ! la gloire devait être bien grande pour Roland, et il ne peut plus en jouir. »

La mort héroïque du brave sous-lieutenant fut un objet d'admiration pour ses compagnons d'armes, témoins de son courage en face de l'ennemi. « Cette perte, écrivait le maréchal Bazaine à madame la maréchale de Saint-Arnaud, a été vivement sentie par l'armée et son chef qui appréciaient dans ce jeune officier ses qualités privées et son intelligence militaire. »

Enfin, le maréchal Randon, ministre de la guerre, assurait en ces termes M. le comte du Luart de toute sa sympathie : « Vous serez dans un profond chagrin lorsque cette lettre vous parviendra; j'ai dû laisser aux affections qui vous entourent le soin de vous préparer à la recevoir; mais, comme ministre de la guerre, j'ai à remplir un devoir qui, je l'espère, ne sera pas pour vous sans consolation. M. Roland du Luart a pris une part brillante au combat d'Etla, le 18 décembre; malheureusement il a payé de sa vie l'honneur d'être cité au bulletin de cette journée.

« Je sais, monsieur le comte, ce que peut être une pensée de gloire pour un père et une mère qui pleurent la mort de leur fils; mais, lorsqu'un jour ils reliront cette lettre, elle leur dira du moins que M. Roland du Luart a laissé à sa famille et à son régiment un souvenir glorieux et de profonds regrets. »

Sensible aux lois de l'honneur, Roland, nous n'en doutons pas, se montra jusqu'à la fin fidèle aux principes de son éducation; car c'est la religion seule qui imprime et conserve au fond des cœurs le vrai patriotisme et la vraie grandeur! « Oh! comme cela retrempe dans la foi, s'écriait-il après la première affaire à laquelle il avait assisté; on se sent si heureux alors des espérances qu'elle donne! »

« Je l'ai aimé comme un fils, écrit un prêtre qui l'avait bien connu. Il m'avait tellement accoutumé, malgré la trop grande rareté de ses visites, à lire dans son cœur, que j'avais été heureux d'y pouvoir découvrir les plus nobles et les plus chrétiens sentiments. »

Roland s'était confessé et avait communié avant son départ pour le Mexique. Enfant de Marie, il avait en elle la plus grande confiance, et ne savait pas rougir de sa foi. Sa famille garde précieusement baigné de son sang le scapulaire qu'il portait au moment de la mort.

PAUL DE VERGENNES

Paul de Vergennes, né le 14 décembre 1842, engagé volontaire au 8ᵉ de lanciers, en 1862, sous-lieutenant au 3ᵉ de chasseurs d'Afrique en 1867, tué à la bataille de Sedan, le 1ᵉʳ septembre 1870.

Pendant sa carrière militaire, Paul ne mérita pas une seule mauvaise note. Cette conduite irréprochable lui acquit d'abord la sympathie, l'estime et le respect de tous, et lui valut, au mois de décembre 1867, le grade d'officier dans un régiment en garnison à Sétif. Sa destination pour l'Afrique, non moins que ce nouveau grade ardemment souhaité, lui causa une grande joie. Il aimait l'activité de cette vie nouvelle, il ambitionnait la croix d'honneur et voulait être des premiers à faire campagne; toutes ces raisons le décidèrent, lorsque son régiment fut rappelé en France à permuter avec un officier du 3⁰ de chasseurs alors en garnison à Constantine. Son père ne put qu'approuver une détermination prise par de si nobles motifs, tout en déplorant l'éloignement d'un fils tendrement aimé et bien digne de l'être.

Au moment où Paul allait obtenir un congé pour revoir sa famille, la guerre contre la Prusse éclatait et son régiment rappelé d'Afrique se dirigeait sur la Lorraine. Monsieur de Vergennes se hâta de partir pour rejoindre son fils, dans l'espoir de l'embrasser avant la terrible campagne qu'il prévoyait; mais déjà l'armée prussienne envahissait notre territoire, et les communications devenaient fort difficiles. Impossible au pauvre père de rencontrer son cher Paul, qu'il ne devait plus revoir; après mille peines, mille fatigues, il dut renoncer à continuer des démarches infructueuses. M. de Vergennes avait pu toutefois saluer M. de Gallifet, colonel du 3⁰ de chasseurs, et M. de Ganay, intime ami de Paul, qui lui avaient fait de son fils le plus grand éloge; le retour du père au sein de la famille fut fort triste et les pressentiments les plus douloureux commencèrent à troubler le cœur de madame de Vergennes.

Paul de son côté était inconsolable de n'avoir pas reçu les adieux et la bénédiction de son père. Le

8 août, après un long voyage, il entra en ligne, passa par Metz, et prit part au combat de Borny ; puis il escorta l'empereur à Verdun, et fit enfin une rude campagne d'éclaireur, couchant la nuit à la belle étoile et supportant gaiement toutes les fatigues, bien qu'il fût affaibli par les fièvres africaines.

Il trouvait le temps d'écrire fréquemment à sa famille des lettres remplies des expressions de la plus touchante affection, où se révélaient aussi son ardeur belliqueuse et la générosité de son cœur. Toutes se terminaient par ces mots : « Soyez tranquilles, nous ferons notre devoir et plus que notre devoir. » Ce fut en effet en faisant son devoir qu'il périt, dans la funeste journée de Sedan. Il chargeait valeureusement l'ennemi près de son cousin M. de Ganay ; tous deux tombèrent presque au même instant, celui-ci blessé seulement, Paul frappé mortellement d'une balle au cœur. Souvent il avait dit : « Je ne connais pas de plus belle mort que celle d'un soldat qui tombe sur le champ de bataille ; » cette mort lui fut accordée.

La dernière lettre de Paul, datée du Chêne-Populeux le 27 août, était pleine de la pensée de revoir les siens et de l'espérance du triomphe. Son régiment faisait partie de la brigade du général Marguerite. Lorsqu'à la fin de cette affreuse lutte, les débris de ces héroïques régiments d'Afrique rentrèrent à Sedan, l'ennemi les salua et leur rendit les honneurs militaires.

« Nous n'avons rien su de précis sur les dispositions religieuses de notre cher Paul à son entrée en campagne, écrit sa sœur, madame de Touteuille, mais nous le connaissions assez, pour être certains que tout était en ordre au moment suprême. Il avait au cou une médaille de la sainte Vierge, et on nous a renvoyé, parmi les objets qui lui ont appartenu, une Imitation de Jésus-Christ qu'il avait reçue à l'époque de sa première communion et qui ne l'a jamais quitté. » Nous avons donc la douce confiance que Dieu n'a pas rejeté celui qui sut conserver la dévotion à Marie jusqu'à son dernier soupir.

PAUL
VICOMTE DOYNEL

Paul, vicomte Doynel, né au château de Torchamp, le 13 juin 1847, élève de l'école Sainte-Geneviève du 11 octobre 1864 au 13 novembre 1864, puis du collége Saint-Clément, à Metz, zouave pontifical en 1867, décoré de la croix de Pie IX, blessé à Mentana le 3 novembre 1867, mort des suites de ses blessures.

En 1860, Paul disait en parlant des vaincus de Castelfidardo : « Si j'étais grand, je voudrais être avec eux. » Quand il apprit que notre armée d'occupation allait quitter Rome à la fin de 1866, le désir de l'enfant devint une résolution chez le jeune homme. Pour ce cœur généreux, entrer aux zouaves, c'était protéger le vicaire de Jésus-Christ sur la terre, perpétuer la gloire de Castelfidardo, sauver l'honneur de la France.

Paul suivait alors les cours de sciences au collége Saint-Clément de Metz. C'était un caractère bon, franc, loyal et vigoureusement chrétien. Mûri plus qu'un élève ordinaire par l'expérience qu'il avait du monde, ayant étudié le droit à Caen, il possédait des convictions fermes, raisonnées, et il avait déjà irrévocablement arrêté sa ligne de conduite dans l'honneur et la vertu. Plein de bonté et de douceur, il comptait autant d'amis que de condisciples. Il était même très-populaire parmi eux, et, avec une joyeuse franchise, savait user de cette popularité pour donner à l'occasion, un bon et chrétien conseil.

« Je ne puis taire, nous dit un de ses anciens maîtres, l'enthousiasme ardent de Paul, pour toutes les belles et saintes causes de la religion, de la patrie, l'amour qu'il portait au souverain pontife. Son engagement aux zouaves et sa mort héroïque le disent éloquemment. Craignant que cet enthousiasme ne vînt surtout de l'imagination, je résistai longtemps à son projet de s'enrôler au service du pape. Jamais je n'oublierai l'accent énergique et la promptitude gaie et résolue de la réponse qu'il me faisait invariablement, chaque fois que je lui parlais du sacrifice de sa vie : « Mais c'est le beau côté de l'affaire;

on meurt martyr, et on a bien employé sa vie. »

Les parents de Paul, heureux d'un si noble dessein, voulurent, de leur côté, s'asurer que tout était sérieux dans la détermination de leur fils. Mais Paul ne se laissait ébranler par aucun des prétextes mis en avant pour le retenir. Après avoir exposé un jour les motifs, qui le portaient à se dévouer au service de Pie IX et de l'Église : « J'ai une vocation, ajouta-t-il, et je n'y puis résister. » — « Eh bien! pars, mon fils, lui répondit son père en le bénissant, va défendre la plus sainte des causes. Que ne puis-je te suivre! »

« Je ne saurais penser autrement que lui, écrivait en ce temps-là M. le comte Doynel, et je sens que, si j'étais indépendant, même à mon âge, je me ferais zouave sans hésiter ; car je n'ai jamais compris qu'un homme hésitât pour une pareille cause. Ce ne sont pas les dangers que je crains pour Paul ; j'ai la conviction qu'il se conduira avec bravoure et que je n'aurai jamais à rougir de lui. Mais il aura bien d'autres ennemis à combattre que les révolutionnaires, et l'énergie et la bravoure ne lui suffiront pas. »

Dans les premiers jours de mars 1867, Paul s'engageait, à dix-neuf ans, aux zouaves pontificaux. Son âme généreuse avait entrevu le martyr, comme le terme de son dévouement, et l'avait accepté sans crainte. Aussi laissa-t-il entre les mains d'un vieux serviteur de la famille une lettre, qui exprimait ses dernières volontés et qui devait être remise, après sa mort, à son père seul.

Arrivé à Rome après une traversée très-pénible, Paul revêtit, le 7 mars, cet uniforme de zouave qu'il était si heureux et si fier de porter. De suite il se mit à l'œuvre avec calme et persévérance, pour réaliser l'idéal qu'il s'était formé du nouveau croisé. Selon le témoignage de ses camarades, nul n'était plus exact au service.

« Me voilà complétement soldat, écrivait-il à l'un de ses anciens professeurs de Saint-Clément à Metz. J'arrive d'une tournée de cinq jours dans les montagnes, et je l'appellerai promenade plutôt qu'expédition. J'avais été choisi avec six autres zouaves, pour donner la chasse à une bande de brigands, qui infestaient les environs de Frascati ; mais, suivant leur habitude, ces lâches ont fui à notre approche, nous avons couru en vain à travers les gorges profondes. Sauf les fatigues, que je supporte à merveille, c'était un charmant voyage dans un pays rempli de souvenirs historiques. »

Parti de Rome le 8 mai et envoyé en détachement à Tivoli, Paul continua de faire une chasse active aux brigands. Cette vie dure et fatigante, mais aventureuse, était pour lui pleine de charme et de poésie.

Toutes ses lettres respirent la joie, le bonheur qu'il éprouve de servir une si belle cause. Le moment allait venir de lutter enfin de près contre les ennemis de la papauté. Paul le pressentait et il écrivait de Tivoli le 28 septembre 1867 :

« Comme vous pouvez le voir par les journaux, le grand moment approche pour les zouaves. Garibaldi menace de plus en plus d'envahir le territoire pontifical ; ses émissaires se répandent de tous côtés ; et l'on s'attend, d'un jour à l'autre, à le voir tomber sur Rome. Tivoli et Viterbe auront, je pense, l'honneur des premiers coups. Déjà la population est en émoi ; on se sent à la veille d'un grand événement. Les habitants qui, jusqu'ici, ne faisaient que trop facilement crédit aux zouaves, ne vendent plus rien sans se faire payer de suite. Nous campons sur une colline dominant Tivoli, et nous pourrons facilement réprimer toute émeute, toute résistance.

« Espérons que nous remporterons bientôt un triomphe éclatant sur tous les ennemis de l'ordre et de la religion. »

Intrépide soldat, Paul se fit remarquer, pendant la campagne de 1867, par la gaîté de son caractère, son entrain dans les marches et son mépris du danger. « Je ne comprends pas, répétait-il souvent, qu'on redoute d'en faire trop pour Pie IX ; quant à moi, je me ferais tuer vingt fois pour le pape. » Aussi Mgr Daniel se plaisait-il à rendre au jeune zouave ce bon témoignage : « Il est sage, posé, plus que son âge ne le comporte, il a été particulièrement distingué par MM. de Charette et du Ranquet, qui comptent beaucoup sur lui. »

Un jour cependant sa correspondance parut trahir quelque tristesse. A son retour de Tivoli à Rome, peu de temps après la prise de Monte-Rotondo, Paul voyait la petite armée pontificale, épuisée par des marches, sans secours jusqu'alors du côté de la France, en face des bandes nombreuses de Garibaldiens, et il tremblait, non pour lui, certes, il n'y songeait point, mais pour la cause qu'il défendait. « Nous ne reculerons pas, dit-il, ils ne nous vaincront pas sur le champ de bataille; mais nous succomberons à la fatigue et le Saint-Père ne sera pas sauvé. » Du reste, il ne cessait de manifester le même esprit du devoir, le même mépris du danger.

C'était une de ces natures qui aiment le péril et s'y exposent avec plaisir. Avant le combat du 3 novembre, il disait à ses camarades : « Vous entendrez parler de moi, ou je resterai sur le champ de bataille. » Et, serrant la main de son ami de Traversay : « Je mourrai, ajoutait-il, ou j'aurai la croix de Pie IX. » Brave jusqu'à la témérité, courageux jusqu'à l'héroïsme, il fut blessé à Mentana, et eut à la fois l'honneur de mourir pour l'Église, et d'être nommé chevalier de Pie IX.

On le vit s'élancer partout où le danger était le plus menaçant, à la Vigna Santucci, à la Tuilerie et aux Paillions. Il était un de ces sept zouaves qui, emportés par leur ardeur, s'en allèrent donner contre tout un corps de Garibaldiens, et furent accueillis par une décharge générale. Blessé au coude droit par une balle, Paul continua à se battre, mais bientôt il dut s'appuyer contre une meule de paille, qui avait abrité l'ennemi. Une seconde balle vint le frapper au flanc droit et s'aplatit sur l'épine dorsale. Forcé alors de quitter le champ de bataille, il se dirigeait vers l'ambulance, lorsqu'il rencontra une quinzaine de Garibaldiens désarmés, qu'il voulut emmener prisonniers. Chemin faisant, l'un d'eux, voyant que les forces du zouave s'épuisaient, se jeta sur lui ; mais Paul, du bras gauche, donna à son adversaire un coup de baïonnette qui le renversa. Aussitôt un autre prisonnier, qui tenait caché sous ses vêtements un révolver, vise le pauvre blessé et la balle vient se loger dans la plaie qu'il avait au flanc. — Paul put à peine se traîner seul jusqu'à l'ambulance, où le docteur Ozanam fit l'extraction des balles.

Le dimanche 10 novembre, M. le comte Doynel

apprenait par une dépêche que son fils n'était pas blessé; mais la joie fut de courte durée. Le lendemain, une lettre du R. P. de Gerlache annonçait la douloureuse vérité. Paul de son côté, craignant les inquiétudes de ses parents, faisait écrire : « Les balles sont extraites, c'est sans aucune gravité, que ma mère ne se tourmente pas, ce ne sera qu'une affaire de temps. » M. de Chivré, son cousin, écrivait aussi : « Paul s'est fait remarquer par son courage et son sang-froid, toujours en avant et ne reculant jamais, il est tombé au plus chaud du combat. En ce moment, il souffre beaucoup mais ne se plaint pas, il est gai et ne regrette que l'inquiétude qu'il me cause. »

M. le comte Doynel partit immédiatement, mais la mer était si grosse que l'on dut relâcher vingt-quatre heures à Porto Ferrajo, et il n'arriva à Rome que le 4e jour au soir. Là une cruelle déception l'attendait ; il ne trouva personne, qui pût lui indiquer tout d'abord où gisait son cher blessé. Le pauvre père allait interrogeant tous les zouaves dans les rues, mais longtemps il ne rencontra que des Hollandais qui ne le comprenaient pas. Enfin un zouave français vint à passer, et lui nomma l'hôpital de San-Spirito ; mais Paul n'y était pas. Aux Buoni Fratelli, le chapelain italien ne connaissait pas les noms, et ce fut en allant d'un lit à l'autre que M. Doynel finit par reconnaître son fils.

Paul vivait encore, mais son bras le faisait horriblement souffrir ; cependant il était courageux, même gai ; il voulait guérir. Le lendemain, le bras fut amputé... ; puis on transporta le malade dans un appartement, près de son père. Pendant douze jours, M. Doynel soigna lui-même son fils, fut témoin de sa foi profonde et de sa douce piété, et recueillit ses dernières pensées, son suprême adieu. Sa présence rendit moins pénibles les derniers moments du blessé. Il lui redisait la tendre affection de sa mère, de ses frères et de ses sœurs que Paul aimait de tout son cœur.

Ceux qui ont vu le blessé sur son lit de douleur savent tout ce qu'il y avait de résignation dans cette âme aussi chrétienne que dévouée. Au milieu des plus cruelles souffrances, avant et après l'opération, jamais il ne laissa échapper une plainte, un murmure ; toujours il conserva une aimable gaîté, une douceur angélique. Lui, jadis si vif, si bouillant, était devenu calme et soumis à la volonté de Dieu. Mentana était une journée de bonheur, que ses blessures lui rappelaient sans cesse ; il eût désiré souffrir davantage, il était prêt à recommencer la lutte, avec une nouvelle ardeur. « Je n'ai plus qu'un bras, disait-il après l'amputation, mais il combattra bien encore pour le Saint-Père. » Quatre fois, depuis Mentana jusqu'à sa mort, il eut la consolation de recevoir la sainte communion ; et ce fut avec une ferveur qui produisit une profonde impression sur tous les assistants.

Paul ne se rendait pas compte de la gravité de ses blessures; il espérait guérir, et parlait de son retour, du bonheur de revoir sa mère, ses frères, ses sœurs. Le bras droit amputé, il ne le regrettait pas, mais ce qui l'inquiétait surtout, c'était de savoir s'il pourrait rester au service du Saint-Père avec le bras gauche seulement. « Le Saint-Père voudra-t-il bien me garder, demandait-il au colonel de Charette qui venait le visiter ? Mon capitaine, M. de Montcuit, n'a qu'un bras ; pourquoi ne me conserverait-on pas aussi au service ? Je me battrai encore bien. Voyez, disait-il à son père, en étendant le bras, il est fort et capable de défendre la cause de Dieu. » Puis il parlait de son bonheur d'être entré aux zouaves et du bien qu'il en avait éprouvé.

Le vaillant soldat se sentait si vigoureux, qu'il ne croyait pas mourir si jeune ; aussi lorsque son père, voyant l'imminence du danger, eut la force de lui proposer de recevoir l'extrême-onction, Paul en fut tout ému : « Oh ! non, dit-il, je ne vais pas mourir ! »

Puis, après quelques minutes de réflexion, il reprit : « Oui, mon bon père, je le veux bien ; et, si Dieu veut me reprendre, je suis tout prêt. » Et ces paroles furent prononcées avec un tel accent de confiance et de sécurité, qu'il semblait entrevoir déjà la céleste patrie.

Dieu ne tarda pas à récompenser ce courageux soldat dont tout le monde admirait la foi profonde et la tendre piété. Un jour, après avoir reçu le pain des anges, Paul parut s'endormir doucement ; il était mort sans pouvoir connaître la récompense qui lui avait été réservée. Il venait en effet d'être nommé chevalier de Pie IX. Mais Dieu, lui demandant un dernier sacrifice, ne permit pas qu'il plaçât sur sa poitrine cette croix d'or qui lui aurait causé une si grande joie.

Le cercueil, contre l'usage, fut porté à l'église par ses camarades, et le colonel Alet, avec cinquante zouaves, suivit le convoi. Aujourd'hui le corps de Paul déposé au cimetière Saint-Laurent, où se voient encore les traces des catacombes, y attend avec les martyrs des premiers siècles le jour du triomphe et de la glorification.

« Ma seule espérance, écrivait le père de Paul, c'est que Dieu, pour qui il a versé son sang, lui aura tenu compte de son dévouement et de ses souffrances. Ses sentiments de foi et de piété, ajoutait-il, avaient grandi depuis qu'il était ici, et j'ai été ému dans la dernière conversation un peu suivie que j'ai eue avec lui, de la manière dont il m'a parlé de Dieu. Ce qu'on me dit de Paul me rend fier de lui, je savais bien qu'il ne faillirait point à son devoir et mourrait plutôt que de reculer. » Et la mère courageuse de Paul, s'estimant heureuse d'avoir donné à Dieu ce qu'elle avait de plus cher, s'écriait au milieu de ses larmes : « Comment me plaindre, ou plutôt comment ne pas remercier Dieu des sentiments qu'il a mis au cœur de mon fils ? »

MARTIAL DUFOUR

Martial Dufour, élève de l'école Sainte-Geneviève du 11 octobre 1864 au 18 juillet 1865, admis à Saint-Cyr en 1865, sous-lieutenant au 2ᵉ régiment de tirailleurs algériens en 1867, incorporé dans l'armée de Mac-Mahon en 1870, tué à Reichshoffen.

En sortant de Saint-Cyr, Martial entra comme sous-lieutenant au 2ᵐᵉ régiment de tirailleurs algériens. Il avait quitté l'Afrique en 1869 et séjourné un an à Paris avec son bataillon.

Après la déclaration de guerre, il rejoignit le corps de Mac-Mahon peu de jours avant la bataille de Reichshoffen. La veille même de cette funeste journée, il écrivit une lettre qui témoigne de son ardeur pour le combat et de sa confiance dans le succès de nos armes. « Je suis de grand'garde, disait-il à sa sœur, je ne sais quand les hostilités commenceront, mais cela ne doit pas tarder. La lutte, je t'en préviens, sera terrible, et les *Ménageries Africaines* (c'est le nom sous lequel on désignait les tirailleurs et les zouaves) ne seront pas épargnées. Je te remercie de tes lettres et du précieux souvenir que tu m'as envoyé. »

C'était un scapulaire qu'il plaça sur son cœur. Longtemps on ne sut ce que Martial était devenu ; on apprit enfin qu'il était mort en brave, sur le champ de bataille de Reichshoffen ; Marie, nous l'espérons, n'aura pas abandonné son enfant à l'heure dernière.

AMÉDÉE LANDRY

Amédée Landry, né à Montcresson (Loiret), le 17 mai 1848, élève de la Chapelle Saint-Mesmin, puis de l'école Sainte-Geneviève du 4 octobre 1867 au 10 juillet 1868, admis à Saint-Cyr en 1868, sous-lieutenant au mois de juillet 1870, lieutenant au mois de décembre, mort à l'hôpital de Vesoul le 3 mars 1871.

Admis à Saint-Cyr en 1868, Amédée en sortit le 17 juillet 1870 avec le grade de sous-lieutenant, et, le 7 décembre, il était nommé lieutenant au 38ᵉ de ligne. Cet avancement rapide était la juste récompense de la part très-active et souvent périlleuse que le jeune et brave officier avait prise aux combats livrés dans le Loiret, et spécialement à Orléans ; il allait être promu au grade de capitaine, lorsque la mort vint le frapper.

Au mois de janvier 1871, Amédée se trouvait à l'armée de Bourbaki. Son régiment fut obligé d'opérer une triste retraite dans les montagnes du Doubs. La terre était couverte de neige; un froid intense augmentait encore les souffrances déjà si grandes de nos pauvres soldats. Déjà l'on approchait de Pontarlier, et l'espoir d'échapper à l'ennemi ranimait les forces et le courage; mais Amédée, épuisé de fatigues, ne put arriver au terme désiré.

Ce fut dans un village peu éloigné de Pontarlier, qu'il ressentit les premières atteintes de la fièvre typhoïde. Après être resté quelques jours à Ouhans entouré de tous les soins possibles, il voulut gagner l'hôpital de Pontarlier, pour échapper à l'ennemi qui avançait toujours. Au sortir même du village, il fut rencontré par un détachement et fait prisonnier. Au lieu de donner au malade les soins réclamés par sa faiblesse, les Prussiens le conduisirent de Pontarlier à Vesoul, par un mauvais temps et des chemins affreux.

Amédée entrait à l'hôpital de Vesoul le 9 février. « Le docteur, raconte M. Huguet aumônier de l'armée, jugea son état très-grave, mais nous conservions encore l'espérance de le sauver. Le 11, je m'efforçai de l'amener à remplir ses devoirs religieux, car le mal augmentait toujours, mais tant de précautions étaient inutiles, il devina mon désir et me dit : Monsieur l'abbé, je me suis confessé il y a trois mois ; voyez la médaille que M. l'aumônier m'a donnée, je la garde précieusement ; mais pour ma tranquillité et la vôtre, je vais me confesser de nouveau. Ces paroles me firent plaisir, elles me révélaient un de ces vrais chrétiens si rares de nos jours.

« Nous parlâmes ce jour-là de sa famille. Il me pria de lui écrire, pour annoncer sa maladie. Il voulait signer, mais sa main tremblante ne lui permit que de tracer deux lettres. Une larme brilla dans ses yeux, et, me donnant la plume, il me dit : Veuillez signer pour moi.

« Il parlait beaucoup de sa mère et demandait souvent à la bonne sœur qui le soignait, si elle n'allait pas venir. La faiblesse devenait de plus en plus grande ; la mort approchait.

« Je me rendis auprès de lui, le vendredi 3 mars à huit heures et demie ; il me reconnut encore, me serra la main, et je lui donnai les derniers sacrements. Je finissais les prières de l'agonie quand il rendit le dernier soupir. »

Malgré la présence des Prussiens, les funérailles furent magnifiques. M. le curé annonça en chaire la mort d'Amédée, invitant tous les habitants à assister au convoi et à remplacer, autour du cerceuil, les parents et les amis du jeune lieutenant.

Au jour indiqué, le dimanche à une heure et demie, les abords de l'hôpital étaient envahis par une foule nombreuse. Le clergé de la paroisse et le séminaire firent la levée du corps, et douze soldats Français accompagnèrent en armes leur officier, jusqu'au cimetière. Les coins du poêle étaient tenus par des officiers de la garde nationale; venaient ensuite les soldats des ambulances; enfin, dans le cortége funèbre, on remarquait toutes les autorités de la ville, MM. le Préfet, le Maire, le Procureur de la République, le Président de la Cour, etc., qui voulaient ainsi honorer le courage malheureux, dans la personne de ce généreux défenseur de la patrie.

GUSTAVE-RAOUL-MARIE

LAW DE LAURISTON

Gustave-Marie Law de Lauriston, né au château de Coëtcoron, commune de Férel (Morbihan); élève du collége Saint-François-Xavier, à Vannes, puis de l'école Sainte-Geneviève du 16 octobre 1861 au 5 juillet 1863; lieutenant au 3ᵉ chasseurs d'Afrique, chevalier de la Légion d'honneur, blessé au combat de Dra-el-Arba (Kabylie), le 12 juillet 1871, mort à Constantine des suites de ses blessures le 20 janvier 1872.

Gustave se sentant une vocation irrésistible pour l'état militaire, résolut de s'engager, malgré les instances de ses parents, dont il était le fils unique. Après quelques années de service, il fut nommé, au mois de mai 1870, sous-lieutenant au 3ᵉ de chasseurs d'Afrique et il rejoignit son régiment à Constantine.

La guerre contre la Prusse ayant été déclarée deux mois plus tard, quatre escadrons du 3ᵉ de chasseurs d'Afrique furent rappelés en France, et, dans toutes les rencontres, ils combattirent vaillamment pour la défense de leur pays ; mais à Sedan ils furent littéralement écrasés dans une charge contre l'armée ennemie. Lorsque ce désastre eut été connu à Constantine, on s'occupa de reformer le régiment, et Gustave s'attendant à une campagne prochaine, écrivit à son père, le général de Lauriston, une lettre où se révèlent tous les sentiments de son cœur.

« Constantine, le 12 septembre 1872.

« Mon cher père,

« Nous sommes ici accablés de service vu notre petit nombre. Je profite d'un moment de loisir pour causer avec vous et vous dire combien je vous aime, vous et ma mère qui êtes si loin de moi. Mon Dieu, que je voudrais que vous fussiez ici à l'abri de tout danger ! Mais votre devoir vous appelle à défendre notre pauvre France, et, à la tête de vos mobiles, je suis sûr que vous ne reculerez pas d'une semelle.

« Si vous saviez comme ici nous sommes tristes ! Aujourd'hui sont partis pour la France quatre mille zouaves du 3e régiment, tous arrivés depuis quinze jours. Ils savent la formation des carrés, les tirailleurs, la charge et les feux ; ils n'ont pour vêtements que leurs chemises, leurs pantalons, leurs ceintures, leur chechias avec leur fourniment. Leurs officiers avec lesquels nous avions des relations de chaque jour et de bonnes relations, les pauvres amis ! nous ont embrassé tout à l'heure. Nous pleurions tous. Oh ! c'est affreux, c'est navrant. Parmi ces zouaves il y avait des enfants de 16 ans ; tous avaient un air de résolution et d'énergie qui faisait notre admiration.

« Dans quelques jours ce sera notre tour. Le 3e chasseurs d'Afrique a au dépôt treize cents hommes. Nous sommes douze officiers. Nous espérons qu'on enverra en France deux escadrons, chacun de trois cents hommes. Nous ne pouvons faire que cela, à cause du manque de chevaux; mais ces six cents hommes d'Afrique sont presque tous d'anciens soldats qui, bien que mariés pour la plupart et pères de famille, sont venus volontairement rejoindre leur brave et ancien régiment. Parmi eux comme parmi nous officiers, pas un ne se rendra. S'il le faut, eh bien ! nous mourrons tous, mais jamais nous ne nous rendrons, nous y sommes tous décidés. Nous ferons plutôt comme ceux des escadrons de guerre qui viennent de se faire tuer si bravement à Sedan. De tout le 3ᵉ régiment, 45 chasseurs d'Afrique seuls existent à l'heure qu'il est ; je ne parle pas de quelques prisonniers. Pauvre patrie ! Avec l'ordre de choses actuelles, où allons-nous ? Nous l'ignorons ; l'avenir est terrible ; mais s'il doit être trop honteux, plutôt que de le voir, nous préférons nous autres ici être tués par ces Prussiens qui à Sedan ont massacré nos deux escadrons. Les traîtres ! ils mettaient la crosse en l'air comme pour se rendre, et, lorsque notre pauvre régiment est arrivé à 50 mètres d'eux, ils se sont jetés à droite et à gauche, démasquant plusieurs pièces de canon qui ont vomi la mitraille sur les nôtres et tué tous nos camarades. Nous avons des détails précis sur tous ces événements par des lettres que nous ont écrites deux ou trois officiers survivants.

« Mon bon et cher père, et vous aussi ma mère, je vous aime de toute mon âme, mais si nous partons, comme c'est probable, ces jours-ci, oh ! je vous en prie, ayez du courage tous les deux. Il faut bien essayer de sauver la patrie. En définitive, nous pouvons réussir et puis tout le monde n'est pas tué en guerre.

« Adieu, mon cher père, je vous embrasse vous et ma mère de tout mon cœur et je vous aime également tous les deux de toutes les forces de ce cœur qui est si bien à vous.

« Votre fils respectueux,

« Gustave de Lauriston. »

Au mois de novembre, deux escadrons de chasseurs d'Afrique furent envoyés en France à l'armée de la Loire, et Gustave, qui venait d'être nommé lieutenant, accourut avec joie au secours de sa patrie. En débarquant à Marseille, son premier soin avait été d'aller trouver un prêtre pour se confesser; et le lendemain il écrivait à sa mère : « Quand on est bien avec le bon Dieu, il semble que le courage augmente; aussi, gare aux Prussiens; je leur donnerai de fameux coups de sabre. »

Le 3 et le 4 décembre, Gustave se trouvait auprès d'Orléans. Il y eut alors un sérieux engagement entre les Prussiens et les chasseurs d'Afrique, secondés par un escadron de spahis. Grâce à l'intrépidité de notre cavalerie, on parvint à sauver une partie de nos canons qui allaient tomber entre les mains de l'ennemi; mais à quel prix ne fallut-il pas acheter ce succès! Nos rangs étaient décimés; un grand nombre d'officiers et de soldats gisaient sur le champ de bataille.

Quelques jours après, à Beaugency, la lutte recommença plus vive et plus meurtrière, et Gustave, qui n'avait reçu aucune blessure dans le précédent combat, prit avec ses chasseurs une part glorieuse à une longue suite de combats non interrompus pendant trois jours. Cette résistance héroïque arrêta pour un instant les masses allemandes qui poursuivaient nos troupes et la retraite continua protégée par le 16e corps.

L'armée française marchait alors sur Vendôme. Le 16 décembre se livra, sous les murs de cette ville, une bataille où les chasseurs d'Afrique se trouvèrent aux prises avec la cavalerie Wurtembergeoise ; de là on se dirigea sur le Mans. Les chasseurs d'Afrique, toujours à l'arrière-garde, eurent beaucoup à souffrir. Chaque étape était signalée par quelques escarmouches avec les éclaireurs ennemis ; et puis la rigueur de la saison était extrême ; il fallait passer des nuits sans sommeil, couchés sur la neige ; souvent même on manquait de nourriture. Le 22 décembre, l'armée arrivait au Mans, pour s'organiser de nouveau et recommencer une lutte désespérée.

Un moment de bonheur attendait Gustave dans cette dernière ville. Il retrouva, au bataillon des volontaires de l'Ouest, un grand nombre de ses amis qui, comme lui, avaient été élevés au collége Saint-François-Xavier de Vannes.

Le jour de Noël, à la messe de minuit célébrée par un de leurs anciens maîtres dans l'église du collége de Sainte-Croix, on les vit tous s'approcher recueillis de la sainte table, pour se nourrir du pain divin qui soutient et console aux jours de l'épreuve et de la douleur. Peu de jours après, ces nobles chrétiens arrêtaient, par une résistance héroïque, la marche victorieuse des ennemis. Plusieurs avaient succombé mais leur mort avait sauvé l'armée d'une destruction complète.

On sait le résultat des fatales journées des 7 et 8 janvier. L'armée française, contrainte de se replier sur Laval, eut à soutenir des combats sanglants auxquels Gustave prit une part brillante avec ses chasseurs. Enfin le 18 janvier 1871, le 16e corps arrivait à Laval.

C'est là que Gustave apprit et l'armistice et la fin des hostilités. Depuis longtemps souffrant, il se rendit alors à l'ambulance pour s'y faire soigner. Il avait à l'aine un abcès fort grave, et le médecin ne comprenait pas qu'il eût pu supporter la fatigue du cheval; mais, animé par la pensée d'un grand devoir à remplir, Gustave avait su dominer son malaise jusqu'à la conclusion de l'armistice. Envoyé à Nantes pour suivre un traitement, il dut subir une douloureuse opération qui le cloua sur un lit pendant un mois.

A peine était-il convalescent, que l'insurrection arabe éclata. Gustave voit un nouveau devoir à remplir, et, quoique faible encore, il retourne en Afrique et rejoint son régiment à Constantine. Peu de jours après son arrivée, il entrait avec son escadron dans la colonne d'opérations du général Saussier, et se dirigeait vers les montagnes de Kabylie où s'étaient réfugiés les Arabes révoltés.

Le 12 juillet, nos troupes, quoique inférieures en nombre, attaquèrent l'ennemi avec beaucoup de résolution. Gustave, commandant un peloton de cinquante hommes en qualité de lieutenant, reçut l'ordre d'exécuter une charge sur les Kabyles qui venaient de son côté. La charge fut très-brillante; mais, voyant qu'ils ne pouvaient résister à l'impétuosité de notre cavalerie, les Kabyles se réfugièrent sur une petite montagne couverte de broussailles, et de là ouvrirent un feu meurtrier sur les chasseurs. Ceux-ci hésitent un moment, après s'être déployés en tirailleurs; le lieutenant veut alors entraîner ses hommes par son exemple, et il se jette en avant pour les exciter au combat; les Kabyles ont vite reconnu un officier, et ils dirigent sur lui une décharge générale. Gustave est atteint d'une balle qui pénètre très-avant près de la rotule du genou droit. Malgré la douleur il reste à la tête de ses soldats. Au bout d'un quart d'heure sa botte était remplie de sang, et la douleur devint telle, qu'il lui fut impossible de se maintenir à cheval. Il se vit donc à regret contraint de quitter le champ de bataille et de se rendre à l'ambulance.

Le soir, après le combat, le général Saussier vint le visiter dans sa tente pour savoir de ses nouvelles, et le féliciter sur son courage et sur la manière brillante avec laquelle il avait enlevé les chasseurs. Puis il ajouta qu'il avait bien gagné la croix de la Légion d'honneur et qu'il le porterait en tête de la liste des propositions. « C'est un vaillant soldat, disait-il plus tard, en écrivant au général de Lauriston, et bien digne du nom qu'il porte ; je vais m'occuper de lui faire obtenir la récompense qu'il n'a, hélas ! que trop méritée. »

Le lendemain même du combat de Dra-el-Arba où il reçut sa blessure, Gustave s'empressa d'écrire à son père, pour le rassurer et lui apprendre que son fils n'avait pas dégénéré. Mais celui-ci se rendit aussitôt à Bougie, où l'on avait transporté le blessé ; le chirurgien regardait la guérison comme très-prochaine, bien qu'on ne fût pas encore parvenu à extraire la balle. L'opération nécessitait le transport à Constantine, le malade l'accepta volontiers, car il allait retrouver son régiment et ses amis.

A partir de ce moment, commença pour lui une vie de souffrances et de douleurs qui révélèrent les trésors d'affection et de piété déposés au fond de son âme par une éducation éminemment religieuse.

Il se montrait affable envers les infirmiers qu'il craignait de déranger, et leur faisait même des excuses lorsque ses souffrances le contraignaient à les appeler plus souvent que de coutume; mais surtout quelle douceur envers les sœurs chargées de panser sa blessure ! « Si ma chère mère vous voyait, disait-il souvent après avoir reçu quelque petit service, comme elle vous serait reconnaissante de vos soins empressés ! » Même amabilité dans ses rapports avec les officiers qui venaient chaque jour lui rendre visite. C'était une société choisie, et jamais on n'entendit une parole un peu légère. Du reste Gustave avait pour compagnon de chambre un convalescent animé des meilleurs sentiments, et ils se fortifiaient mutuellement par des paroles encourageantes. Ce jeune homme attribuait sa guérison à l'eau miraculeuse de Notre-Dame-de-Lourdes. Plein de confiance en celle qu'il se plaisait à nommer sa Mère du Ciel, le blessé voulut à son tour éprouver l'efficacité d'une neuvaine à la très-sainte Vierge.

« M. Gustave, raconte une des religieuses qui lui prodiguaient leurs soins, me communiqua son pieux dessein ; je lui promis de joindre à ses prières celles de toute la communauté, ce qui parut lui faire grand plaisir. Au quatrième jour on eut un moment d'espérance ; le malade lui-même se croyait déjà guéri ; je l'excitais à la confiance, et lui me répondait avec un accent du cœur : « Oh ! oui, je voudrais bien guérir pour la consolation de ma chère mère. Comme elle doit souffrir de me savoir malade et si loin d'elle ! » Puis il se résignait à mourir, s'il plaisait à Dieu. Il aimait les fleurs, surtout les violettes ; mais quand on lui offrait quelque joli bouquet, il s'informait d'abord si l'autel de la sainte Vierge en était bien orné.

Les espérances conçues ne furent pas de longue durée. Dieu voulait rappeler à lui cette âme qu'il avait purifiée par la souffrance. Rien de plus noble et de plus touchant que les derniers moments de Gustave ; au milieu des plus cuisantes douleurs, aucune plainte ne sortit de sa bouche. Parfois on lui disait pour soutenir son courage que sa patience avancerait beaucoup sa guérison, et il répondait : « Oh ! oui, je veux consoler ma mère ! »

Dès que le malade sentit ses forces l'abandonner, il fit demander un prêtre qui le voyait souvent, et le pria d'entendre sa confession. Entouré de ses amis, il voulut leur montrer, en demandant lui-même les secours de la religion, comment doit mourir un officier chrétien. Aussi son père, en toute hâte accouru pour recueillir le dernier soupir de son fils unique, a-t-il pu prononcer ces belles et consolantes paroles: « Je suis fier de mon fils, il s'est noblement conduit et montré chrétien courageux. » Comme M. l'aumônier lui disait qu'il apporterait la sainte communion à neuf heures et demie du soir, selon la coutume de l'hôpital : « Je n'ai point de respect humain, répondit Gustave ; je veux recevoir mon Dieu *au vu* et *au su* de tout le monde. A demain donc si vous le voulez bien, vers quatre heures de l'après-midi. » Puis il se prépara dans le plus grand recueillement à recevoir la sainte Eucharistie. La joie brillait sur son visage, éclatait dans ses paroles : « Oh! qu'elle sera heureuse ma mère, quand elle saura que j'ai communié ! Si vous saviez, ajoutait-il en parlant à la sœur qui se tenait près de lui, comme elle est bonne ma mère! » et ses traits animés reflétaient toute l'affection de son cœur.

Gustave s'affaiblissait de plus en plus. Ce fut le samedi 20 janvier, vers cinq heures de l'après-midi, qu'il reçut l'Extrême-Onction. Après la cérémonie, à laquelle le général Lauriston se trouvait présent, la supérieure de l'hôpital s'approcha du malade, qui ouvrit ses yeux presque éteints comme pour chercher quelque chose dont il paraissait vivement préoccupé. Rassemblant alors toutes ses forces, il essaya de parler à haute voix et dit : « Où avez-vous mis ma médaille? » et il faisait signe de la lui montrer ; sitôt qu'il l'aperçut, il la baisa avec respect. Mais il ne put la tenir longtemps entre ses mains défaillantes. Alors ce dévot enfant de Marie demanda qu'on appliquât la médaille sur ses lèvres, et il s'assoupit profondément. « Sa figure, rapporte un témoin oculaire, avait une expression de bonheur qui venait du ciel. »

Peu de temps après, le mourant rouvrit les yeux ; ses regards tombèrent sur son père qui se trouvait à quelques pas écrivant sur une table, et deux grosses larmes coulèrent sur ses joues. Une religieuse lui adressa des paroles de confiance en la miséricorde de Dieu ; il parut satisfait et ses lèvres à demi glacées murmurèrent : « Merci, ma sœur. »

Jusqu'à 9 heures du soir il demeura fort calme ; il avala sans peine quelques gouttes d'eau de Lourdes ; puis sans agonie il s'endormit doucement dans le Seigneur. Ce fut la mort d'un juste. La supérieure prenant alors les mains du pauvre père accablé de douleur, mais en même temps consolé d'avoir vu dans son fils de si nobles et si chrétiens sentiments : « Général, lui dit-elle, je connais à fond monsieur Gustave, je l'ai vu chaque jour depuis plusieurs mois, et je sais ce qu'il valait. Consolez-vous ; à l'heure où je vous parle, j'en ai la conviction, votre fils est au Ciel. »

Gustave n'avait pas vingt-sept ans lorsqu'il fut enlevé à l'affection de ses parents dont il était l'unique espérance. Le lendemain de sa mort, un télégramme du ministre de la guerre annonçait à M. le général de Lauriston la nomination de son fils comme chevalier de la Légion d'honneur ; mais la croix si bien gagnée ne put être placée que sur le cercueil. A Constantine, les plus grands honneurs militaires furent rendus au vaillant lieutenant de chasseurs ; les autorités civiles elles-mêmes témoignèrent leur sympathie pour ses vertus et leur admiration pour son courage, en accompagnant le convoi et en assistant au service solennel qui fut célébré à la cathédrale.

Le corps de Gustave ramené en France fut inhumé le 3 février 1872, dans le cimetière de sa paroisse natale, au milieu d'un immense concours de parents et d'amis. Ils venaient honorer par leur présence un martyr du devoir et consoler les parents qui avaient su former un cœur si vaillant. Tout le clergé des environs avait aussi tenu à venir apporter le tribut de ses prières et de sa reconnaissance à la famille.

A la fin de l'office divin, monsieur le Recteur de

Férel impressionna vivement l'assistance en commentant les deux inscriptions qui se détachaient sur le fond de la chapelle ardente où avait été déposé le cercueil.

« *Il a combattu en héros.* »
« *Il est mort en chrétien.* »

C'était en deux mots la vie tout entière du jeune et brave officier.

« Pourrait-on résister à tant de douleur, disait le père de Gustave, si l'on ne puisait de la force dans notre divine et si consolante religion qui nous prescrit de regarder plus haut que la terre ? »

ÉMILE TROY

Émile Troy, né à Laymont (Gers), le 22 mai 1845, élève de l'école Sainte-Geneviève du 23 novembre 1863 au 24 juillet 1864, admis à Saint-Cyr en 1864, sous-lieutenant au 62ᵉ de ligne en 1866, tué à Gravelotte le 16 août 1870.

Une éducation chrétienne avait développé chez Emile ses heureuses dispositions naturelles. Son esprit juste, son caractère sérieux promettaient un courageux défenseur aux droits de l'Église et à la cause de l'ordre. Mais dès le premier pas sur le champ de bataille, il succomba, victime volontaire, offrant à Dieu sa vie pour le salut de la France.

Dans sa dernière lettre, écrite de Gravelotte, une heure avant le combat, Emile assurait sa mère qu'il ne quitterait jamais le scapulaire, le bouclier de son âme. « Le clairon sonne, ajoutait-il, je vais combattre pour la France ; je pars, ma bonne mère, adieu !... » Atteint en pleine poitrine par une balle, dès le début de l'action, « il mourut, écrit un lieutenant de ses amis, en brave et en chrétien. »

ALFRED
DE BOISAYRAULT

Alfred de Boisayrault, né au château de Boisayrault (Maine-et-Loire), le 21 août 1845, élève du collége Saint-François-Xavier, à Vannes, puis de l'école Sainte-Geneviève du 10 novembre 1862 au 13 juillet 1864, admis à Saint-Cyr en 1864, sous-lieutenant au 2ᵉ de chasseurs d'Afrique en 1867, à la création de ce régiment, tué à Sedan le 1ᵉʳ septembre 1870.

Vers la fin de son séjour à l'école militaire, Alfred répondait à son père qui lui avait donné d'utiles conseils pour l'avenir : « Je vous remercie de tout ce que vous me dites dans votre lettre, car rien n'est plus vrai, mais vous prêchez un converti. Je commence à croire qu'il est aussi facile et aussi difficile de se conduire bien partout, et je crois que le monde resserré de Saint-Cyr présente autant de dangers que le monde réel. Dieu, qui m'a fait la grâce de résister jusqu'à ce jour au torrent du mal et de rester debout sur la pente glissante où nous marchons, me soutiendra, je l'espère, soit que nous allions sabrer les Allemands, soit que je reste exposé aux périls plus grands, peut-être, de la garnison. Ce que nous deviendrons, Dieu seul le sait. Le point important, c'est de ne point faillir, soit au feu, soit ailleurs. »

Ainsi parlait Alfred le 21 juin 1866, révélant dans un épanchement filial toute la pureté de sa vie passée, et sa ferme résolution de rester fidèle à son Dieu et à son devoir jusqu'à la mort. Il a tenu parole ; et quand le 1er septembre 1870, il tomba foudroyé sur le champ de bataille de Sedan, ce désir qu'il avait de nouveau exprimé le 26 juin 1866, se trouvait réalisé : « Plutôt mourir que de se souiller ! et alors, si une balle arrive, c'est avec ma robe d'innocence que je paraîtrai devant Dieu. »

« Ne le plaignons pas, écrivait sa pieuse mère, en apprenant qu'Alfred avait succombé en soldat chrétien ; Dieu lui a sans doute épargné bien des peines, et sa vie n'eût été peut-être qu'une longue déception. Bénissons la main qui nous frappe, et demandons à la jeunesse de suivre son exemple. » Et dès lors elle se met à l'œuvre pour collationner les lettres de son fils, ces pages intimes qui font connaître toute la valeur morale d'un homme. Déjà même, malgré de fatigantes recherches et de pénibles émotions sans cesse renouvelées, le travail touchait à sa fin.

« Oh! disait-elle le 19 février 1873, si nous pouvions le faire comprendre simple, ferme, loyal et bon comme il était, je dirais mon *Nunc dimittis*. » Huit jours après, le 26 février, quand un des anciens maîtres d'Alfred se présentait au château de Boisayrault pour recueillir le précieux trésor, il apprenait avec douleur que la mère était allée rejoindre son fils. Alfred, comme elle l'avait écrit, lui tendait depuis longtemps la main pour arriver au séjour d'une paix éternelle, récompense des agitations et des cruelles séparations de cette vie.

Un mot résume toute l'enfance d'Alfred : il fut la consolation et le bonheur de ses parents. Sa première communion, qu'il fit avec une angélique piété, laissa dans son jeune cœur une douce et profonde impression. Aussi, plus tard en Afrique, lorsqu'il campait loin des villes, ne craignait-il pas de recommencer tous les quinze jours de longs voyages pour s'approcher de la table sainte; et si parfois une distance trop considérable et des difficultés insurmontables ne lui permettaient pas de venir retremper ses forces dans la pénitence et nourrir son âme du pain divin, on l'entendait pousser ce cri déchirant :

« La vie du régiment peut être agréable, très-agréable même ; mais l'absence de ressources religieuses est un point que je ne puis passer sous silence. Je ne veux point que mon séjour en Afrique me prive de tout ce que j'ai appris à aimer et à respecter. Quant aux fatigues du corps, je ne m'en inquiète guère, vu que je suis assez dur pour moi-même; mais laisser mon âme et mon intelligence en souffrance, je n'y puis consentir ! »

L'éducation d'Alfred, commencée sous la direction de son père, produisit les plus heureux résultats. L'enfant se livrait avec plaisir à l'étude. Grâce à son extrême facilité, il acquit bientôt une foule de connaissances utiles et variées, qui ornaient sa mémoire, en même temps qu'elles lui préparaient pour l'avenir une ressource contre l'ennui ou contre la dissipation d'une vie désœuvrée. Sa douceur et sa modestie ajoutaient un nouveau charme à son esprit vif et brillant. Parlait-on histoire, archéologie, mécanique ou blason, il prenait part à la conversation, et souvent sa petite science puisée dans les entretiens de son précepteur ou dans l'abécédaire de M. de Caumont, mettait en défaut les lointains souvenirs de ses interlocuteurs qui avouaient alors de bon cœur leur défaite.

Alfred venait d'atteindre sa douzième année, lorsque son père, l'envoyant au collége de Vannes, écrivit au R. P. Pillon ces paroles que l'avenir a confirmées : « J'espère que ce jeune enfant se recommandera promptement lui-même, et fera honneur à ses maîtres, comme il a fait jusqu'ici la joie de son père et de sa mère. » Alfred, en effet, ne tarda pas à gagner la sympathie de tous. Aimé de ses professeurs qu'il satisfaisait par un travail sérieux, et de ses condisciples qui trouvaient en lui un joyeux camarade, il vivait, selon ses propres expressions, « content comme un roi et insouciant comme un vrai *lazzarone*. » Il ne craignait point la fatigue des longues promenades; encore enfant, il s'était habitué à dormir sur les rayons d'une bibliothèque pour endurcir son corps.

L'émulation d'Alfred avait plutôt besoin de frein que de stimulant; car elle aurait pu facilement dégénérer en préoccupation nuisible à de véritables progrès. « Je vais bien, écrivait-il à son père en lui annonçant une place moins bonne que d'habitude. J'ai le pouce droit un peu foulé; mais tant pis. J'aimerais mieux qu'ils le fussent tous les deux et que j'eusse une bonne place. » C'est un ami qui se chargea de le modérer, et il réussit à merveille à faire écouter au jeune élève le langage de la raison. « J'ai reçu une excellente lettre de René K...., pleine de bons conseils et très-propre à me remonter le courage lorsque je serai découragé; ce qui, j'espère, n'arrivera pas de si tôt. Aussi je ne la mettrai pas dans la boîte avec les autres. Je la garderai sur moi, et je n'aurai besoin que de la lire pour me défendre de la trop grande préoccupation dans mes études. »

Il savait profiter des mille petits inconvénients de la vie de collége pour acquérir des mérites et se former le caractère. C'est lui-même qui nous l'apprend dans une lettre du 5 janvier 1860. « Quand je vous écrivis l'autre jour, disait-il à son père, j'étais tout surexcité et bien affligé au fond de l'âme. Il doit y avoir de grosses exagérations; mais pourquoi écrire sous la première impression, sous l'impression du moment. C'est une bonne leçon pour l'avenir. » Le 6 février 1860, il écrivait encore à propos de ses voisins d'étude qu'il trouvait insupportables : « Tant mieux! autant souffrir de mes condisciples et exercer ma patience; cela me procure l'immense avantage de faire mon purgatoire. » Aussi devint-il bientôt d'une énergie que rien n'était capable de déconcerter.

« Je fais de mon mieux, écrivait-il l'année de sa seconde, et je ne m'occupe pas du reste. Les mauvaises places, quand j'en ai, me découragent beaucoup moins que les années précédentes. J'ai appris à ne pas me laisser trop ébranler par de petits échecs. Je suis 4ᵉ en diligence et 5ᵉ en excellence. Ce n'est pas très-beau, surtout venant d'être second; mais tant pis, je ne me décourage pas, et je tâcherai de faire mieux une autre fois. »

Doué d'un esprit brillant et solide, Alfred cultivait avec plaisir les études littéraires. Horace était son auteur de prédilection; il en parle souvent et avec complaisance. « Ce que vous m'avez écrit d'Horace, dit-il à son père, m'a tellement intéressé, que je vous prie de m'en parler encore. Nous expliquons maintenant les odes. L'ode *Mœcenas atavis edite regibus* m'a paru magnifique. Ce qui m'étonne surtout, c'est une force d'expression extraordinaire, c'est la vivacité et la multiplicité des tableaux; tous sont d'un fini parfait... Ce fameux *Illi robur et æs triplex circa pectus erat, qui fragilem commisit pelago ratem*, dont vous me parliez si souvent, nous l'avons vu; et nous verrons bientôt le sublime *Justum et tenacem*... Je vous recommande surtout la 13ᵉ du 1ᵉʳ livre : *Pastor cum traheret per freta navibus*, jamais je n'ai rien lu d'aussi beau, que la 3ᵉ strophe : *heu! heu! quantus equis etc.* En un mot, tout dans ce livre me rappelle de bien doux souvenirs et de bien agréables conversations. »

Alfred fit de rapides progrès en seconde et en rhétorique, ces deux classes où s'épanouissent et se développent l'imagination et l'intelligence des jeunes gens. Il rendait ainsi compte d'une séance académique, où les élèves les plus appliqués de la classe produisent devant un public choisi le fruit de leurs travaux coordonnés par le maître, de manière à ce que chaque morceau latin ou français, en prose ou en poésie, fasse partie d'un petit drame historique qui attire l'attention autant par l'intérêt de l'ensemble que par la composition et le débit de chaque devoir particulier.

« Il a fallu, dit-il, que notre professeur compulsât les auteurs et les chroniques. Moi-même j'ai fouillé dans nos vieux trouvères, j'ai parcouru de longs poèmes en vers latins. Quel dommage que de si beaux génies aient vécu dans des temps où la langue n'était point encore formée! Il n'y a point aujourd'hui de pareils écrivains; et cependant ils sont condamnés à l'oubli. Quand on a laissé de côté leur mauvais français ou leur mauvais latin, pour ne s'occuper que du sujet qu'ils traitent, on est entraîné par la vivacité et la naïveté de leur diction, on se trouve enchaîné par un charme magique qui vous séduit, vous attire et vous captive. Que nous sommes loin aujourd'hui de ce naturel! Ah! je le comprends; il n'y a de beau que le vrai; le vrai dans la pensée et le vrai dans l'expression. » De semblables appréciations sur notre vieille littérature nationale n'indiquent-elles pas un jugement droit, juste et déjà mûri par l'étude comparative des grands chefs-d'œuvre?

En 1869, Alfred, se reportant par le souvenir une dizaine d'années en arrière, avouait à plusieurs reprises qu'il n'avait jamais été plus heureux que l'année de sa rhétorique à Vannes. Ses anciens camarades se plaisent en effet à tracer de lui le portrait le plus flatteur. Ils nous le représentent simple et modeste dans ses goûts et sa conduite; fidèle à ses amis, auxquels il montrait en toute occasion le plus affectueux dévouement; pieux sans affectation, mais avec une dignité qui commandait le respect; travaillant sérieusement mais sans contention, nullement dans le but de satisfaire son ambition, mais afin de plaire à Dieu d'abord, ensuite à ses parents et enfin à ses maîtres.

Cet aveu d'Alfred sur le bonheur de sa vie en rhétorique, nous le retrouvons sur les lèvres de tous ses condisciples. Ils aiment encore à se rappeler les leçons d'un maître qui savait rendre attrayant le travail et transformer la peine en plaisir. Grâce à une lettre du jeune élève à son père, nous pouvons pénétrer un instant dans le sanctuaire de la rhétorique au collége Saint-François-Xavier de Vannes en avril 1861, et assister aux discussions d'une chambre délibérative sur une question du plus haut intérêt : la description du paradis chez les poëtes épiques. « Six partis, raconte Alfred, s'étaient formés dans la classe, en faveur de Virgile, du Dante, de Milton, de Fénelon, de Châteaubriand, de Soumet, et chaque parti avait élu son orateur. Je fus choisi pour défendre le Dante; tous avaient le droit d'interrompre et la liberté complète de dire des malices *ad hominem*. Il faut, je vous l'assure, beaucoup d'aplomb, pour ne point se laisser déconcerter. Plusieurs avaient appris leurs discours; moi, je m'étais contenté de l'écrire et de l'étudier, car je me possède parfaitement lorsque j'improvise. Chose étonnante! je suis naturellement timide quand je déclame; mais commence-t-on à m'interrompre? je m'anime au milieu du bruit; le président agite sa sonnette, on se tait, et alors je riposte d'une façon si rude qu'on n'ose plus m'attaquer. Aussi le Dante, que je défendais, l'a-t-il emporté sur tous ses compétiteurs. »

Descendant des chevaliers bretons, Alfred avait au collége leur foi simple et profonde; il conserva toujours leur fermeté et leur fidélité. C'est la sainte Vierge et sainte Anne qu'il prie d'une manière spéciale pour lui et ses succès, pour ses parents et son frère, en un mot pour tous ceux à qui il s'intéresse. Un jour il est premier en vers latins. « Mais quoi d'étonnant, dit-il, que mon cœur ait trouvé de nobles accents pour célébrer ma mère ? Il s'agissait d'une hymne à Marie ; elle m'a inspiré. »

Dès son enfance, on avait remarqué son bon cœur qui le portait à partager son petit superflu avec les malheureux. Cette bienfaisance, en quelque sorte innée, n'avait fait que croître avec les années ; partout et toujours on le vit se priver des plus innocents plaisirs, afin de verser dans le sein des pauvres une aumône plus abondante. L'œuvre de miséricorde spirituelle accompagnait ordinairement la charité temporelle. Une parole de consolation, échappée des lèvres de celui qui visite le pauvre dans son misérable réduit, est encore plus agréable à Dieu et souvent plus utile au prochain que l'obole tombée d'une main inconnue. Aussi dans leurs réunions à Vannes, les congréganistes s'exerçaient-ils à parler de Dieu, de Marie, de la souffrance, de la résignation ; ils le faisaient avec une simplicité de conviction, une naïveté de langage qui touchaient profondément tous les auditeurs ; et quand on visitait les pauvres, ils savaient alors trouver dans leurs cœurs sympathiques une douce et chrétienne parole pour calmer les angoisses de la misère, pour adoucir les plus amères douleurs.

« Nous avons visité les vieillards des Petites-Sœurs, écrivait Alfred le 13 février 1860, et deux élèves ont été chargés de leur raconter une histoire. Le premier a bien choisi, en présentant à ces bons vieux le plus beau modèle de patience que nous fournisse la Sainte Écriture ; le second n'a pas été moins heureux. Mais l'invention suppléait au défaut de mémoire des narrateurs. J'avoue que je n'ai jamais entendu ni lu une histoire de Job et de Joseph semblable à celle qu'on nous a racontée. »

Souvent, au milieu de la vie paisible du collége, Alfred avait entrevu la vie religieuse, comme le champ où devait un jour s'exercer son dévouement. Son âme généreuse ne recula pas devant le sacrifice, et le cœur de sa mère fut le dépositaire de son pieux dessein. « J'étais arrivée à Vannes, raconte Mme de Boisayrault, persuadée que mon Alfred allait demander à entrer au noviciat. Son père, si chrétien, malgré la douleur de se séparer d'un fils qui lui promettait tant de consolation, avait donné son consentement. Mais lorsque j'embrassai Alfred, à la fin de la retraite des partants, il me dit : « Je serai militaire; c'est l'avis du R. P. de Poulevoy. »

Après avoir terminé brillamment ses études littéraires, et mérité les félicitations publiques de ses examinateurs pour le baccalauréat ès-sciences, Alfred vint à l'école Sainte-Geneviève se préparer à l'école militaire de Saint-Cyr. Dans ce milieu qui n'était pas celui d'un collége ordinaire, mais où nul secours ne devait manquer à son inexpérience, pour se prémunir contre les dangers du monde, le jeune homme se posa dès les premiers jours comme élève diligent et pieux; aussi mérita-t-il bientôt les suffrages de ses condisciples, et il fut élu préfet de la congrégation. Cette charge et cet honneur lui imposaient des devoirs et des obligations qu'il sut remplir à la satisfaction générale.

A l'école Sainte-Geneviève, Alfred ne changea rien aux charitables habitudes contractées au collége de Vannes. La misère plus grande qu'il avait sous les yeux ne fit qu'accroître ses économies pour augmenter ses libéralités.

A la visite des pauvres, il joignait celle des malades. Il eut ainsi le bonheur d'assister aux derniers moments d'un de ses condisciples qui mourut en prédestiné. « Hier soir, écrivait-il le 18 janvier 1863, nous sommes allés avec deux Pères visiter Albert de Dainville qui est à l'agonie Il nous montrait le ciel, et nous a écrit, — car il ne pouvait plus parler, — qu'il nous souhaitait Saint-Cyr le plus tôt possible, et qu'il prierait pour que nous restions toujours de solides chrétiens, enfants dévoués de Marie et du pape. »

Profondément émotionné par ce consolant spectacle, il ajoutait de mélancoliques réflexions. « Ah! qu'il y en a bien qui voudraient être à sa place ! Enfin, à chacun son lot dans cette vie : les uns meurent avant d'avoir connu combien elle est amère, d'autres doivent gagner le paradis par de rudes travaux et une longue suite de malheurs. Que la volonté de Dieu soit faite et non la nôtre ! Seulement il est dur de penser qu'il faudra boire le calice jusqu'à la lie. » Déjà commençaient pour Alfred les préoccupations de l'avenir ; les grâces et l'enjouement de la jeunesse faisaient place peu à peu au calme et à la maturité de l'homme accompli ; parfois aussi il éprouvait des sentiments de tristesse, et son âme impressionnable en était vivement affectée. « Les beaux jours vont bientôt revenir, écrivait-il à sa mère le 1ᵉʳ février 1864. Hélas ! je voudrais bien aussi voir revenir ma gaîté naturelle qui s'en va chaque jour davantage à mesure qu'approchent les soucis, mais je travaille et je ne m'ennuie pas. »

A cette communication, Mᵐᵉ de Boisayrault remplie d'inquiétudes se rendit à Paris. Depuis quelque temps, les lettres d'Alfred, ordinairement si pleines d'expansion, devenaient toujours plus brèves. Le cœur de la mère avait deviné le cœur de son fils. Elle craignait quelque péril pour cette âme si pure, et elle accourait à son secours. « Je vous remercie, écrivait ensuite Alfred, de tout le mal que vous vous êtes donné pour moi. On le dit bien : le cœur d'une mère est un trésor que rien ne saurait remplacer ; mais enfin tout est pour le mieux. »

Quelques mois plus tard, à l'époque des six dimanches consacrés à honorer saint Louis de Gonzague, patron de la jeunesse chrétienne, Mme de Boisayrault, étant de nouveau venue voir son fils, l'engage à rester fidèle à cette dévotion ; Alfred ne répond rien. Sa mère insiste, mais inutilement, et le jeune homme détourne la conversation. Ses instances deviennent plus pressantes au moment du départ : « Mais, ma bonne mère, répond alors Alfred, je communie tous les dimanches, je n'ai qu'à continuer. »

Reçu le 24e à Saint-Cyr, Alfred entra à l'école militaire parce que telle était la volonté de ses parents qui voulaient pour lui une carrière honorable ; mais ses goûts l'entraînaient vers la solitude. Il aurait aimé à mener une vie calme et paisible au milieu de la campagne, chassant toute la journée et se reposant le soir par la lecture de quelque livre intéressant et utile. Le régime de Saint-Cyr n'avait pour lui aucun attrait. « C'est un rude purgatoire que nous passons ici, disait-il souvent; mais ceux qui sèment dans la tristesse recueilleront dans la joie. Je ne puis me faire à l'idée de livrer ma liberté à la merci du premier venu; je plie parce qu'il le faut, mais je proteste intérieurement. Je veux être un homme et non une chose. Enfin que la volonté de Dieu soit faite! Que Notre-Dame et la bonne sainte Anne me donnent force et courage! » Puis, se reportant par la pensée au temps heureux du collége : « Qu'il y a loin, s'écriait-il, de l'insouciance de l'enfant à la colère concentrée du conscrit de dix-neuf ans! »

A cet âge, on domine difficilement ses impressions malgré la meilleure volonté du monde; le caractère mobile et changeant n'obéit pas toujours à l'impulsion de la volonté; il faut une énergie extraordinaire pour ne pas subir le contre-coup de tout ce qui vous environne. Mais Alfred connaissait les inclinations de sa nature et cherchait à les vaincre. Voulant calmer les inquiétudes de sa mère qui l'avait un jour trouvé dans un violent état d'agitation : « Vous savez bien, lui disait-il, qu'avec moi il suffit d'attendre. Vous m'avez vu par un temps de brouillard et j'étais sombre; aujourd'hui il y a du soleil et je suis très-content.... Sans doute, je pourrais agir avec plus de goût, mais le cœur n'y est pas ; avec plus de nerf, mais l'âme est absente. Enfin que la volonté de Dieu soit faite ! » Et cette parole de résignation chrétienne se retrouve dans presque toutes ses lettres.

L'esprit de foi, profondément enraciné dans son cœur par l'éducation religieuse de la famille et du collége, voilà ce qui soutint Alfred au milieu des difficultés suscitées par sa nature impressionnable, et des mauvais exemples qu'il avait souvent sous les yeux. « Alfred est toujours le même, disait avec vérité un de ses anciens professeurs pendant les vacances de 1865 : bon cœur, franchise et loyauté, élévation de sentiments, tout est intact. » Et le jeune Saint-Cyrien racontait avec simplicité comment, en maintes circonstances, il avait foulé aux pieds le respect humain. Du reste, il imposait à tous par la fierté de son regard et la noblesse de son attitude.

Un jour plusieurs anciens avaient entrepris de faire subir aux nouveaux une brimade de mauvais goût; quand vint le tour d'Alfred : « Messieurs, dit-il, un militaire est un homme d'honneur, et je tiens trop à votre estime pour me prêter à un caprice ridicule et inconvenant qui me ferait passer à vos yeux pour un lâche. » La leçon fut comprise et l'on n'insista pas. Toujours le jeune Saint-Cyrien sut maintenir ses droits avec dignité. « Avec mes camarades, écrivait-il à son père le 9 juillet 1865, cela va bien maintenant. J'ai montré de la fermeté, et, depuis ce temps-là, c'est à qui sera le plus aimable à mon égard. »

Une autre fois, le mardi gras, un déjeûner avait été commandé au bois de Boulogne. Alfred fut invité à s'y rendre avec plusieurs de ses amis. Ceux-ci sans défiance acceptèrent, malgré les efforts d'Alfred pour les détourner de cette réunion, car il soupçonnait un piége ; le lendemain, en effet, il apprit ce qui s'était passé ; mais ses amis avaient eu le courage de se retirer à temps pour passer honnêtement le reste de la journée : « Comme tu as bien fait de ne pas venir, lui disait l'un d'eux, il est si difficile de se dégager ! » Soutenus par Alfred, ils repoussèrent vigoureusement les sarcasmes dont on essaya de les accabler ; bientôt on les entoura de respect, car ils n'avaient pas rougi de se montrer chrétiens.

Pour retremper ses forces afin de triompher des tentations sans cesse renaissantes sous ses pas, Alfred avait recours à la prière, surtout à la sainte communion. « Dimanche dernier, écrivait-il de Saint-Cyr le 17 février 1865, j'ai demandé une messe à Notre-Dame-des-Victoires, pour le succès dans mes études et pour que je ne me décourage pas.

J'ai pu communier hier à l'infirmerie, et cela m'est un grand bonheur. — J'ai pu communier jeudi dernier, écrivait-il encore le 17 mars, et on ne s'en est pas plus aperçu que les autres fois. » Ce n'est pas qu'Alfred craignît de se montrer chrétien au grand jour, car nul ne manifestait plus haut que lui ses opinions. Son père le connaissait bien, lorsqu'il lui donnait ces sages conseils. « Je n'ai pas besoin de te recommander la solidité des principes, tu la possèdes, mais la vie pratique. Sans jamais faire l'apôtre, tu peux l'être d'une certaine manière par le seul exemple d'une vie sereine et toujours inaltérée. Conserve donc cette précieuse qualité de l'honnêteté ; mais sois aussi obéissant, ce qui est la vertu réelle de l'homme. »

Dès les premiers temps de son entrée à Saint-Cyr, Alfred avait éprouvé un grand regret de ne pouvoir plus continuer la lecture que chaque jour il avait coutume de faire dans l'*Imitation*. Son âme avait besoin de cet aliment spirituel ; la nécessité lui suggéra une industrie dont personne ne s'aperçut. Tous les huit jours il recevait une lettre de sa mère. Eh bien ! se dit-il à lui-même, pourquoi la quatrième page ne serait-elle pas consacrée à transcrire un chapitre de l'*Imitation?* L'heureuse idée du jeune homme fut acceptée avec joie ; et Alfred, sous prétexte de lire ou de relire sa correspondance, pouvait partout, à l'étude et en récréation, chercher une consolation, un encouragement dans quelques extraits de ce livre d'or qu'on dirait tombé du ciel.

Dans une de ses visites du dimanche à la rue des Postes, Alfred, quittant un Père pour entrer à la chapelle, lui dit : « J'ai mon rosaire à réciter. — Votre rosaire! Vous voulez dire votre chapelet! — Non, répondit vivement le jeune Saint-Cyrien ; je n'ai pas manqué une seule fois depuis quatre ans de réciter chaque jour mon rosaire. Je n'ai pas été élevé chez les jésuites depuis sept ans, ajouta-t-il en plaisantant, pour ignorer la différence entre un rosaire et un chapelet. »

En restant fidèle à ses pratiques religieuses, Alfred ne se trouvait point isolé. Si parmi ses camarades de collége plusieurs s'étaient laissés entraîner au mal, sans avoir la force de résister à la fougue de leurs passions, d'autres au contraire marchaient à ses côtés dans la voie du bien, et ces dignes amis se soutenaient pour ne pas tomber sur une pente glissante. Il rencontra surtout un jeune camarade de promotion qui mourut à la fleur de l'âge, presque à sa sortie de Saint-Cyr. Richard, cet ami intime, partageait son désir de rester vertueux et pur.

Cette sainte amitié fut l'un des moyens ménagés

par la divine Providence, pour aider la bonne volonté d'Alfred et le préserver de quelque chute ou de quelque faux pas. Un jour entre autres, exaspéré par les vexations continuelles d'un camarade, il allait en venir aux voies de fait, car sa patience était à bout ; mais il comprima sa colère, grâce aux bons conseils et à l'influence de Richard. « Il m'a rendu un vrai service d'ami, écrivait Alfred à son père le 24 juin 1865, en m'empêchant de frapper un de mes camarades à la figure, et par conséquent d'avoir un duel. Je vous conterai cela plus en détail de vive voix. Avec deux jours de patience, il m'a fait obtenir un meilleur résultat que celui produit par un coup d'épée. »

Aussi, quand vint le moment de choisir un régiment, les deux amis résolurent de ne point se séparer, afin de pouvoir s'entr'aider au milieu des périls des garnisons. Ils espéraient avec raison que les inconvénients d'une telle vie seraient bien diminués, s'il leur était donné de la partager tout entière, se communiquant toutes leurs impressions, décidés à se soutenir mutuellement et à se relever au besoin.

« On va bientôt demander les régiments, écrivait Alfred à son père le 26 juin 1866, nous n'avons plus guère d'espoir que dans le 5ᵉ régiment de lanciers. Il s'agit de trouver, parmi les anciens sous-officiers, un permutant à n'importe quel prix. Ne reculez pas devant la dépense, car c'est une affaire capitale. Je me réduirai, s'il le faut, au strict nécessaire pendant les vacances prochaines, je ne ferai pas le voyage d'Ecosse projeté, et je vendrai mon cheval avant d'aller au régiment. S'il y a des sacrifices à faire, je veux les supporter moi-même. Si l'officier demandait une somme trop forte, je vous prierais de m'avancer deux ou trois années de ma pension, et je vivrai avec un seul cheval sur ma solde de sous-lieutenant.

« Que Dieu vous conduise, et que cette négociation arrive à bonne fin ! La corruption est maintenant trop grande partout, pour que je veuille m'enfoncer seul dans ce cloaque, ou bien y laisser aller seul mon meilleur ami. Pour moi comme pour lui, l'esprit est prompt et la chair est faible. Tel est tombé dans le désert, qui avait résisté aux délices de Rome et bravé les sarcasmes des tyrans. Nous ne voulons point quitter la voie étroite pour marcher dans le chemin plus large et semé de roses, qui conduit à la dégradation par la débauche, le jeu et l'ivresse. En face de telles considérations, les intérêts matériels ne sont rien ; à quoi nous serviraient nos épaulettes, si nous venions à perdre notre âme ?

« Partez donc, je vous en prie, et Notre-Dame

vous aidera ; car nous voulons nous montrer les dignes fils de nos pères, et plutôt mourir que nous souiller. »

A cette lettre remplie de si nobles sentiments, Richard ajouta sous le même pli quelques lignes non moins belles qui nous montrent toute la pureté de son âme, toute la générosité de son cœur. Comme ces deux jeunes gens si vertueux étaient bien faits pour vivre ensemble dans une chrétienne amitié !

« Monsieur, connaissant votre bienveillance pour la jeunesse, je suis persuadé que vous comprendrez parfaitement les raisons exposées par Alfred, et que vous voudrez bien me pardonner mon indiscrétion. C'est dans cette conviction que j'ose vous écrire.

« A la vue des dangers qui nous entourent, je suis un peu effrayé, et le meilleur moyen de les éviter est, je crois, de nous réunir pour nous entr'aider. La route est périlleuse, et souvent l'on a besoin de la main d'un ami pour se soutenir. Voilà ce qui nous engage à entrer tous deux dans le même régiment. Nous avons en vue le 5e de lanciers, mais il nous manque quelques renseignements... Comptez, Monsieur, sur ma reconnaissance, etc. »

M. de Boisayrault, ancien officier, connaissait toute l'importance de faire un bon choix, et il n'avait pas attendu la demande de son fils, appuyée par Richard, pour s'enquérir auprès de ses amis de la composition des régiments. Déjà il se préparait à partir pour Poitiers, où se trouvait alors le 5ᵉ de lanciers, lorsqu'il reçut, le 29 juin, une nouvelle lettre d'Alfred.

« Nous demandons nos régiments dans la dernière semaine de juillet, disait-il à son père ; je vous en prie, au nom de votre tendresse, hâtez-vous et ne ménagez rien. Malheureusement le 5ᵉ de lanciers auquel nous avions songé d'abord ne nous convient plus, car un ami commun le demande et nous ne pouvons lui enlever ce régiment.

« Ce serait déloyal, puisqu'il nous a confié ses projets et que nous n'avons confié les nôtres à personne. L'important aujourd'hui, c'est de se hâter et de ne rien négliger. Il n'y a plus que trois semaines.

« Dans ma dernière lettre, ajoutait-il, ce n'est pas de la gloire mondaine que je parlais au nom de nous deux, mais de la gloire céleste où nous aspirons après les combats de cette vie et où nous espérons être réunis. Ne craignez pas que je me décourage, à la vue des dangers réels au milieu desquels nous allons être jetés ; mais nous croyons de notre devoir de continuer à nous soutenir, comme nous l'avons fait jusqu'à présent, contre les attaques directes ou indirectes des méchants ; et nous voulons prendre nos précautions pour ne pas nous conduire d'après le jugement des hommes qui n'est rien, mais sous l'œil de Dieu qui sonde les reins et les cœurs. »

Des circonstances indépendantes de la volonté des deux amis et de leurs familles ne permirent pas à Alfred et à Richard de choisir le même régiment. « Si nous ne pouvons nous réunir maintenant, écrivit Alfred, nous nous retrouverons plus tard, dussé-je sacrifier mon ancienneté. Car enfin, je ne saurais recouvrer mon innocence, si je viens à la perdre; mais l'ancienneté, je saurai la compenser au jour du sabre. » — « Oh! oui, je compte sur toi, répondit Richard, car deux vrais amis peuvent marcher longtemps sans tomber ; quand l'un chancelle, l'autre le soutient. »

Alfred, on le voit, avait bien raison, quand il disait en parlant de son ami : « A mesure que je pénètre le fond de son cœur, j'y découvre des trésors que je n'avais pas soupçonnés d'abord. L'enfant se fait homme et ce sera un fier homme plus tard. » Hélas! un an après, Dieu, dans ses desseins de miséricorde, avait rappelé Richard à lui.

« Je vis presque toujours seul, écrivait Alfred le 22 juin 1867, à la mère de son jeune ami en apprenant sa mort, et je me suis bien souvent surpris à pleurer en songeant à mon pauvre Richard! Mais, en l'enlevant du milieu de nous, Dieu lui a sans doute épargné bien des déceptions et des peines, que la fermeté de ses principes et la droiture de son cœur lui auraient fait sentir amèrement. Il a reçu, dès le début, la récompense que nous devrons, nous autres, gagner par une lutte incessante. Encore, si nous étions sûrs de sortir victorieux! Je vous assure, madame, et vous me comprendrez, qu'il y a des moments où je lui porte envie. Ne vaut-il pas mieux avoir quitté cette terre comme lui, dans la fleur de son innocence, et ne plus avoir à craindre les souillures qu'on rencontre à chaque pas? Mais l'homme propose et Dieu dispose. Nous sommes tous obligés de nous soumettre, et c'est la seule manière d'être heureux. »

A sa sortie de Saint-Cyr, Alfred entreprit, sous la conduite d'un ami plus âgé que lui, un pittoresque voyage en Ecosse, afin d'employer utilement les loisirs des vacances. « Pour la première fois depuis mon départ d'Edimbourg, écrivait-il à son père le 1er septembre 1866, je trouve un endroit pour reposer ma tête et vous écrire. Nous venons de faire le plus fantastique voyage que des jeunes gens puissent imaginer, couchant aujourd'hui dans un village, demain dans un autre. Nous avons visité Dundee, Aberdeen, Inverness, Fort William, Oban, Stirling.

Dans un petit village appartenant au duc d'Athole, il y avait des jeux qui nous ont beaucoup amusés. Le costume des highlanders est on ne peut plus curieux; mais comme tous les gentlemen le portent, il est impossible de distinguer le paysan du seigneur. De Glascow nous passerons en Irlande pour voir Belfast, Limerick, Cork, Dublin et Killerney. »

Après six semaines de courses aventureuses, Alfred revint au château de Boisayrault jouir quelques mois de la douce vie de famille qu'il aimait tant, pour aller ensuite en Afrique rejoindre le 3ᵉ de chasseurs. La première visite du jeune officier à Marseille fut au sanctuaire de Notre-Dame de la Garde, sous la protection de laquelle il plaça sa nouvelle carrière. « J'espère, dit-il à son père qui l'avait accompagné jusqu'à l'embarcadère, que, si l'occasion se présente, vous n'aurez point à rougir de moi. » — « Il me semble, raconte M. de Boisayrault, le voir encore mettre le pied sur le navire où se trouvaient réunis beaucoup de soldats en partance pour l'Afrique, se promener à l'aise et sans fierté au milieu de tous ces inconnus, et foudroyer d'un regard dédaigneux un vieux sergent qui paraissait sourire en considérant ce beau et grand jeune homme à la figure si jeune et si candide. »

A peine débarqué sur la rive Africaine, Alfred s'empresse d'écrire à son père le 8 janvier 1867.

Déjà il avait été présenté aux officiers de son régiment et aux autorités civiles. Tout semble lui sourire et saluer sa bienvenue ; il se félicite de pouvoir enfin mener la vraie vie militaire. « Tous mes camarades ont été charmants pour moi. Le colonel est si bon, qu'il n'y a qu'une voix au régiment pour le dire. C'est véritablement un saint ; on peut le voir tous les matins à la messe de cinq heures et demie ; on dirait un vieux chevalier du moyen âge. J'ai commencé mon service hier, et je monte ma semaine comme le plus vieux troupier. Je suis content. » Il avait retrouvé plusieurs de ses amis de collége ou de Saint-Cyr, et souvent ils se réunissaient dans de joyeuses et agréables soirées.

Une de ses premières visites à Constantine avait été pour les PP. de la compagnie de Jésus, car Alfred était bien décidé à ne pas dévier de la ligne de conduite qu'il avait suivie jusqu'alors. Il savait que dans la vie de garnison il allait avoir à lutter contre un double obstacle, les entraînements de l'exemple et les ennuis du *far niente*. Aussi, pour éviter ce double écueil, s'occupe-t-il d'abord de diviser son temps entre la chasse et le travail. « J'ai acheté des livres et de la musique, dit-il à sa mère, et j'espère qu'entre les bécasses et l'étude, mon temps sera utilement employé, soit à fortifier le corps, soit à déve lopper l'esprit. — Comme vous me le recommandez, dit-il à son père, je prendrai des notes sur les pays que je vais traverser. » Et il tint parole.

« La semaine prochaine, écrivait-il le 5 février 1867, je vais composer, à l'usage de René Kerviler, un mémoire sur les curiosités de ce pays-ci. On voit des ruines romaines jusqu'à cent lieues au-dessous de Biskra. Les minéraux et les médailles abondent. Moi, je ne m'y connais pas assez pour m'occuper de cela sérieusement ; mais lui qui s'y connaît si bien, quelles découvertes précieuses ne ferait-il pas s'il était à ma place ? » Un an après, Alfred n'avait rien changé à ses habitudes de régularité. « Je passe des journées et des soirées entières à travailler, écrivait-il le 28 janvier 1868. Je traduis du Shakespeare et je transpose de la musique ; cela m'occupe beaucoup; mes livres me sont une grande ressource. Je lis à la fois Virgile, Milton et un auteur français. Je varie mes lectures, connaissant le proverbe : *l'ennui naquit un jour de l'uniformité.* Je trouve un grand charme à la *Vie dévote* de saint François de Sales. C'est un des ouvrages les mieux faits que je connaisse. En conservant ainsi ma solitude chérie, j'espère aussi ménager ma jeunesse. A Batna, où j'espère aller le plus tôt possible, ce sera la chasse au chien courant. »

Partait-il pour un campement éloigné, jamais il ne se séparait de ses auteurs de prédilection.

« Je vais emporter presque tous mes livres à Géryville, disait-il un jour. J'en serai quitte pour une quarantaine de francs; mais j'aime mieux cela que de n'avoir rien à faire pendant six mois, d'autant plus qu'il fait très-mauvais là-bas, et qu'on peut difficilement sortir. Qu'il vente, qu'il pleuve, je travaille et ne m'ennuie pas du tout! Je n'ai pas encore reçu les poésies de Walter Scott; j'espère que je les aurai avant mon départ. Elles ont un charme qui peut faire oublier le mauvais temps. » En faisant de son travail une récréation intellectuelle, Alfred savait aussi l'utiliser au profit des autres. « Nous avons ici, disait-il, un sous-officier qui s'est présenté à Saint-Cyr à l'extrême limite et n'a pas réussi, quoiqu'il eût fait d'excellentes études; je vais tâcher de le préparer à ses examens; mais ce sera bien difficile, car les ressources ne sont pas grandes. »

Au mois de mars 1867, il eut à subir une rude épreuve dont l'impression ne s'effaça que longtemps après. Le 4e chasseurs d'Afrique avait été licencié sous prétexte d'économie, au retour de la guerre d'Italie, malgré la charge héroïque de Solférino. On allait le reconstituer sous les ordres du colonel de Nansachy; Alfred fut désigné pour en faire partie. On ne peut dire quels vifs regrets il éprouva, lorsqu'il lui fallut quitter ses chefs et ses camarades du 3e, dont il avait tant de fois apprécié la bienveillance et l'amitié. Mais, comme toujours, il se soumit à la volonté du ciel.

« L'homme propose et Dieu dispose, écrivit-il à son père le 23 mars 1867. Impossible d'être tranquille ici-bas. J'étais heureux au 3e, et voilà que, malgré les protestations du colonel, je reçois ma nomination au 4e régiment qui se forme à Mostaganem; et de plus, on me donne, à moi seul, cent chevaux et deux cents hommes à conduire. Pendant cinquante jours de marche à travers les provinces de Constantine, d'Alger et d'Oran, je remplirai les fonctions de capitaine commandant. C'est une rude corvée qui me procure un beau voyage; en deux mois, j'aurai vu toute l'Algérie. »

M. de Montarby, colonel du 3e de chasseurs, aimait beaucoup le jeune sous-lieutenant qu'il traitait comme son enfant. « Je suis désolé, écrit-il à M. de Boisayrault son ami, de voir partir votre fils, si bon, et que j'étais heureux d'avoir auprès de moi, pour l'habituer à allier ensemble la pratique de la religion et celle du métier. Vous pouvez lui donner ses semestres en entier, il n'en abusera pas; c'est la sagesse et la raison même. Dieu veuille que mon fils lui ressemble! — Adieu, Monsieur et vieil ami, recevez encore une fois l'expression de tous mes regrets. Je m'étais cordialement attaché à Alfred, non seulement par affection pour vous, mais aussi pour lui-même, et il m'est pénible de le voir partir malgré mes efforts pour le conserver. »

Alfred, du reste, répondait à tant de bontés et d'affection par une conduite exemplaire et une grande régularité dans le service. « M. de Montarby, disait-il au commencement de mars, m'a fait admettre dans la conférence de Saint-Vincent-de-Paul, sans passer par le stage ordinaire, et nous visitons les pauvres ensemble. » Jaloux de l'honneur de son régiment, Alfred s'appliquait avec soin à tous les détails de la discipline militaire. Avant de partir avec son détachement, il rendit compte à son colonel des dispositions arrêtées pour le voyage. L'honneur de commander un fort détachement ne compensait point à ses yeux la responsabilité qui allait peser sur lui. « Puisque telle est la volonté d'en-haut, lui dit-il, il ne me reste plus qu'à bien m'acquitter de la mission qui m'a été confiée. » Puis il entre dans les plus petits détails concernant les effets de route, la solde du service, etc... « J'espère, ajoutait-il, que, Dieu aidant, on n'aura pas de reproches à me faire, et que je pourrai montrer un détachement digne de l'excellente réputation du 3ᵉ de chasseurs. »

L'heureuse composition du corps d'officiers aurait promptement attaché Alfred à son nouveau régiment, si le séjour dans certaines garnisons ne l'avait éloigné de toutes ressources morales et religieuses. Son âme si chrétienne ne pouvait supporter la désolante perspective d'être longtemps privée de ce qui était sa force et sa joie. Sous l'empire de cette préoccupation, la vie d'Afrique commence à lui peser, et des pensées de tristesse s'emparent de son esprit. C'était une épreuve, que Dieu permit sans doute, afin d'affermir de plus en plus sa volonté dans le bien, et de le dégager de tout attachement à la terre. Le jeune homme ne chancela pas un moment. Ferme dans sa résignation chrétienne, il sortit victorieux de la lutte, et préparé au sacrifice que Dieu allait bientôt lui demander.

Déjà vers la fin de février 1867, lorsqu'il était encore à Constantine, on l'avait entendu exprimer quelques regrets en songeant au passé. « Malgré la splendeur du ciel et la verdure des campagnes, disait-il, je ne puis oublier l'Écosse, et je préfère son ciel brumeux et ses montagnes arides. » Mais la plaine sablonneuse de Mostaganem, alors ravagée par les sauterelles, lui dessèche le cœur : « Où sont donc, s'écriait-il, au mois de juin, et les beaux arbres de France, et les vastes parcs d'Angleterre, et les prairies de la verte Irlande ? » — « Oh ! que je donnerais volontiers, disait-il encore au mois de juillet, un an de vie sous ce ciel éternellement bleu, sur ce sol aride, sans eau et sans arbre, pour un jour de brouillard de la vieille Angleterre ! Qu'il y a loin des flots capricieux de la Méditerranée aux majestueuses colères de l'Océan. »

Il ne sera pas, croyons-nous, sans intérêt et sans utilité, de sonder intimement le cœur d'Afred à cette époque critique de sa vie. La noblesse de sentiments, qui lui fit surmonter les périls dont il était environné, doit gagner à sa cause la sympathie des lecteurs, et beaucoup de jeunes gens pourront trouver dans sa conduite un exemple à imiter au milieu de situations souvent pénibles pour des âmes chrétiennes. Nous n'avons qu'à le laisser parler, en citant sa correspondance.

3 *juin* 1867. « Autant j'étais heureux au 3ᵉ régiment, parce que je me trouvais à portée des ressources religieuses et de société, autant je suis à plaindre ici. Aussitôt après l'inspection générale, j'irai à Oran pour faire mes Pâques. Le mauvais côté de l'Afrique, c'est donc pour moi l'absence des ressources amicales et religieuses ; le beau côté,

celui qui me plaît, c'est la vie sous la tente et les expéditions qu'on peut faire d'un jour à l'autre. L'imagination d'un jeune homme ne saurait rien rêver de plus poétique, et je trouve un charme infini à changer chaque jour de site, de paysage; mais, en somme, c'est une vie un peu sauvage, qui ne doit pas durer longtemps. Ma volonté a toujours été de me marier jeune et de parvenir à ce moment exempt des taches de la jeunesse; ce qui grâce à Dieu m'est arrivé jusqu'à présent.

« Le régiment est composé d'une manière charmante, mais le pays est tellement corrompu, que je crains de ne pouvoir résister à la contagion. A force de voir des actions qui se cachent en France, et qui se font ici en plein soleil, le sens moral s'émousse; on commence d'abord par ne plus y prendre garde, puis on les considère comme quelque chose de tout simple; peu à peu le cœur se dessèche en présence de cette nature ingrate; sous ce ciel dévorant, où l'on ne peut goûter aucune jouissance permise, pas même l'ombre et l'eau, on finit par se désaltérer à des sources impures; et alors rien n'est capable de vous arrêter, ni la foi, dont on a étouffé les cris, ni la crainte du scandale public, puisqu'il n'existe pas. »

9 *juillet* 1867. « Grâce à une permission de quatre jours, je suis parti le samedi soir, et j'ai passé

le dimanche et le lundi à Oran pour y faire mes Pâques ; ce qui m'a été d'une grande consolation. En venant en Afrique, j'ai cédé malheureusement à une curiosité extraordinaire, qu'avait excitée mon voyage en Écosse ; et me voilà pour longtemps peut-être attaché au boulet, en menant une vie contraire à mes goûts de solitude et de calme, loin de mon pays et ne connaissant personne. Il faut rester à l'écart pour ne pas être entraîné dans la corruption étrange qui règne en ce pays, et enveloppe à la fois Européens et Arabes. Le climat y porte, le respect humain ne retient personne, et l'inaction forcée à laquelle on est soumis suscite de bien mauvaises idées.

« Je passe donc les plus belles années de ma jeunesse dans l'ennui le plus profond. J'ai la tête trop ardente pour rester ainsi sans rien faire. Je voudrais m'occuper, apprendre, et cette soif de connaître et de voir me fait autant de mal que le reste. Pourquoi donc ai-je sacrifié mes goûts si bien connus? Pourquoi donc ai-je quitté mes bois et ma verdure, où libre je vivais heureux, sans rien devoir à personne, et pouvant accomplir mes devoirs de religion et faire du bien autour de moi? Je sens que je souffre. Qui me rendra au pays où je suis né? Qui me rendra ma jeunesse, et mon cœur d'autrefois, et mon ancienne gaîté? Quand le pays aura besoin de moi, il me trouvera le sac au dos et je partirai. Si le pape a besoin plus tard d'un coup de main, je me ferai zouave; mais aujourd'hui, je réclame ma liberté; c'est si beau d'avoir vingt-deux ans! N'a-t-on pas besoin de quelqu'un pour égayer la maison?

« Et pourquoi me priverais-je plus longtemps d'une liberté dont je n'ai jamais abusé? Si l'on vivait deux fois, l'on pourrait faire des calculs, mais on ne vit qu'une fois. Pendant qu'ici mon action individuelle est supprimée, mes amis s'occupent en France des pauvres et des bonnes œuvres. Quant à moi, je cherche un endroit écarté, *où d'être homme d'honneur on ait la liberté.*

16 *juillet.* « Ma dernière lettre d'Oran était peu raisonnée, parce que le courrier partait quand je me trouvais dans mes noirs; mais le fond était bien conforme à ma pensée intime. » — Alfred expose de nouveau les motifs de son ennui, les causes de ses dégoûts. « On peut un jour, dit-il, risquer sa vie pour une noble cause, lorsqu'on espère qu'il vous en sera tenu compte dans l'autre monde; mais, faire le *condottiere* à deux cent huit francs par mois, quand on doit combattre dans des guerres aussi justes que celles d'Italie et du Mexique, c'est contraire à mes principes. Mgr Pie l'a bien dit dans son oraison funèbre des martyrs de Castelfidardo : *les officiers,*

comme les autres, sont responsables de leurs actes. »
Puis il termine : « Cette lettre n'est pas le résultat du découragement, mais le fruit de mûres réflexions, l'expression de ma loyale et ferme volonté. »

25 *juillet* 1867. Je l'ai déjà dit : Il me faut une amitié; j'ai besoin de mes bois; mais il y a la Méditerranée entre la France et moi. Cela ne m'empêche pas de me bien conduire, et de faire mon service comme il faut; je le continuerai jusqu'au dernier jour, et l'on n'aura rien à me reprocher. Souffrir pour souffrir et sans but, c'est dur; n'avoir personne à qui ouvrir son cœur, c'est plus dur encore. Je viens de lire le *Récit d'une sœur*. Quelle différence entre la vie que je mène et cette vie chrétienne d'amour et d'affection, de chagrins aussi et de voyages! Le foyer domestique, voilà bien la vraie vie, et plus on commence tôt, mieux ça vaut. Le bonheur consiste dans l'observation de tous les devoirs de l'honnête homme et du citoyen, et non pas dans une course insensée après la fortune, les honneurs ou la gloire. Il me faut une amitié, j'ai besoin de mes bois; mais il y a la Méditerranée entre la France et moi! »

Une pensée de foi soutenait Alfred au milieu des difficultés qu'il rencontrait à chaque pas : la résignation chrétienne. « Avant tout, disait-il à ses parents, je ne veux pas vous désobéir; je commence à comprendre que l'homme s'agite et que Dieu le mène. » Il songeait aussi aux services que sa formation militaire lui permettrait un jour de rendre à la cause de l'Église, et ce sentiment d'un cœur chrétien ranimait son courage : « Volontiers, disait-il, j'engagerais ma liberté pour le pape. » Longtemps il chercha les moyens de réaliser son projet; il préférait les zouaves à la légion romaine, parce que le dévouement trouvait moins d'entraves dans ce corps soustrait aux influences du gouvernement français. Peu lui importait de servir comme officier ou comme soldat, de porter l'épée ou le fusil; ce qui lui coûtait le plus, c'était de quitter la cavalerie. « Toutefois, écrivait-il à sa mère le 3 juin 1867, je ferai de grand cœur ce sacrifice pour obéir à ma conscience, le jour où vous me direz qu'il y a un service réel à rendre à la sainte Église catholique, qui pour moi passe avant tout intérêt personnel de famille ou d'agrément. »

Quelques mois après, les événements s'étaient précipités. Les États du Saint-Père, évacués par les troupes françaises d'après les termes de la convention du 15 septembre, allaient devenir la proie de l'avidité insatiable du roi de Piémont. Déjà les bandes indisciplinées de Garibaldi, se massant sur les frontières, n'attendaient plus que le signal de la révolution couronnée, pour envahir le territoire Pontifical. C'était le moment d'accourir au secours du souverain Pontife ; René, frère aîné d'Alfred, le comprit.

Attaché à la personne de Pie IX, il était revenu dans sa famille réparer une santé affaiblie par le climat de Rome; mais, à la première nouvelle du péril, il écrit aussitôt à Mgr Pacca, pour se mettre à sa disposition : « En présence des graves événements qui se préparent, je crois de mon devoir de me rendre au Vatican, afin d'être utile au Saint-Père, si je puis. » Et il se rendit où l'appelaient le devoir et l'honneur.

Alfred, alors campé devant les gorges de Geryville, apprit par les journaux l'arrivée de son frère à Rome. « Que se passe-t-il donc là-bas? s'écrie-t-il. L'insolence des Italiens mériterait bien qu'on rayât leur royaume de la carte d'Europe. » Il comprend lui aussi que c'est le moment d'agir; mais enchaîné par la discipline, il ne peut que supplier son père de faire demander sa permutation au ministre par le cardinal Antonelli. « J'espère, dit-il, le 18 octobre, que mon frère s'y emploiera tout entier. Je rage d'être ici à ne rien faire, tandis qu'on pourrait être utile chez le pape, la seule cause pour laquelle je voudrais servir, et qu'il est peut-être trop tard pour défendre. » — « La situation se tend de plus en plus, écrit-il à sa mère le 8 novembre. Priez bien pour que toutes nos démarches réussissent. A la vue de tous les dévouements dont nous sommes témoins, je serais inconsolable de n'avoir pu contribuer au soutien de l'Église; car, vous le savez, c'est là depuis longtemps mon seul désir. »

Alfred dut se résigner à entendre raconter les exploits de ses anciens camarades de collége, à la bataille de Mentana et dans les combats qui précédèrent cette journée décisive. « Que la volonté du bon Dieu soit faite, s'écrie-t-il; mais ma détermination est bien arrêtée. J'ai horreur d'être au service de *telle* idée, et d'être appelé peut-être à sacrifier ma vie contre mes opinions dans ce monde, et sans aucune utilité pour le ciel. A Rome, du moins, on sait pourquoi on se bat et on meurt, et voilà pourquoi je veux y aller. »

Ne pouvant pas obtenir ce qu'il souhaitait, Alfred espérait cependant avoir le bonheur de visiter la ville de Rome, et de retremper son âme à la source vive du catholicisme; mais cette consolation si douce lui fut encore refusée. Sur les entrefaites son frère tomba malade et demanda à le voir. Le jeune sous-lieutenant se présente chez le général pour lui exposer sa requête. « Je sais que vous êtes un homme d'honneur, lui dit celui-ci; je ne puis m'engager à vous obtenir une permission que si votre frère est en danger de mort. — Mon général, répondit le loyal officier, mon frère est souffrant, mais non en danger de mort; par conséquent je retire ma demande. »

Les deux années suivantes furent interrompues par un congé de convalescence, après une attaque de choléra à Géryville; mais au sein même de sa famille, Alfred commençait à regretter l'Afrique. « Je crois, disait-il avec beaucoup de vérité, qu'il y a des moments où l'on est heureux partout, et d'autres où on ne l'est nulle part. » Le 25 janvier 1869, il était de nouveau agenouillé avec son frère aux pieds de N.-D. de la Garde à Marseille. C'est de là qu'ils partirent pour retourner l'un à Rome et l'autre en Afrique.

Par suite de diverses circonstances qui améliorèrent singulièrement la situation d'Alfred, le jeune officier vit cesser ses ennuis et commença à trouver moins désagréable une vie qui lui avait d'abord paru insupportable. D'El-Haçaïba, il écrit à son père le 22 février 1869 :« Nous sommes ici depuis huit jours. Le pays est magnifique et aujourd'hui couvert de neige; l'eau abonde et les bois des environs promettent de belles chasses. Je me trouve très-heureux, nous sommes tous gais comme des pinsons, excepté un nouveau camarade qui a le mal du pays et qui s'ennuie beaucoup. Tout le monde, à ce qu'il paraît, doit passer par cette période; je n'ai pas encore vu d'exceptions. Mais, quand c'est fini, c'est c'est bien fini, et on arrive à comprendre les avantages immenses de notre vie militaire, sur celle des autres officiers de l'armée française. » Dans les lettres suivantes, il continue de manifester sa joie et son contentement.

Sidi-Bel-Abbès, 12 avril 1869. « Je me plais au milieu de cette vie de campements; c'est la plus belle vie qu'on puisse mener, quand on a comme moi des camarades d'escadron charmants. Je suis acclimaté et je me porte bien. J'ai retrouvé au 1er et au 2e de chasseurs des condisciples de la rue des Postes, en sorte que je suis en plein pays de connaissances; et je préfère ma pauvre tente aux plus riches palais. J'aime mieux rester ici avec de bons amis, une position charmante, une santé de fer, que d'aller traîner mon sabre sur les boulevards. »

Mascara, 6 juillet 1869. « Notre nouveau colonel, M. de Quélen, avait déjà trouvé le moyen, avant de nous rejoindre, d'accorder aux officiers plusieurs choses qui nous ont fait beaucoup de plaisir. Il tient à ce que tout le monde soit heureux. Quant à moi, je le suis; et, depuis mon année de rhétorique, je ne crois pas l'avoir été autant. »

Alfred aimait la variété de cette vie partagée entre la chasse, l'étude, la prière et la charité. En route, il avait soin de ses soldats et ne ménageait rien pour leur épargner les fatigues; son dévouement le transformait en infirmier auprès des malades. « Nous avons été saisis, écrivait-il, par un froid intense; Edouard, dont la santé est délicate, a beaucoup souffert; j'ai pu rester pour le soigner, et il s'est complétement rétabli. » « Mes livres me suivent partout, disait-il une autre fois, car le soir je travaille, et j'éprouve un sensible plaisir à passer des lectures sérieuses aux légères, de de Maistre à Walter Scott. » Un jour, il abattit un aigle d'une envergure extraordinaire, et il l'envoya, comme souvenir de ses chasses, à son père : « Vous jugerez par vous-mêmes du roi des airs; mais l'œil n'y est plus, et il n'y a pas de diamant qui lui soit comparable en limpidité. » Il racontait en même temps comment il maniait lui-même la truelle, pour construire sa maison dans le désert. Puis, annonçant à sa mère qu'il avait vu les Pères de la Compagnie de Jésus : « J'ai fait mes Pâques dimanche dernier, ajoutait-il, et j'ai bien prié pour vous tous. Je serai malheureusement en route le dimanche de Pâques;

voilà déjà deux ans de suite que m'arrive pareille mésaventure. »

Au mois d'octobre 1869, Alfred se rendit à l'école de cavalerie de Saumur. Le 21, il écrivit à sa mère : « Le travail a commencé lundi, je le trouve supportable bien qu'assez dur. Nous formerons une petite pension composée presque exclusivement d'anciens élèves de Vannes et de la rue des Postes. Tous sont très-raisonnables. Nous sommes dix, et c'est suffisant pour être bien. »

La vie assujettissante de l'Ecole était pénible, pour lui surtout qui détestait les grandes réunions et aimait tant la solitude et la liberté. Bien que rapproché de sa famille, il soupirait après le retour en Afrique. « J'ai soif, écrivait-il à son frère, de mon ciel bleu et de mes montagnes rouges, et j'attends avec grande impatience, le moment où je pourrai recommencer mes chasses d'outre-mer. » Mais quels ne furent pas ses regrets lorsqu'il connut les résultats de l'expédition à laquelle avait pris part son régiment !

« J'ai deux nouvelles à vous apprendre, écrivait-il à sa mère le 7 mai 1870, l'une glorieuse et l'autre bien triste. Le régiment a reçu le baptême du feu, colonel en tête, et a brillamment combattu avec les zouaves pendant toute une journée. Le vieil étendard du 4ᵉ de chasseurs a dû tressaillir en voyant que ses enfants n'ont pas dégénéré depuis Isly. Mais hélas! le pauvre Rodellec, emporté par sa bravoure et voulant s'emparer d'un étendard ennemi, est resté sur le champ de bataille avec 7 hommes de son peloton et 25 chevaux (1). »

Antoine de Rodellec, lieutenant au 4ᵉ de chasseurs, était un des intimes amis d'Alfred; aussi, prie-t-il sa mère de faire dire une messe pour le repos de cette âme qui lui était chère, en promettant de le venger bientôt. Mais Alfred ignorait l'avenir : trois mois plus tard, il devait aller rejoindre son ami.

En apprenant la déclaration de guerre à la Prusse, Alfred sentit bouillonner dans ses veines le sang des chevaliers ses ancêtres, et dès lors il n'eut plus qu'un désir, marcher un des premiers au feu.

« La situation s'accentue de plus en plus, écrivait-il à son père le 15 juillet 1870; on dit la guerre déclarée. Venez me voir à Saumur, car nous ne tarderons pas à recevoir l'ordre de rejoindre, et je veux vous dire adieu. Tâchez de consoler ma pauvre mère, et mettez tous deux, comme moi, votre confiance en Dieu, en N.-D. des Victoires, en sainte Anne. Je prie Dieu, afin qu'il vous donne, ainsi

---

(1) Voir sa notice dans le 1ᵉʳ volume.

qu'à ma chère maman, le courage de supporter cette épreuve, et à moi celui de faire mon devoir. »

Alfred se rendit aussitôt à Marseille avec plusieurs de ses camarades, pour attendre les régiments rappelés d'Afrique. Il s'était arrêté un instant à Paris où il avait visité ses anciens maîtres et N.-D. des Victoires (1). « Tous nos amis, écrivait-il de Marseille le 19 juillet, nous ont bien promis de prier pour nous. Demain nous irons demander à N.-D. de la Garde de nous protéger au milieu du danger. Du reste, nous ferons, je l'espère, notre devoir. »

Les moments étaient précieux, et les troupes n'arrivaient pas. Le jeune officier, craignant qu'on ne songeât à le remplacer à son escadron, avait écrit à son colonel. Il vit débarquer le maréchal Mac-Mahon se rendant à Paris, les zouaves et les turcos

---

(1) Le 17 décembre 1871, un service funèbre en l'honneur des élèves des écoles préparatoires Sainte-Geneviève et Saint-Clément (de Metz), tués dans nos dernières guerres, était célébré dans l'église du Jésus (rue de Sèvres), à Paris. Mgr Duquesnay prononça l'oraison funèbre. Il raconta qu'au début de la guerre, quelqu'un entrant à Notre-Dame-des-Victoires, vit trois officiers de chasseurs d'Afrique qui en sortaient. Les trois jeunes gens avaient un air si fier et si tranquille, leur visage reflétait si bien la paix de leur conscience, qu'en les voyant ce mot lui vint sur les lèvres : « Vraiment, le temps de nos preux des croisades est revenu. » Alfred était un de ces jeunes gens.

dirigés sur Strasbourg. Le bruit s'était répandu que les quatre régiments de chasseurs d'Afrique seraient concentrés sur Lunéville. Alfred prévient ses parents de ne pas croire aux inventions des journaux, et promet de les instruire de tous ses mouvements.

Il ne se faisait pas illusion sur les résultats de la campagne; depuis longtemps il en avait prévu les fatales conséquences. Dès 1867, il avait écrit de Mostaganem au mois de juillet : « Ici on parle beaucoup de guerre, mais on a peu de confiance dans nos troupes, et on dit tout haut que nous serons battus par les Prussiens; il vaudrait mieux qu'elle n'ait pas lieu. » Puis, de Géryville au mois de novembre : « Si nous allons en Allemagne, nous serons rudement menés et la victoire sera chèrement disputée. » Puis, de Bel-Abbès au mois de janvier 1870 : « On dit qu'en Europe l'horizon s'assombrit. Dieu nous préserve de la guerre, car ce serait pour la France un grand malheur. » Ce n'est pas qu'il craignît pour lui; car il se tenait toujours prêt à paraître devant Dieu. Mais il jugeait et appréciait nos ressources militaires en face de celles de la Prusse.

De Marseille, le 22 juillet, il adresse à son frère une lettre touchante, son testament en prévision d'une mort prochaine : « Dans la précipitation du départ, lui dit-il, je n'ai pu t'écrire pour te faire mes derniers adieux; je répare aujourd'hui mon omission involontaire, avant de commencer cette campagne, qui, je le crois, sera très-sérieuse. Si je ne reviens pas de cette lutte gigantesque, je te recommande bien nos parents, tâche de les rendre le plus heureux possible. »

Peu de jours après, Alfred se retrouvait au milieu de ses camarades du 4e de chasseurs heureux de le revoir. Il fut comblé d'amitiés et même d'éloges pour son classement de Saumur. Le colonel, qui l'affectionnait d'une manière spéciale, l'appela dans le wagon des officiers supérieurs. Parvenu jusqu'à Saint-Michel, le régiment, au lieu de se porter en avant, comme tous l'espéraient, reçut l'ordre de se retirer vers Châlons par Vitry. Quel contraste formait alors ce beau régiment avec les troupes vaillantes mais déjà brisées de Reichshoffen, de Wœrth et de Frœschwiller!

Le comte de Palikao avait accepté le ministère de la guerre après nos premiers revers, et s'était mis à l'œuvre avec une prodigieuse activité pour réparer les désastreuses conséquences attribuées à l'imprévoyance de son prédécesseur. Il avait résolu d'organiser avec les 1er, 5e, 7e et 12e corps une seconde armée distincte de celle de Metz, et d'en confier le commandement au duc de Magenta; en peu de jours, il parvint à rassembler cent vingt mille hommes. Son plan était qu'on se portât au secours de Bazaine par une marche rapide, et qu'on opérât la jonction avec les troupes de Metz; d'autres généraux au contraire voulaient qu'on abandonnât le maréchal Bazaine à ses propres forces, et que l'armée de Mac-Mahon se repliât sur Paris pour couvrir la capitale. Cette divergence d'opinions fit perdre un temps précieux, irréparable. Plus de vingt-quatre heures étaient déjà écoulées, lorsque le duc de Magenta, qui de Châlons avait transporté son quartier général à Reims, reçut des ordres précis et se mit en marche sur Dun, où il devait passer la Meuse; mais bientôt on obliqua un peu plus dans la direction du Nord.

Du bivouac devant Réthel, Alfred écrivit le 25 août la dernière lettre qu'aient reçue ses parents : « Je me porte bien, disait-il, et j'ai bonne confiance. Nous sommes ici en nombre avec l'Empereur et le maréchal de Mac-Mahon. Je n'en dis pas davantage, de peur que ma lettre ne tombe aux mains de l'ennemi... Nous nous attendons à une grande bataille dans deux ou trois jours. Je vous recommande bien de prier pour nous et pour moi. J'espère en la sainte Vierge, et en saint Louis dont nous célébrons aujourd'hui la fête. »

Le 27 août, le 5ᵉ corps formait notre avant-garde,

et se trouvait à quelques kilomètres du prince de Prusse. En forçant la marche, on n'avait plus que juste le temps nécessaire pour prévenir les Allemands au passage de la Meuse. On donna l'ordre de laisser les bagages, parce qu'on marchait à l'ennemi ; nos colonnes arrivèrent à Briquenay vers dix heures du matin. L'ennemi occupait en force des positions avantageuses et les bois, du Grand-Pré à Buzancy. Le 4e de chasseurs d'Afrique, détaché de la réserve de cavalerie au 5e corps, et le 2e de chasseurs à cheval font aussitôt une reconnaissance offensive. Quelques cavaliers prussiens se montrent au loin et les dispositions de combat sont prises en arrière du village de Briquenay. Mais après deux heures d'attente, l'ennemi ne se présentant pas, le 5e corps rétrograda et vint bivouaquer à Châtillon. Il se mesura avec l'ennemi sans désavantage le 28 et le 29 août, et, se portant sur Beaumont, il vint bivouaquer à quelques kilomètres de Mouzon. On connaît la triste issue de la surprise du lendemain ; le soir du 30 août, toute l'armée reçut l'ordre de se replier sur Sedan ; les débris du 5e corps y arrivèrent le 31 août à 4 heures du matin.

Sedan est situé dans un bas-fond et environné de hauteurs qu'il fallait, avant tout, occuper pour dominer le feu de l'artillerie prussienne, et pouvoir diriger, à marches forcées, l'armée sur Mézières, car il était évident que l'ennemi cherchait à cerner la ville. Mais un aveuglement fatal devait nous conduire à une ruine entière. Au point du jour, c'est-à-dire vers cinq heures, la ville était déjà remplie de voitures vides ou chargées qui s'agglomérèrent toute la journée, encombrant les rues et rendant la circulation de plus en plus difficile. Les soldats erraient partout cherchant à rallier leurs régiments et frappant à toutes les portes pour avoir du pain. Vers midi, un certain ordre s'établit et la distribution des rations commença. Mais le soir, des soldats avinés inondaient les cabarets et chantaient la *Marseillaise* ou *le Chant du départ*. Le 4º de chasseurs d'Afrique, qui était à l'arrière-garde la veille de la bataille, ne rentra au camp que vers minuit. « M. de Boisayrault, raconte son maréchal des logis, était si fatigué, qu'il se coucha dans ma tente sans manger. »

Le lendemain, 1er septembre, à 4 heures du matin, l'armée française s'éveillait au bruit du canon, et s'apercevait avec stupeur, mais trop tard, que l'ennemi nous avait devancés et occupait les hauteurs voisines. Le plateau d'Illy, n'ayant pas encore été envahi, pouvait seul nous livrer passage. Une reconnaissance faite au Nord-Est d'Illy, par le général Marguerite, commandant la division de cavalerie de réserve, n'avait trouvé nulle part trace de l'ennemi. L'avis du général Ducrot, qui avait pris la direction de la bataille après la blessure du maréchal de Mac-Mahon, était de se replier sur Mézières, mais le mouvement qu'il avait ordonné sur Illy fut arrêté par le général de Wimpffen, investi du commandement par ordre supérieur.

Il y eut parmi nos troupes de diverses armes, sur tous les points du champ de bataille, une noble et généreuse émulation : l'infanterie de marine, l'artillerie, les zouaves, les tirailleurs algériens, se battaient avec acharnement au-dessus de Bazeilles et de Balan, et en avant des bois de la Garenne ; mais les Allemands avaient pour eux les avantages de la position et du nombre.

Vers une heure de l'après-midi, l'infanterie prussienne, soutenue fortement par ses batteries, s'avança dans la direction de Floing. Ce fut alors que la 1re division de la réserve de cavalerie, composée de cinq régiments, reçut l'ordre de charger. Chaque régiment devait s'efforcer de culbuter l'infanterie prussienne qui était devant son front de bataille.

Nos escadrons renversèrent les petits groupes ennemis et dispersèrent les premières lignes, mais leurs efforts vinrent échouer devant des bataillons compactes, dont le feu habilement dirigé causait dans nos rangs des pertes sensibles. Il fallut se rallier promptement au point de départ. Ces charges brillantes arrachèrent au roi Guillaume, qui suivait des hauteurs de Frénois toutes les péripéties du combat, ce cri d'admiration : « Oh ! les braves gens ! » Le rapport allemand sur la bataille parle aussi de la vivacité de ces charges « qui donnaient à supposer, dit-il, l'intention de faire une trouée. »

Le 4ᵉ de chasseurs d'Afrique avait continué les traditions de Solférino. Dès sa première charge, vers neuf heures du matin, le capitaine Pujade tomba frappé à mort, et l'adjudant Noël fut blessé. Alfred montra beaucoup de sang-froid : « Voilà, disait il en riant, une belle ouverture de chasse. — Oui, répondit son maréchal des logis, mais nous sommes à la fois les chasseurs et le gibier. » Dès les premiers pas, son cheval eut la jambe cassée par une balle ; il tomba entraînant son cavalier. « Êtes-vous touché, mon lieutenant, lui cria son maréchal des logis ? — Non, répondit-il, mais mon cheval a fini son service ; il m'en faudrait un autre maintenant. » Calme, sous une pluie de mitraille, il monta aussitôt un cheval sans maître, qu'on avait saisi, et il continua la charge.

Les escadrons vinrent se reformer derrière l'artillerie, mais la position n'était pas tenable ; vers quatre heures du soir, ils cherchèrent un abri dans le bois de la Garenne, où la mitraille les poursuivit avec une effrayante précision. C'est dans cette retraite sur la forêt, et à quelques mètres avant d'y arriver, que trois bombes éclatèrent au milieu des rangs. Alfred fut atteint à l'épine dorsale par les éclats d'une bombe qui broya la croupe de son cheval; il tomba sans donner signe de vie. Le mouvement au galop était si rapide qu'il fut impossible de s'arrêter pour lui porter secours.

Vers sept heures et demie du soir, un officier d'infanterie, emmené prisonnier, vit à l'extrémité nord du bois de la Garenne un jeune officier de cavalerie étendu sans mouvement. Il s'approcha pour s'assurer s'il vivait encore. La mort n'avait altéré ni son regard tourné vers le ciel, ni la teinte rosée de ses joues; mais son noble cœur avait cessé de battre. Entraîné par ses gardiens, le prisonnier n'eut que le temps d'enlever une petite chaîne d'argent qui soutenait un scapulaire et trois médailles. Conduit au village de Givonne, il reconnut le même uniforme et pria M. de Blaisel, lieutenant au 4ᵉ de chasseurs d'Afrique, de faire les démarches nécessaires pour connaître le nom de son jeune camarade, et pour remettre ce précieux dépôt à sa famille.

N'ayant reçu aucune nouvelle d'Alfred après la

bataille, Mme de Boisayrault chercha pendant six mois son fils bien-aimé à Sedan, en Belgique et dans toute l'Allemagne, espérant qu'il était seulement blessé ou emmené dans quelque forteresse lointaine. Mais bientôt elle connut la triste vérité. Le scapulaire et les médailles, dont l'une de l'Immaculée Conception et une autre de Saint-Benoît, ne laissaient plus d'espérance de le revoir que dans le ciel et pour toujours.

Mais comment reconnaître le corps d'Alfred ? On avait trouvé un rosaire dans les fontes d'un jeune officier étendu près de son cheval, et la pauvre mère apprit à Paris que son fils récitait chaque jour non pas seulement le chapelet, mais le rosaire tout entier. Plus de doute : un monument funèbre fut élevé sur le lieu même où Alfred était tombé.

Parmi les nombreux témoignages de douloureuse sympathie et de profonds regrets dont fut entourée la mémoire d'Alfred, quand on apprit sa mort glorieuse, nous aimons à recueillir celui de M. de Quélen, son colonel : « J'avais su distinguer, entre tous, votre fils, écrivait-il à Mme de Boisayrault, et je lui avais voué une véritable affection. L'aménité de son caractère et la bonté de son cœur le faisaient aimer de tous. » Cet éloge nous semble l'appréciation la plus impartiale qu'on puisse faire de ce jeune officier si ferme dans ses principes religieux, et si aimable dans la vie habituelle.

LOUIS DAMBRICOURT

Louis Dambricourt, né à Steene (Nord), le 6 janvier 1851, élève de l'école Sainte-Geneviève du 21 avril 1869 au 8 juillet 1870, volontaire vendéen en 1870, mort le 10 juillet 1871.

Louis, qui avait toujours été un élève studieux et réfléchi, menait auprès de sa famille une vie douce et paisible, quand les malheurs de la patrie lui inspirèrent tout à coup une intrépide résolution. Aux premiers bruits de nos revers, il envisagea l'avenir sans crainte, décidé à faire généreusement, s'il était nécessaire, le sacrifice de sa vie. Fils respectueux et soumis, il communiqua son projet à sa mère : « Si la France, disait-il, a besoin de tous les bras en état de la défendre, je ne me crois pas dispensé de servir, bien que je sois plus jeune que ceux qui sont appelés sous les drapeaux. »

Sans autre ambition que celle d'être utile à son pays et quoique à peine remis d'une maladie causée par trop de travail, Louis n'hésite pas à s'enrôler, vers la fin d'octobre, dans cette troupe d'élite, qui sous le nom de *Volontaires Vendéens*, se distingua toujours aux avant-postes, par son courage et son audace.

Les volontaires Vendéens servirent d'abord d'éclaireurs au 15e corps, sous les ordres du général d'Aurelle de Paladines devant Orléans, puis au 16e et au 17e sous les ordres du général Chanzy devant le Mans.

Ami du devoir et de la discipline, Louis se vit bientôt choisir pour faire partie de la garde de M. de Cathelineau, l'héroïque chef de cette poignée de braves. Pendant quatre mois, il se montra toujours le même : camarade dévoué sous la tente et dans les marches, soldat courageux sur le champ de bataille, et supportant gaiement les privations et les fatigues d'une rude campagne d'hiver.

Le jeune volontaire avait déclaré au moment de son départ que, si la mort l'épargnait, il quitterait les rangs l'un des derniers; aussi Mme Dambricourt craignait-elle que les forces déjà affaiblies de son fils ne pussent répondre à l'énergie de sa volonté. Ses craintes n'étaient que trop fondées.

Dans les derniers jours de janvier, elle reçut de M. de Cathelineau une dépêche qui l'appelait en toute hâte auprès de son enfant bien-aimé. Louis, vaincu par les souffrances, était tombé sur la route, mais n'avait pas quitté son rang.

Tous ceux qui ont visité le malade sur son lit de douleur ont rendu témoignage à l'élévation de son caractère, à la générosité de ses sentiments. Louis regrettait de n'avoir pu verser son sang pour la défense de la patrie.

« Moi qui l'ai vu souvent s'agenouiller à la table sainte, raconte un de ses compagnons d'armes, je puis dire avec quel recueillement il recevait son Dieu. Sur le champ de bataille, il paraissait insouciant au milieu du danger, et plaisantait comme à une partie de plaisir. »

M. le curé de Craon, qui l'avait recueilli mourant et l'avait longtemps soigné lui-même dans son presbytère, s'était pris d'affection pour ce dévouement modeste et désintéressé. « J'aimais ce cher enfant, écrit-il, comme un père aime son fils. »

La fin de Louis fut aussi chrétienne que sa vie. Après quelques semaines de convalescence il était de nouveau tombé malade, et le premier mouvement de son cœur avait été le désir de recevoir les sacrements. Au milieu des plus cruelles douleurs, sa patience, son égalité de caractère ne se démentirent jamais un seul instant. Souvent même il formait des projets d'avenir et aimait à plaisanter en présence de sa mère pour lui cacher l'approche du dernier moment.

Le pieux jeune homme redoutait surtout les luttes et les épreuves que lui réservait une nature très-impressionnable ; aussi reçut-il l'extrême-onction dans les sentiments d'une parfaite résignation à la volonté du ciel. « Je crains d'offenser Dieu, disait-il, si je viens à guérir. »

Quand la sœur qui le soignait avec ce dévouement qu'inspire la charité chrétienne, s'aperçut de l'altération des traits du pauvre malade, elle lui demanda, en lui présentant le crucifix, s'il offrait à Dieu le sacrifice de sa vie : « Oh! oui, du fond de mon cœur, » répondit Louis, et il expira.

PAUL DUVELLE

Paul Duvelle, né à Nogent-sur-Seine (Aube), le 30 septembre 1845, élève du collége de la Providence à Amiens, puis de l'école Sainte-Geneviève du 20 octobre au 31 décembre 1860, engagé dans la marine, puis au 1er lanciers; mort en secourant les inondés de la Loire le 28 septembre 1866.

Obligé de quitter la marine à la suite d'une fièvre typhoïde, résultat de fatigues excessives pour un jeune homme de dix-huit ans, Paul, après une année de repos au sein de sa famille à Nogent-sur-Seine, s'était engagé dans le 1er régiment de lanciers en garnison à Tours. Il lui fallait une vie active, il avait besoin de se dévouer. « Cet enfant de quinze ans a quelque chose d'extraordinaire, » avait dit de lui le père hôtelier de l'abbaye de Mortagne, où Paul avait fait une retraite avant de s'embarquer.

Au mois de septembre 1866, la Loire débordée inondait la plaine; un appel est fait aux hommes de bonne volonté. Il s'agissait de porter secours à de pauvres malheureux, dont les maisons avaient été envahies par les eaux. Paul, quoique indisposé, n'hésite pas un seul instant; il monte avec deux hommes dans une barque, et navigue sous une levée menaçante qu'ébranlaient les flots furieux, mais le dévouement ne calcule pas le péril. Du rivage, on suivait d'un œil inquiet cette petite barque, qui, conduite avec prudence, s'avançait sûrement à travers les obstacles; tout à coup, la digue de Conneuil cède à l'effort du courant et crève avec fracas. Le torrent se précipite, la frêle embarcation chavire et Paul disparaît dans le gouffre.

Durant trois jours, on chercha vainement son cadavre; enfin, le quatrième jour, on le découvrit au milieu des branches d'un arbre englouti. Monseigneur l'archevêque passait à ce moment-là même, sur le chemin qui borde le fleuve, il s'approcha et bénit celui qui avait succombé victime de la charité. « Cette bénédiction, écrivait alors la mère de Paul, m'a donné beaucoup d'espérance; je l'ai regardée comme venant du ciel. »

Quand on ensevelit son corps, on le trouva revêtu des livrées de la Vierge Marie. Fidèle aux recommandations de sa pieuse mère, le soldat chrétien avait entendu la messe le dimanche qui précéda son trépas.

La foi était profondément enracinée dans l'âme du jeune homme, et nous ne doutons pas que sa dernière pensée n'ait été pour Dieu. Un jour qu'il racontait ses aventures de mer, son père l'interrompit disant : « Qu'aurais-tu fait au moment du péril? — J'aurais fait, répondit-il, un acte de contrition. »

Plusieurs ordres du jour parurent dans l'armée à l'occasion de cette mort héroïque. Tous les officiers supérieurs voulaient proposer la conduite du jeune lancier à l'admiration de ses compagnons d'armes. « Il est aussi beau, disait entre autres le maréchal Baraguey d'Hilliers, de perdre la vie en se dévouant pour aller au secours de malheureux qui vont périr, que de mourir en affrontant la balle ennemie. »

Sa Grandeur Monseigneur Guibert, alors archevêque de Tours, fit élever à ses frais sur la levée de Conneuil, un monument avec cette inscription : « Ici périt à vingt et un ans, victime de son dévouement aux inondés, Paul Duvelle, soldat au 1er de lanciers. »

On a trouvé dans les papiers de Paul, une pièce fort curieuse qui montre comment son âme aspirait au sacrifice. C'est une lettre de décès, rédigée par lui-même, en prévision de sa mort dans les rangs de la légion Franco-belge. « MM... ont l'honneur de vous faire part de la perte cruelle qu'ils viennent de faire en la personne de Paul Duvelle, leur fils, frère, beau-frère, filleul, neveu et cousin, mort au champ d'honneur en se dévouant à la plus noble des causes, à la défense de la personne de Notre Saint-Père le pape et au maintien de son pouvoir temporel.

« *Requiescat in pace sempiterna.* »

A la lecture de cet étrange billet, vrai mémoire d'outre-tombe, Joseph, un des frères de Paul, dit avec résolution à sa famille : « Eh bien ! moi aussi, depuis longtemps je désire servir le Saint-Père, permettez-moi de partir à la place de mon frère; et le billet qu'il a fait, s'il plaît à Dieu que je succombe, sera le mien. » Trois ans après, la lettre rédigée par Paul servit en effet à annoncer la mort de Joseph aux amis de la famille.

Joseph partit pour Rome, au commencement de novembre 1866, et, le 18 du même mois, il endossait à Velletri le noble uniforme des zouaves pontificaux qu'il ne devait plus quitter. « Les Français abandonnent Rome mardi, écrivait-il le 10 décembre à l'un de ses frères,... la lutte s'apprête... l'heure approche où il nous faudra peut-être donner notre sang! Je ne te le cache pas, je désirerais mourir de la première balle piémontaise, je n'aurais plus rien à envier à Paul! Ne m'écris pas à Velletri, nous partons tous; le bataillon des zouaves (quatorze cents environ) se réunira à Albano, pour entrer ensuite à Rome. Je vais me confesser et communier avant le départ... Ainsi, si je meurs, comme j'aurai mon scapulaire, qu'on ne pleure pas sur moi, mais plutôt sur l'aveuglement des ennemis de l'Eglise. » Puis il ajoutait en post-scriptum : « Inutile de m'envoyer de l'argent, je n'en ai pas besoin, et, quand je n'en aurai plus, je saurai bien m'en passer. »

Ces quelques lignes d'une simplicité sublime nous semblent résumer parfaitement la vie de sacrifice que Joseph a menée pendant trois ans au service du Saint-Siége. En retraçant le vrai portrait de ce vertueux jeune homme, nous craindrions d'être taxés d'exagérations, si le témoignage de ceux qui l'ont connu n'était là pour attester ses rares qualités. Selon l'expression d'un ami, c'était « une de ces fleurs suaves que Dieu se plaît à dérober à la terre pour en orner son paradis. » A dix-huit ans, il écrivait à sa mère que jamais encore il n'avait fait un mensonge de propos délibéré. Sa vie au régiment peut se résumer en deux mots : piété angélique et dévouement à toute épreuve.

On ne saurait dire combien Joseph était content

de vivre à Rome, la ville sainte, la ville du pape, pour la cause duquel il souhaitait de mourir. « Que je serais heureux, disait-il souvent, dans des lettres remplies des plus admirables sentiments, que je serais heureux de me sacrifier pour la foi du Saint-Père! Un de ses premiers soins fut de demander à faire partie de la congrégation de la sainte Vierge et de la conférence de saint Vincent de Paul, dont il visitait les pauvres aussi souvent que le lui permettaient ses occupations. Par esprit de mortification, il avait renoncé même à l'innocent plaisir du cigare. Toutefois sa santé délicate ne répondait pas à son ardeur : « Je ne vais jamais de moi-même à l'hôpital, il faut que l'on m'y porte. »

Le soir il se retirait dans une église pour y prier et s'y délasser des fatigues de la journée. « C'est là, écrit-il à sa mère, que je me repose. » Il y récitait son chapelet, et lorsque la pensée des siens et de son pays venait émouvoir trop vivement son cœur, il s'apostrophait lui-même : « Qu'es-tu venu faire ici? Allons donc! c'est pour la bonne cause! » La communion hebdomadaire le consolait et le fortifiait, et les importantes solennités religieuses de Rome, en particulier la fête du centenaire de saint Pierre dont il fut l'heureux témoin, élevaient ses pensées vers un monde meilleur.

Cette tranquille et pieuse vie fut interrompue par le choléra d'Albano. Les zouaves, loin de fuir ce milieu pestilentiel, se transformaient en infirmiers, afin d'arrêter les progrès du mal. Mgr Daniel, leur aumônier, appréciait comme il suit la conduite de Joseph dans cette circonstance.

« Rome, 8 septembre 1867.

« Madame,

« J'ai reçu communication par votre lettre de vos inquiétudes sur la santé de votre cher petit Joseph. Je suis heureux de pouvoir vous rassurer entièrement. Il est très-bien, fait son service sans peine et avec joie.

« Ce cher enfant a été admirable à Albano : nouveau Louis de Gonzague, il était dans l'hôpital avec un bonheur immense, son tablier devant lui, rendant aux malades tous les services, aux morts les derniers devoirs.

« Entré un jour dans une maison où gisait une jeune femme atteinte par le fléau, il prit l'enfant, qu'elle ne pouvait plus allaiter. Combien j'étais touché de voir entre les bras de notre zouave ce pauvre nourrisson, à qui Joseph s'efforçait de faire boire un peu de lait qu'il avait envoyé chercher! il s'était attaché à ce petit enfant, et ne l'a quitté qu'avec un véritable chagrin. Votre cher Joseph est très-aimé, très-apprécié dans sa compagnie, pour moi je l'aime comme un de nos plus chers fils en Jésus-Christ. Comptez sur toute ma sollicitude pour tous les besoins de son corps et de son âme. »

Les fatigues et l'air empesté d'Albano épuisèrent enfin ses forces. Pendant qu'il était malade, le général Kanzler, ministre des armes, et le colonel Allet, vinrent un jour déposer sur sa couche la médaille d'or de Pie IX, qui porte pour exergue *Bene merenti :* c'était la digne récompense de son dévouement.

Quelques mois après, eut lieu la bataille de Mentana. Joseph, complétement rétabli, prit part à cette glorieuse journée et s'y distingua entre tous ; il était l'un de ces trente héros, qui s'élancèrent aux cris de *Vive Pie IX!* jusque sous les murs de Mentana, et que les soldats français, rangés en bataille derrière eux, saluèrent par un cri d'admiration.

Les occupations pénibles à la caserne, les œuvres de charité à l'extérieur, les escarmouches contre les garibaldiens, la chasse aux brigands à travers les montagnes, n'empêchaient pas Joseph de trouver des loisirs pour retremper son âme dans la solitude et prendre de bonnes résolutions qu'il savait tenir.

Nous citerons quelques notes édifiantes, écrites à la suite de deux retraites qu'il fit, l'une à Rome au mois de mars 1867, l'autre à Velletri au mois d'avril 1868.

« Je dirai exactement mes prières matin et soir ; comme je suis soldat, ce sera court : *Pater*, *Ave*, *Credo*, *Confiteor*, *Memorare*, *Salve Regina*, *de Profundis* et la prière de la congrégation. Tous les jours j'entendrai la messe, à moins d'impossibilité.

« Je me confesserai, autant que possible, tous les huit jours, et communierai tous les dimanches. Chaque matin je ferai à Dieu l'offrande de ma journée. Tout ce qui pourra m'arriver d'agréable ou de désagréable, je promets de tout accepter, sinon avec joie, du moins avec résignation, comme envoyé par Dieu pour mon bien et ma sanctification. » Puis il terminait par cette prière : « Mon Dieu, faites que je meure à votre service et pour votre sainte cause, rendez-moi digne de mourir pour vous. »

Aussi ses camarades du régiment nous le représentent-ils doué d'un caractère franc et ouvert, d'une douceur toujours égale, d'une pureté de mœurs qui lui attirait le respect et l'estime de tous. Dans une lettre reproduite par la semaine religieuse de Troyes, un ancien zouave pontifical le peignait ainsi :

« C'était un garçon franc, ouvert, d'une cordialité

parfaite. Sa bonté était au-dessus de tout éloge : je me souviens qu'il m'a relevé plusieurs fois dans mon service. A Velletri où nous étions ensemble, il était la bonne humeur de la chambrée. Je crois ne l'avoir jamais vu, dans les jours les plus durs et sous le soleil le plus écrasant, perdre ce caractère à la fois serviable et entraînant, joyeux et bon.

« Il avait la médaille d'or, sa conduite héroïque à Albano la lui avait méritée ; c'était un des vétérans de la caserne. Il avait environ vingt mois de service ; les autres et moi, nous n'en avions que huit ou dix, aussi l'avait-on choisi pour commander un peloton d'instruction. C'est là que je l'ai connu, que j'ai pu apprécier ses rares qualités, et, en vérité, rien n'égalait sa simplicité et sa droiture. Elles provenaient de sa piété et de sa foi. Il était venu servir le Saint-Père avec un dévouement raisonné, calme, sans mélange, il le servait avec une entière abnégation de lui-même, ne sollicitant rien, sans murmurer jamais, heureux de son simple galon de laine de premier soldat.

« Plus tard, il fut nommé caporal, et c'est alors que je le perdis de vue. Mais je ne l'oublierai pas. Je le considère comme un type. Quand je sentais défaillir mon courage, au milieu de toutes les fatigues du camp, à Velletri surtout, Duvelle me soutenait alors, avec une gaîté parfaite, due à la foi vive de son âme ; c'était un modèle pour moi, voilà pourquoi je ne l'ai point oublié. »

Après deux années de service, Joseph, désireux de se dévouer encore, prit un nouvel engagement, mais il crut pouvoir demander un congé, pour embrasser sa mère et revoir son pays. Toutefois, craignant qu'une attaque de Garibaldiens n'eût lieu en son absence, il résolut de soumettre son désir au souverain Pontife lui-même. Sur un agenda de Joseph, nous lisons à la date du 4 novembre 1868 : « A cinq heures et demie audience du Saint-Père ; supplique ; médaille ; le Pape me dit d'attendre jusque après décembre pour m'en aller. » Nous savons les détails de cette entrevue touchante. Pie IX accueillit avec une paternelle bonté l'humble soldat du Christ, généreux défenseur de ses droits sacrés ; il appuya familièrement sa main sur la tête de son enfant, et le pressa sur son cœur en disant : « Bon jeune homme ; » puis il le bénit affectueusement.

Dans les premiers jours de janvier 1869, l'heureux zouave revenait à Nogent-sur-Seine, fier de ses deux médailles et de son glorieux uniforme. Quatre mois s'écoulèrent rapidement au milieu des souvenirs de l'enfance et des joies de la famille, et Joseph, impatient de reprendre sa place au poste d'honneur, prit le chemin de Marseille, où il s'embarqua, avec quelques autres zouaves et plus de cent passagers, sur le paquebot *Général Abbatucci* de la compagnie Valery.

Avant ce dernier départ, sachant que ses parents se préoccupaient de son avenir, il se contenta de dire à un prêtre : « Cherchons d'abord le royaume de Dieu. » Joseph avait comme un pressentiment de sa fin prochaine. « Pourquoi, lui disait quelqu'un, retournez-vous à Rome, puisqu'on ne se bat pas? » — « Je retourne à Rome, répondit-il, afin de mourir pour le Saint-Père. »

L'*Abbatucci* naviguait depuis un jour, par une mer un peu houleuse ; à la nuit tombante, le capitaine fit allumer les feux de position. Lui-même, bien qu'il ne fût pas de quart, resta sur la passerelle jusque vers deux heures du matin, puis remit le commandement au second, après s'être assuré que tout était en bon ordre et qu'il n'y avait pas de feux à l'horizon. Il était à peine retiré dans sa cabine, qu'il entendit un commandement énergique, et, presque au même instant, un craquement effroyable à l'avant du navire. En un instant tout l'équipage était debout sur le pont; les passagers effrayés sortaient à la hâte de leurs cabines ; l'avant du paquebot avait été défoncé ; deux canots étaient démolis ;

l'eau envahissait le quartier des matelots, mais était arrêtée par une cloison étanche qui fermait les secondes. Le capitaine, apercevant alors un brick norvégien sans feux qui s'éloignait, commande au second de monter dans la chaloupe pour aller chercher du secours, et presque tout l'équipage s'y précipite, abandonnant le navire.

« Je courus à l'avant, écrivait, après être échappé au naufrage, Paul Dufeu, ami de Joseph Duvelle, et comme lui caporal aux zouaves pontificaux ; puis je revins vers Duvelle qui était resté à l'arrière. Il me demanda ce qu'il y avait. « Nous sommes perdus, répondis-je, si Dieu n'a pitié de nous. — Eh bien ! repartit Joseph, nous mourrons ; mais c'est égal, ajouta-t-il en souriant : ce sera une drôle de manière de mourir. »

Cependant le capitaine, ne voyant rien venir, commanda de courir sur le brick qui venait enfin d'allumer ses feux. L'*Abbatucci* l'aborda par le travers, et quelques passagers se hissèrent sur le pont ; mais, comme on ne lançait aucune amarre, les deux navires furent bientôt séparés. Le vapeur recommença la chasse et aborda une seconde fois le Norvégien. Quelques autres passagers y grimpèrent encore, mais on ne put se maintenir près de lui. Joseph ne voulut pas quitter le paquebot. « On aura peut-être besoin de moi, » disait-il.

A ce moment une voile parut à quelque distance. Le capitaine, renonçant à poursuivre le brick qui fuyait toujours, fit les signaux de détresse. Le navire en vue courut immédiatement sur l'*Abbatucci*; mais, avant qu'il pût l'atteindre, une vague plus violente emporta la cloison étanche qui avait résisté jusqu'alors, et tout l'avant de l'*Abbatucci* plongea dans la mer. « Tout le monde à l'arrière, cria le capitaine ; je ne peux plus rien. Sauve qui peut ! » et il se jeta à la nage.

« Nous fîmes alors tous deux notre acte de contrition et récitâmes le *Sub tuum*, raconte Dufeu. Apercevant une bouée qui était restée à bord, je m'y amarrai de mon mieux, puis j'amenai à Duvelle un banc pour qu'il s'y amarrât aussi. Il me remercia : « A quoi bon, disait-il, je ne sais pas nager ; je me remets entre les mains de Dieu, mourons en chrétiens et en soldats ; qu'importe d'être noyé ou d'être tué par une balle, c'est toujours pour la bonne cause que je meurs ! »

Il prit enfin la planche et se mit à réciter son chapelet. Cette touchante scène dura deux minutes. Puis le navire s'engloutit entraînant dans le gouffre ceux qui restaient à bord. Paul Dufeu, ramené par sa bouée à la surface, chercha vainement des yeux son ami ; il l'appela, mais Joseph ne répondit point. Une heure et demie plus tard seulement, l'*Ombla*, autre navire norvégien qu'on avait aperçu à l'horizon, recueillait les survivants de cette affreuse catastrophe.

A la nouvelle de la mort de Joseph Duvelle, le R. P. de Gerlache écrivit à sa mère :

« Permettez-moi, madame, de vous envoyer quelques paroles de consolation, puisées dans le cœur d'un homme qui recevait les confidences de Joseph et que la vivacité de sa foi, la candeur de sa vie, la ferveur de ses prières, édifiaient grandement.

« C'est après les événements de l'automne de 1867 que Joseph me donna sa confiance ; le cher zouave portait haut l'honneur de sa vocation à la défense du Saint-Siége. Quelquefois, dans ses moments d'abandon, il y joignait la pensée de se donner plus intimement à Dieu par des liens solennels. Il voulait que sa présence au service du Saint-Père fût un spectacle aux anges, à Dieu et aux hommes.

« Je puis difficilement me former un type plus achevé du zouave pontifical. Nos yeux aujourd'hui sont pleins de larmes, mais nos cœurs pleins d'espérance. Vous auriez, madame, sacrifié de grand cœur votre fils sur le champ de bataille de Mentana ; le Seigneur vous l'a demandé dans les flots de la Méditerranée. C'est à l'Église que vous l'aviez donné, Jésus-Christ vous rendra avec usure le sacrifice que vous avez fait. La belle âme de Joseph est allée recevoir au ciel le prix de son dévouement et de sa piété ! Il voulait mourir pour l'Église, il a été exaucé, et je suis persuadé que sa longue agonie n'a été qu'une continuelle action de grâce. »

LOUIS
HOUEIX DE LA BROUSSE

Louis Houeix de la Brousse, né à Ploërmel (Morbihan), en 1840, élève de l'école Sainte-Geneviève du 5 octobre 1858 au 2 août 1859, admis à Saint-Cyr en 1859, sous-lieutenant au 99ᵉ de ligne en 1861, lieutenant en 1864, mort à Mexico, dans un incendie, en 1865.

Doué d'une extrême sensibilité et d'une vive intelligence, Louis se montra, dès ses premières années, complaisant pour ses camarades et reconnaissant envers ses maîtres ; mais sa vivacité naturelle nuisait un peu au progrès de ses études.

A la mort de son père, médecin distingué, qui s'était jusqu'alors occupé de son éducation, Louis entrevit l'avenir sous un côté sérieux, qu'il n'avait jamais soupçonné. Il sentit vivement la perte douloureuse de son père, comprit les sollicitudes de sa mère, et se mit au travail, avec une ardeur qui lui valut à dix-sept ans le diplôme de bachelier, et à dix-neuf ans son admission à Saint-Cyr.

Une foi robuste le soutint toujours au milieu des difficultés de la vie, et lui fit surmonter les entraînements de la nature. Sa mère, femme vraiment chrétienne, lui avait appris de bonne heure où il devait puiser la force nécessaire, pour se vaincre et se relever. Il avait en elle la plus grande confiance ; aussi aimait-il à lui demander conseil et à suivre ses avis. Ayant beaucoup souffert à son entrée à Saint-Cyr, il lui écrivait : « Croirais-tu que mon chapelet ne me quitte pas ; la nuit j'en dis quelques dizaines en pensant à toi ; cela me console.... »

« Viens donc, lui écrivait-il quelques mois plus tard, avec la candeur d'un enfant, j'ai besoin de ton pardon, il faut que tu lises jusqu'au fond de mon cœur, je t'ai fait de la peine, cette pensée est ma plus grande punition... J'ai toujours sur moi ta photographie, mais je n'abandonne pas pour elle mon scapulaire, ni ma médaille ; recommande-moi aux prières du curé de Notre-Dame-des-Victoires ; il aime tant à prier pour les pécheurs. »

Louis fit, avec le 99ᵉ de ligne, la campagne du

Mexique, où il gagna son épaulette de lieutenant ; mais il obtint de ne pas rentrer en France avec son régiment. Un jour, un violent incendie éclate dans une maison particulière, à Mexico, le courageux jeune homme se porte des premiers au feu, et seconde le brave colonel Tourre qui dirigeait les secours. Ils se trouvaient dans un appartement du premier étage, lorsque le plancher s'écroula, ouvrant un gouffre de feu ; le colonel et un zouave tombèrent dans le brasier ; Louis ne perdit pas son sang-froid et put sortir, en se dirigeant d'après un jet de pompe ; mais les blessures qu'il avait reçues étaient mortelles ; quelques heures plus tard, il mourait, après avoir fait généreusement le sacrifice de sa vie, et reçu les derniers sacrements.

Toute la ville témoigna de sa sympathie pour ce dévouement héroïque ; l'Empereur et l'Impératrice se firent représenter aux obsèques, les autorités militaires, françaises et mexicaines voulurent aussi les honorer de leur présence et payer un juste tribut d'admiration et de regret à ces nobles victimes de la charité chrétienne.

ROBERT
DE KERGARADEC

Robert de Kergaradec, né à Paris, le 5 mai 1845, élève des PP. Maristes à Montluçon, puis du collége Saint-Clément à Metz, et de l'école Sainte-Geneviève du 30 novembre 1862 au 19 juillet 1864, admis à Saint-Cyr en 1864, sous-lieutenant au 78ᵉ de ligne en 1866, lieutenant en 1870, tué à la bataille de Wœrth, le 6 août 1870.

Robert, nous disent ceux qui l'ont connu, était « ouvert, gai, intelligent, d'une droiture exceptionnelle. » Son âme d'enfant, si pure et si tendre, faisait pressentir les nobles qualités de sa jeunesse. A Saint-Clément de Metz, il se fit estimer par la loyauté de son caractère : « Je suis heureux au collége, écrivait-il un jour, surtout à cause de mes condisciples, parmi lesquels j'ai beaucoup d'amis;

cependant, ce n'est pas moi qui les ai cherchés, ils sont venus me prendre, comme j'étais nouveau, et je suis content, car ils sont bien élevés et très-polis. »

Un de ces amis qui surent apprécier Robert s'exprime ainsi à son sujet : « La guerre a fait bien des vides douloureux dans le cercle de mes camarades; mais de toutes ces morts il en est une qui me laisse plus profondément attristé, c'est celle de mon pauvre ami Robert de Kergaradec, tombé sur le champ de bataille de Wœrth. Lorsque Robert arriva au collége, nous fûmes mis en rapports dès les premiers jours. Un peu réservé dans ses relations, il était doux et affable pour tous, affectueux et cordial pour ses amis. D'une distinction remarquable, il alliait la délicatesse des sentiments à l'élévation des idées. Esprit original, il se laissait aller par moments à la rêverie, à la mélancolie. Dès cette époque, il sentait que la vie n'est pas toujours facile et douce, que les bonnes aspirations du cœur n'y trouvent pas toujours leur aliment.

« Cette disposition d'esprit donnait à son amitié un caractère de tendresse charmante, quand il avait quelqu'un à consoler. « Tu souffres, écrivait-il dans ces circonstances, que puis-je te dire, mon pauvre ami? Rien, si ce n'est que je t'aimerai mieux ncore. » Ses pensées étaient souvent loin du collége auprès de son père, de sa mère et de sa sœur; il avait le culte de la famille. »

Robert sut unir aux sentiments les plus tendres de l'amitié naturelle, les merveilleuses délicatesses de la charité chrétienne. « Vraiment, écrivait-il à son père le 1er janvier 1861, en lui offrant ses souhaits de bonne année, je crois que si vous vous portiez bien, je serais dix fois plus heureux au collége. » Et à sa mère, épuisée elle aussi par le dévouement à son mari malade, il disait : « Je vais continuer à me mieux conduire pour décider le bon Dieu à améliorer l'état de mon cher petit père. Vous me demandez ce que je voudrais pour mes étrennes; mais, je voudrais votre guérison. Dites-moi comment vous allez, soignez-vous bien, aimez-moi bien, et je serai content. »

Cette poignante inquiétude sur la santé de ses parents était si vive au fond de son cœur, qu'il en parlait à tout le monde. Dieu lui-même semblait le préparer à une séparation prochaine, en lui inspirant des pensées sérieuses. « Bossuet a eu bien raison, écrivait-il à une de ses tantes, quand il a dit : « Les grandes prospérités nous aveuglent; l'infortune nous ouvre les yeux. » L'année dernière j'étais heureux avec ma bonne mère, j'étais comme au paradis terrestre : aussi, voguant en pleine eau, j'abandonnai ma nacelle au courant, je ne veillai plus sur mon caractère. Mais maintenant, le paradis terrestre est bien loin; je ne suis pas content de voir que ma petite mère est malade et qu'elle ne guérit pas ; aussi, comme je vous le dis, mes yeux s'ouvrent, je n'ai rien de mieux à faire que de me corriger, et je le fais pour obtenir la guérison de cette bonne mère. »

C'est surtout à la sainte Vierge que Robert demandait la guérison de ses parents, car il avait placé en elle toute sa confiance.

« Tout est entre les mains de Marie, avait-il écrit au mois de décembre 1862, au sujet de sa préparation aux examens de Saint-Cyr, car je lui ai promis de tout rapporter à elle, depuis mon baccalauréat. Je crois que mes affaires sont en lieu de sûreté, si je les lui confie. »

Le 4 juin 1863, il écrivait : « Eh bien, le petit mieux que vous ressentiez, douce mère, a-t-il continué? Il faut vous dire que j'espérais bien un peu à la fin du mois de Marie; mais malheureusement, je n'espérais qu'un peu. Voyez-vous, chère mère, c'est la foi et la grande confiance qui nous manquent. Si je pouvais d'abord obtenir de la sainte Vierge une confiance illimitée en Dieu, tout le reste, je suis sûr, s'obtiendrait facilement. Je serais si joyeux de vous voir guérie ! »

Mais les jugements de Dieu sont insondables; le

6 novembre 1861, Robert avait perdu son père, le colonel de Kergaradec, mort à la suite d'une longue et douloureuse maladie contractée en Afrique. En 1863, sa mère lui fut enlevée, et Robert épanchait ainsi la tristesse de son âme dans l'intimité de l'amitié fraternelle :

« Ma bien-aimée petite Sabine,

« Dieu nous l'avait donnée, Dieu nous l'a ôtée, que son saint nom soit béni ! Oh ! prends courage, petite sœur, prends courage ; pleure notre bonne mère, mais ne te laisse pas abattre. Et quand tu auras pleuré, prie la sainte Vierge. Oh ! vois-tu, nous attendions avec impatience cette semaine pour faire notre neuvaine à sainte Anne. Elle devait nous obtenir la guérison de notre douce mère. Le bon Dieu ne l'a pas voulu, eh bien ! bénissons-le toujours. Prions sainte Anne pendant cette semaine. Communions même, si nous le pouvons, le jour de sa fête, et il ne se peut pas que cette fois notre prière ne soit pas exaucée. Non, cela ne se peut pas ; j'en suis sûr ; faisons une dernière neuvaine pour notre mère chérie et elle entrera tout de suite au ciel. Eh ! oui, petite sœur, résignons-nous. Maman était si résignée, elle ! Elle avait autant de peines que nous, elle songeait toujours à notre pauvre père, et de plus, elle était bien malade. Pendant ces derniers temps, elle a beaucoup, beaucoup souffert, n'est-ce pas? Eh bien, songes-y un peu, elle ne souffre plus du tout, maintenant. Elle nous sourit du haut du ciel, elle voudrait bien nous consoler, mais, vois-tu, il faut que chacun ait sa part de souffrances en ce monde. Plus Dieu nous envoie d'épreuves, plus nous devons le remercier, car ici-bas le malheur supporté avec résignation est un gage de bonheur dans le ciel. Je ne sais, petite sœur, si cette pensée-là te console un peu ; mais moi, j'ai tant d'envie d'arriver au ciel, tant d'envie d'y arriver le plus vite possible, que je remercierai toujours le bon Dieu des épreuves qu'il m'enverra, quelque cruelles qu'elles soient. Car pour nous appeler de la terre, le bon Dieu attend que la mesure de nos iniquités ou de nos vertus soit comble. Résignons-nous donc à souffrir, à souffrir beaucoup pour expier nos péchés et acquérir des vertus. »

Robert était à l'école Sainte-Geneviève préparant ses examens d'admission à Saint-Cyr, quand il écrivit cette lettre si pieuse.

Les témoignages d'une touchante sympathie ne manquèrent point à cette famille si douloureusement éprouvée, témoin cette lettre si chrétienne que le général de Lamoricière adressait à son beau-frère l'amiral de Montaignac, à l'occasion de la mort de madame de Kergaradec.

« Mon cher Louis, nous venons d'apprendre par Sabine la mort de notre admirable et trop regrettable sœur, madame de Kergaradec. Cette mort prématurée, sinon imprévue, vous laisse deux fois le père de ses trois enfants deux fois orphelins. Heureusement, au milieu de si grands malheurs, vos deux neveux et votre nièce semblent avoir dans leur sang les vertus et la valeur de leur père et de leur mère ; je les ai peu vus, mais je les ai bien regardés, et j'ai la conviction que vous serez bien récompensé, dès ce monde, des soins que vous prendrez pour ces orphelins. Ce seront des frères et une sœur de plus pour vos enfants ; et Dieu bénira les uns et les autres pour vous récompenser. Ayez confiance, au milieu de tous vos embarras, dans les prières de notre sœur et de son mari. »

Les trois enfants se sont montrés bien dignes, en effet, de l'intérêt qu'ils avaient inspiré. Le comte Camille de Kergaradec, officier distingué, se fit remarquer au Mexique ; aujourd'hui lieutenant de vaisseau, il occupe en Cochinchine un poste d'Inspecteur-Préfet. Sabine, sœur de Robert et son bon ange sur terre, se consacrait à Dieu dans la vie religieuse, pendant que lui-même, sur nos champs de bataille, sacrifiait sa vie pour la défense de son pays.

Privé, jeune encore, de son père et de sa mère, il concentra sur les autres membres de la famille sa douce et pieuse affection. En 1860 déjà, ne pouvant assister à la première communion de sa sœur, il prenait soin de communier le même jour afin de s'associer à son bonheur. Dix ans plus tard, au 1er janvier 1870, nous le retrouvons animé des mêmes sentiments. « Quel joli tapis de table tu m'as envoyé, disait-il à sa sœur, je t'en remercie beaucoup, et suis content de voir comme tu penses à ton petit frère. Je fais aussi pour toi mille souhaits de bonne année, et j'espère qu'ils deviendront des réalités, car je les forme les plus raisonnables possible. Juge toi-même : Je souhaite... que Dieu nous fasse toujours marcher droit dans le sentier du devoir, qu'il nous rende utiles ici-bas et nous fasse conserver notre amitié commune et celle de tous les nôtres... Si cependant il veut bien nous donner avec cela quelques petites consolations terrestres, ma foi ! qu'en dis-tu ? Nous ne sommes pas des Chartreux, et j'en serais fort reconnaissant pour toi et pour moi. »

Quels trésors d'affection remplissaient le cœur du jeune lieutenant pour ses oncles, l'amiral de Montaignac, son tuteur, et le vicomte de Montaignac à qui sa mère, en mourant, l'avait particulièrement recommandé! Robert leur écrivait souvent, leur demandant des conseils, leur confiant ses peines, ses soucis, et ses espérances de bonheur.

Robert avait rencontré aux Trillers, près de Montluçon, les plus vives sympathies. « En voici un qui ne sera pas malheureux, disait en parlant de lui une personne de la campagne, tout le monde l'aime. » Tous l'aimaient en effet, car il savait se montrer bienveillant envers les inférieurs; il les écoutait avec attention et disait qu'on avait toujours quelque chose à apprendre dans les conversations avec les vieux paysans.

Pendant les vacances, une grand'tante de quatre-vingt-deux ans désirait beaucoup que Robert lui fît la lecture du soir, et celui-ci se prêtait volontiers à cet office charitable. Mais un jour, — la lecture se prolongeant plus qu'à l'ordinaire, — il le fit observer avec franchise, témoignant qu'il trouvait un peu sévère cette manière de passer les soirées de vacances. Pas un mot ne fut alors prononcé; mais au départ, il entendit ce léger reproche : « Vous n'êtes plus le bon petit Robert d'autrefois! » Avec quelle délicatesse il sut réparer le chagrin qu'il avait causé.

« Toute ma missive d'aujourd'hui, écrivit-il à sa tante après la rentrée des classes, peut se résumer dans ces mots : « Vous savez que je vous aime. » Et je puis vous le dire avec autant d'assurance que le bon saint Pierre le disait au Sauveur. Seulement entre saint Pierre et Robert il y a une fameuse différence! Vous m'avez dit vous-même avec bienveillance, lors de mon départ, que j'avais un peu changé, que je n'étais plus ce bon Robert d'autrefois; mais j'espère qu'à mon retour vous retrouverez le Robert d'autrefois (s'il était bon du moins). Et j'espère aussi que, de mon côté, je retrouverai une chère tante bonne et aimable comme toujours. »

Il ne savait comment exprimer sa reconnaissance pour les bienfaits qu'il avait reçus, c'est à sa sœur qu'il en confie le soin. Apprenant qu'elle allait passer quelques jours à Paris : « Tu verras, lui disait-il, cet oncle de Kergaradec si bon, si bon, que volontiers je me ferais tuer pour lui, si ça pouvait lui être agréable, et cette petite tante si aimable que je voudrais bien la remercier. Mais je n'ai qu'un seul moyen, c'est de dire *merci*. Comme la langue est pauvre! Enfin, tu te chargeras de ce *merci* que tu diras mieux que moi. »

Ses sentiments tendres et délicats ne nuisaient point à l'activité de son esprit. Il admettait la nécessité du travail, car il sentait que, dans le monde, on occupe la place que l'on a conquise. Il avait ambitionné l'honneur d'entrer à l'école militaire pour se faire une carrière honorable, et aussi pour marcher sur les traces de son père et de son frère aîné qui servait dans la marine. Aussi le R. P. Pillon, alors recteur de l'école Sainte-Geneviève, rendait-il de lui ce bon témoignage : « Il a très-bien débuté, et nous augurons tous bien de l'avenir. »

A Saint-Cyr, Robert resta bon chrétien, en dépit du mauvais exemple. Il aimait son métier de soldat. « Un moment séparés, écrit un de ses amis, nous nous retrouvâmes à l'École militaire où je l'avais devancé. Je n'eus pas grand'peine à lui adoucir les débuts. Sa grâce naturelle, son bon cœur, son caractère loyal, joints à l'amour fanatique du métier, lui valurent, dès les premiers temps, la sympathie de tous. » Cavalier d'abord, il était ensuite devenu fantassin pour un motif qui honore son bon cœur : « Me voici dans l'infanterie, écrivait-il à l'une de ses tantes ; que voulez-vous ? la cavalerie est bien plus agréable ; mais, pendant les six semaines que j'y suis resté, je regrettais tant de ne pas porter le même uniforme que mon bien-aimé père ! » Le bruit et l'agitation de la vie de Saint-Cyr ne pouvaient lui faire oublier les Trillers, où souvent il avait passé le meilleur temps de ses vacances. Le souvenir de cette campagne et de ses habitants le poursuivait partout : « Si je n'étais soldat, disait-il, je voudrais être agriculteur. Il n'y a guère que l'une de ces deux carrières qui convienne à notre position. Ah ! mon Dieu, que la réalité de la vie est ennuyeuse. Pourquoi mon oncle n'établit-il pas dans son exploitation une petite armée dont il me nommerait généralissime. Je voudrais bien savoir ce que fait mon cousin ; s'occupe-t-il d'agriculture ? Et la maison, est-elle construite ? Et la cabane de *Turco* ? Dieu ! que je suis enfant ! Mais, vous ne vous figurez pas comme ces petites choses-là me font du bien, lorsque j'y pense. Au milieu de ce bruit de trompettes, de tambours et de fusils, au milieu de toute cette agitation et de mes amis même, je me trouve seul, et je reprends la route des Trillers pour y bâtir des châteaux en Espagne. »

Nous regrettons de ne pouvoir suivre Robert dans toutes les phases de sa vie. On trouverait sans doute bien des déceptions à côté d'exemples à imiter, et peut-être aussi une leçon pour éviter les écueils semés sous les pas des jeunes gens. Mais il nous reste peu de ses lettres ou de ses écrits, car, à son départ de Besançon, en 1870, il avait tout emporté ; aujourd'hui tout serait enseveli dans l'oubli de la tombe, si son souvenir n'était resté profondément gravé dans le cœur de ceux qui l'ont connu.

D'après le portrait tracé par l'un de ses amis, Robert avait toutes les qualités de caractère et d'intelligence qui assurent un avancement rapide et un brillant avenir. « Nous en étions arrivés, dit-il, à l'heure où, devenus hommes, nous avions à choisir nos affections, nos opinions, nos relations ; à l'heure où les premières séductions, se présentant avec l'attrait irrésistible de l'inconnu, mettent de l'émotion au cœur des plus sages. Nous allions prendre notre place dans le mouvement du monde, et nous faire par nous-mêmes des idées sur la vie.

« Robert abordait la lutte avec des principes d'action très-sûrs. Au sentiment de la famille, vivace en son âme, s'alliait chez lui le sentiment de l'honneur qui le portait d'instinct à faire ce qui relève, à éviter ce qui abaisse. Il avait conservé une noble fierté. Aimable pour tous, mais réservé, il n'engageait de liaisons qu'avec ceux dont il pouvait sans rougir toucher la main.

« Lancé dans le courant de la vie, il dut sans doute en connaître les séductions ; mais de fortes attaches le retenaient au bien et au beau, je lui appliquerais volontiers le mot qu'on a dit au sujet de M. de Montalembert : « Il était droit, fidèle et vrai dans ses paroles et dans ses actes. »

Pendant les deux dernières années de sa vie, les idées de Robert s'étaient mûries par la réflexion. Il eut la pensée d'entrer dans la légion romaine; différentes circonstances s'opposèrent à la réalisation de ce projet. « Si vous saviez, disait-il, combien m'assomme cette vie de pension et de café ! Voilà le revers de la médaille ! Et dire que j'ai pareille perspective jusqu'à la fin de mes pauvres jours ! Que pensez-vous, ajoutait-il, de toutes les agitations politiques dont nous sommes témoins ? Tout cela finira par un cataclysme épouvantable. Quelles guerres de géants il faudrait pour rétablir l'équilibre européen ; et on ose encore parler de paix universelle ! »

Robert ne restait jamais oisif; il savait employer d'une manière utile les loisirs de la garnison. Le besoin d'activité et la pensée de faire un travail utile le portèrent, en 1869, à entreprendre un voyage à l'étranger avec un de ses camarades, pour étudier de près l'organisation des armées allemandes.

Dans une lettre du 29 décembre 1869, il demandait les dictionnaires de Bouillet, qui devaient lui servir chaque jour. « De mémoire d'homme, avait-il écrit quelques mois auparavant, on n'a vu une pareille effervescence dans l'armée : travaux et rapports de tous côtés, commissions de toutes sortes. Je suis rapporteur d'une commission régimentaire, chargée de discuter la réorganisation de l'armée comparativement aux autres armées européennes. »

Cette activité dans les travaux militaires était l'indice d'une guerre imminente. Tous en jugeaient ainsi. Robert, en déplorant les glorieux honneurs de la guerre, désirait voir poindre une campagne à l'horizon. « Un soldat, disait-il, est forcé de désirer les combats, surtout au commencement de sa carrière; sans cela point de débouchés possibles, mais la perspective de s'en aller capitaine en retraite! Aussi accueillerai-je par un *hurrah* une belle guerre avec n'importe qui...; rien de tel qu'une bonne campagne pour vous lancer. »

Une lettre du 8 mai 1870 nous montre avec quelle maturité de jugement il appréciait les événements politiques. « J'ai été, je l'avoue, étrangement surpris du dépouillement du scrutin de mon bataillon en voyant une majorité de *non;* personne ne se serait attendu à pareil résultat. Cela me ferait croire que l'armée ne donnera peut-être pas à l'Empereur le coup de collier qu'il en attendait...; entre nous, ce ne serait pas volé, car rien n'est moins rationnel, et rien n'est plus inique que ce vote de l'armée...

« Rien n'est moins rationnel, car, à mon avis, le soldat sous les drapeaux n'est pas un citoyen libre, puisqu'il ne jouit pas (momentanément du moins) de tous les droits du citoyen. En outre, je crois qu'il est mauvais, au point de vue de la discipline, de le laisser se mêler à toutes les discussions. C'est sous ce prétexte qu'on lui interdit d'assister aux réunions publiques, d'écrire.... Il me semble, à plus forte raison, qu'il ne doit pas voter, puisque le vote doit être le résultat de la discussion.

« Rien de plus inique, nous l'avons vu ces jours derniers : Ordre du jour du colonel recommandant le *oui*, anathématisant le *non;* propagande des officiers en faveur du *oui*, ou tout au moins de l'abstention. Eh bien! voilà justement, je crois, ce qui a fait cette majorité de *non*. Le soldat, rigoureusement tenu par la discipline réglementaire, aime sa liberté de citoyen. Ne sentant aucune pression, il eût peut-être été fier de faire un acte de citoyen en portant un *oui* au scrutin : contrarié de l'immixtion de l'autorité, là où elle n'avait que faire, il a accueilli avec enthousiasme les bulletins *non* que lui offraient à la porte les agents du club démocratique. »

Avant son départ de Schelestadt pour Besançon, en 1870, il écrivait à l'un de ses oncles une lettre charmante où l'on retrouve les deux sentiments qui dominaient sa vie : le culte de la famille et l'amour du devoir. « Je vous avouerai, disait-il, que mon grand désir serait d'aller vous faire une longue visite de plusieurs jours; on sent si vivement le charme des bonnes choses dont on est privé. Je changerais bien ma vie de garnison contre une bonne vie menée entre le Plaix et les Trillers. Mais ce serait vraiment trop agréable; et, si je ne me trompe, on n'est pas dans ce monde exclusivement pour s'amuser. Malgré tout, je conserverai ma carrière militaire, et ne la changerai contre aucune autre. »

Le 14 juillet, il prévoyait les tristes résultats de la terrible lutte qui se préparait :

« Nous sommes assez préoccupés ici de l'éventualité d'une guerre. Comme militaire, ce serait bien mon affaire, mais je comprends qu'on hésite avant de s'embarquer dans une affaire si grave. On se prépare avec activité, mais pas si activement, je crois, que les Prussiens, qui ont déjà un corps d'armée à Mayence et un autre sur le Rhin de Coblentz à Cologne. Néanmoins, on assure que nous avons un corps d'armée prêt à occuper le Luxembourg au premier signal.

« Je crois qu'on doit accepter la guerre avec résignation, parce que si nous ne l'avions pas aujourd'hui, ce ne serait que partie remise ; et remettre la partie serait un peu dangereux, car chaque jour les

Prussiens resserrent leur cercle de fer et établissent des camps retranchés tout le long du Rhin, même en dehors de chez eux. Ils occupent, comme si elles leur appartenaient, toutes les villes de la Hesse. Nous les avons laissés faire, c'est notre faute. Nous eussions évité tous ces embarras si, à l'époque de Sadowa, nous avions montré la moindre fermeté. »

Dans une lettre du 22 juillet, il donnait de curieux détails sur l'enthousiasme des populations et sur la confiance de nos troupes au commencement de la guerre :

« S'il y a longtemps que je ne vous ai écrit, mon cher oncle, disait-il, c'est parce que nous avons été continuellement en mouvement depuis une dizaine de jours. A huit heures du soir, nous avons reçu l'ordre de quitter précipitamment Besançon pendant la nuit. J'ai fait mes malles à la hâte, puis des contre-ordres nous ont fait attendre deux ou trois jours. Vous ne vous figurez pas l'enthousiasme des populations en Alsace, surtout aux arrêts des convois ; des jeunes filles et des femmes de la meilleure société des villes où nous passions, à Colmar et à Mulhouse, venaient nous offrir bouquets, cigares, bouteilles de vieux vins; on ne savait qu'en faire, et on acceptait pour ne pas contrarier par des refus; mais ce qu'il y avait de plus touchant, c'était de voir quelquefois des vieillards seuls, travaillant dans les champs, et se découvrant au passage de nos soldats ; partout nos hommes étaient nourris et abreuvés gratis, et servis par des mains charmantes. Partout des cris de « Vive l'armée ! » et aux soldats « bon courage » et « n'ayez pas peur ».

« La guerre sera terrible ; les avantages matériels sont pour nous ; les difficultés viendront de ce que nous ne luttons pas contre la Prusse seule, mais aussi contre l'Allemagne. Les soldats sont étonnants d'ardeur ; c'est admirable. Je vous écris du bivouac, car les événements ont été si précipités que nous n'avons pas pu nous procurer de tentes ; nous espérons que le gouvernement nous en donnera dans quelques jours.

« Si vous saviez quelle journée fatigante a été celle d'hier ! Nous nous sommes levés à deux heures du matin pour faire plus de quarante kilomètres à pied ; puis nous nous sommes embarqués en chemin de fer, pour n'arriver à Strasbourg qu'à minuit, après plusieurs marches et contre-marches. Nous nous sommes couchés dans un pré en arrivant, sans manteau. Ce matin nous avons nos cantines et bivouaquons en face de Kehl, en attendant la concentration du 1er corps d'armée (Mac-Mahon), dont nous faisons partie ; nous en sommes tous heureux, car là est certainement le corps principal et sur lequel on compte pour les coups décisifs. Mac-Mahon est sûrement l'homme qui nous inspire le plus de confiance, et notre corps d'armée est composé, pour une bonne moitié, des troupes d'Afrique, zouaves et turcos.

« La dernière nuit, nous avons eu une alerte dans notre camp, et nos soldats ont saisi deux espions de Prusse. Les pauvres Badois se sont amusés à envoyer dans notre campement quelques boulets. Ils n'arrivent même pas à un demi-kilomètre de nous. Dans deux jours, dit-on, nous poussons hardiment; mon général de division est le général Douay, et son chef d'état-major le bon colonel Robert.

« A propos, je suis enfin nommé lieutenant au *Moniteur* de ce matin. »

Le 1er août, Robert campait avec son régiment entre Haguenau et Lauterbourg. C'est de là qu'il écrivit à sa sœur, devenue religieuse, le billet suivant:
« Enfin nous voilà engagés dans une guerre terrible. J'aime cette vie-là. Tout l'un ou tout l'autre : les émotions du combat ou la tranquillité parfaite. J'ai le premier lot, et je le prends bravement. Nous faisons partie du 1er corps d'armée, le corps le plus actif, avec les turcos et les zouaves. Nous allons entamer les hostilités; mais peu m'importe de rester

sur le champ de bataille. C'est un devoir à remplir et le mérite en vaut bien d'autres. »

Cette mort que Robert envisageait comme un sacrifice dû à la patrie, il la rencontra dès le premier combat; mais il la considérait sans crainte, car son âme était réconciliée avec Dieu. Avant de quitter Besançon pour entrer en campagne, il s'était jeté aux pieds d'un prêtre et s'était relevé joyeux. Aussi le vit-on montrer un courage héroïque en face du danger.

A la bataille de Wœrth, le 78ᵉ régiment de ligne fut presque anéanti. Un des camarades de Robert l'avait vu blessé au bras dans la matinée, mais refusant de se faire panser; puis une balle l'avait frappé à la tête et il était tombé baigné dans son sang. De Kœnisberg où il avait été emmené prisonnier avec les survivants du 78ᵉ de ligne, M. de Kérangue écrivit le 22 août 1870 à la famille de Montaignac : « En embrassant Robert une dernière fois, je lui ai fermé les yeux. Il est mort en brave et bon chrétien, muni d'un passeport de l'aumônier de Besançon. »

Robert, selon le désir qu'il avait exprimé, était allé rejoindre son père et sa mère au ciel.

« Maintenant nous n'en sommes point encore dignes, avait-il écrit à sa sœur, le 19 juillet 1863;

mais, vois-tu, quand nous aurons souffert encore quelques années, nous pourrons être réunis à notre bon père et à notre bien-aimée mère. »

OLIVIER D'IMÉCOURT

OLIVIER COMTE D'IMÉCOURT, élève de l'École Sainte-Geneviève du 11 octobre 1864 au 1ᵉʳ avril 1866, admis à Saint-Cyr en 1868, sous-lieutenant au 6ᵉ chasseurs, mort le 28 août 1870.

OLIVIER reçut, en sortant de Saint-Cyr, au moment de la déclaration de guerre, une commission de sous-lieutenant et rejoignit son régiment à Tarascon. Tous les officiers avaient l'ordre de partir dans les vingt-quatre heures. A peine était-il équipé, qu'il fut dirigé sur le camp de Châlons où il arriva le 5 août, exténué par un voyage de quarante-huit heures. Le 6, il repartit en avant vers Nancy. Obligé de coucher dans une plaine marécageuse, il ressentit au réveil de violentes douleurs de tête, premiers symptômes d'une maladie qui allait l'emporter rapidement. Le lendemain arrivait l'ordre de retourner au camp. Il lui fallut franchir, bien que souffrant, cinquante kilomètres sous les ardeurs du soleil; et malgré lui il dut accepter un congé pour réparer ses forces.

Le 19, il embrassait à Paris sa mère, fort inquiète sur une santé déjà compromise. Madame d'Imécourt redoutait une crise prochaine. Se rappelant une promesse de son fils, elle prévint monsieur le curé de Chaillot, qu'elle introduisit dans la chambre du malade. « Il a fait sa confession, dit le prêtre en sortant, avec droiture et simplicité; je suis content de ses dispositions. » Olivier ne soupçonnait pas la gravité de son état, car il dit à sa mère : « Vous me croyez donc bien malade, moi, je ne le crois pas; mais enfin, je vous avais promis de me confesser, et maintenant la chose est faite pour le mieux. Si vous voulez, quand je serai rétabli, vous me conduirez à Notre-Dame des Victoires. » Les soins maternels et les remèdes humains furent impuissants. Après une pénible agonie, Olivier rendit le dernier soupir, le 28 août, à deux heures et demie du matin.

FERNAND MENDOUSSE

Fernand Mendousse, né à Auch, en 1849, élève du petit séminaire d'Auch, puis de l'École Sainte-Geneviève du 9 octobre 1866 au 20 août 1869, admis à l'École Polytechnique en 1869, sous-lieutenant du génie, blessé mortellement aux remparts de la Double-Couronne du Nord le 25 janvier 1871.

Fernand passa la plus grande partie de sa jeunesse à Auch, sa ville natale. Ses parents ne pouvaient consentir à se séparer d'un fils unique, leur joie et leur consolation. Les exigences d'une préparation sérieuse aux écoles du gouvernement réclamèrent un premier sacrifice.

A l'École Sainte-Geneviève et à l'École Polytechnique, il ne démentit pas les espérances qu'on avait fondées sur son travail assidu et sa bonne conduite. Pendant le siége de Paris, on avait besoin d'officiers intelligents pour les travaux des fortifications. Fernand, sous-lieutenant du génie, se vit confier les remparts de la Double-Couronne du Nord. Comme il se rendait à Saint-Denis, il rencontra dans Paris un ami du séminaire d'Auch, rédacteur de la *Gazette de France*, et lui dit d'un ton pénétré : « Notre cause est perdue, je le sais, mais j'aime mieux mourir que de voir rendre Paris. »

Le 25 janvier 1871, il observait calme et impassible le tir et les positions des batteries ennemies, quand il fut atteint d'un projectile et mis hors de combat. Dieu avait accepté le sacrifice volontaire du fils et celui du père, qui, lui aussi, avait prononcé ces paroles empreintes d'un dévouement sublime : « J'adore presque Fernand, eh bien! je dirais au bon Dieu de le prendre, si sa mort doit sauver la France. »

Nous n'avons pu recueillir aucun détail précis sur la mort de Fernand; mais nous savons qu'il s'était confessé peu de temps avant le jour où il reçut sa blessure. Il était de cette génération qui reste fidèle aux principes de l'éducation chrétienne. Au moment où il allait partir pour Paris afin de contribuer à la défense de la capitale, son père, craignant qu'il eût laissé s'affaiblir les principes religieux de son enfance durant son séjour à l'Ecole Polytechnique, crut devoir lui rappeler ses obligations de chrétien : « Soyez tranquille, mon père, avait-il répondu; je ne les ai point oubliées et je ne les oublierai jamais. »

AUGUSTE DE NEUKIRCHEN

DE NYVENHEIM

Auguste de Neukirchen de Nyvenheim, élève du collége Sainte-Marie, de Toulouse, puis de l'École Sainte-Geneviève du 16 octobre 1862 au 25 juillet 1865, admis à Saint-Cyr le 14 octobre 1865, sous-lieutenant au 4ᵉ chasseurs d'Afrique, le 1ᵉʳ octobre 1867, puis au 11ᵉ chasseurs le 4 mars 1868, sous-lieutenant au 1ᵉʳ lanciers de la garde le 8 août 1869, blessé mortellement au combat de Mars-la-Tour le 16 août 1870, mort le 15 septembre suivant.

Auguste de Nyvenheim était le plus jeune de trois frères qui rivalisèrent d'une noble et généreuse ardeur durant la dernière guerre contre la Prusse. Un seul a survécu à nos désastres, après avois pris une part glorieuse à presque toutes les batailles de nos longues et douloureuses campagnes.

Déjà, plusieurs années auparavant, l'aîné de la

famille, le baron Bernard de Neukirchen de Nyvenheim, avait succombé à Mostaganem, en Afrique, épuisé par les rudes fatigues d'une vie pleine de dévouement et d'héroïsme. Ancien élève du collège de Brugelette, il s'était engagé à dix-huit ans dans un régiment de cuirassiers. A dix-neuf ans, il sauvait à la nage, au risque de sa vie, un soldat qui était sur le point de se noyer. L'année suivante, il arracha à la mort une femme surprise dans sa maison par un violent incendie; sur les cris de la malheureuse mère, se précipitant pour la deuxième fois dans les flammes, peu d'instants après, il lui remettait entre les bras son enfant sain et sauf. La mort le frappa sans le surprendre. Il eut le bonheur de rendre le dernier soupir assisté par un prêtre, qu'il chargea de consoler sa mère, en lui annonçant qu'il était mort digne d'elle et digne de Dieu.

Charles de Nyvenheim avait été, comme Bernard, élève de Brugelette. Entré à Saint-Cyr, puis sous-lieutenant aux lanciers, il se trouvait, au moment de la guerre, lieutenant au 5ᵉ chasseurs.

D'un caractère vif et gai, d'une humeur un peu railleuse que tempéraient la douceur et la bonté, Charles avait su gagner l'affection de ses camarades et l'estime de ses chefs. Quand vint l'heure du danger, le jeune homme s'approcha de la table sainte, et, nourri du pain des forts, marcha courageusement à la rencontre de l'ennemi.

« Chère maman, écrivait-il à la suite du premier combat, je me porte à merveille. J'ai reçu, comme on dit, le baptême du feu. J'ai entendu siffler les balles et ronfler les boulets, et me voilà enchanté de l'épreuve, qui est toujours remplie d'incertitudes.

« Je porte à mon cou le chapelet de ma bonne grand'mère; c'est ma relique; j'ai élevé mon âme à Dieu et suis prêt à tout événement.

« Je vous embrasse tous et vous recommande bien le calme que vous devez puiser dans notre religion. »

Le 16 août, il était à Gravelotte. Le 5ᵉ chasseurs, après avoir exécuté une charge brillante contre le 16ᵉ uhlans, essayait de se rallier, lorsque Charles aperçoit le sous-lieutenant Ducaze démonté, et entouré de six cavaliers ennemis. Sans hésiter, il s'élance seul afin de porter un prompt secours à son camarade; mais il est atteint d'un coup de lance et tombe raide mort. On l'enterra le soir auprès d'un grand bois, et tous les officiers du régiment pleurèrent cette héroïque victime du dévouement et de l'amitié!

Auguste, beaucoup plus jeune qu'eux, n'avait pas dégénéré de ses frères; c'était une de ces natures d'élite en qui semblent réunis les dons du ciel et de la terre. Il possédait un esprit fin et délicat, un cœur sensible et généreux, avec un extérieur doux et attrayant, et, par-dessus tout, une rare énergie de caractère jointe au sentiment profond du devoir et au culte passionné de l'honneur. Il fallait des victimes de choix pour apaiser la colère de Dieu et pour sauver la France.

Durant son séjour à l'École Sainte-Geneviève, Auguste se fit remarquer par sa piété et une grande dévotion envers la sainte Vierge. Avec quelques-uns de ses camarades, il allait chaque semaine visiter les pauvres. Dans l'une de ces promenades de charité, vers le premier jour de l'an, les élèves demandèrent au Père qui les conduisait la permission d'acheter quelques friandises pour les distribuer aux enfants de leurs familles d'adoption.

Auguste voulut que son aumône fût plus pratique : « Mes camarades n'ont pas de goût sérieux, dit-il au Père ; laissez-moi acheter cette meule de moulin ; » et il s'empara d'un pain énorme. Mais il fallait transporter son fardeau au milieu des rues et durant un trajet assez long. Sans respect humain et sans craindre de nuire à sa toilette toujours assez soignée, il emporte le pain dans ses deux bras. Une voiture où se trouvaient quelques-uns de ses parents vient à passer. Quelle ne fut pas leur surprise en voyant Auguste ainsi chargé! « Où vas-tu donc ainsi ? lui dirent-ils. — Je vais faire un heureux, » — et il continua son chemin.

Une vertu, qui est le plus précieux trésor d'un jeune homme chrétien, lui fut surtout chère. Il avait confié la pureté de son cœur à la garde puissante de Marie et elle le protégea dans les circonstances les plus critiques. Un jour de mardi gras, Auguste rencontre vers le soir un jeune homme qui l'invite à dîner avec deux de ses amis. Sans méfiance, il accepte ; mais à peine entré au Palais-Royal, il s'aperçoit du guet-apens où l'on veut le faire tomber. Les propos licencieux de ses convives mettent son âme à la torture. Plein d'inquiétude, il se disait à lui-même : « Ma mère prie tant le bon Dieu pour moi afin que je ne faiblisse point! Chaque semaine elle fait dire des messes et brûler des cierges dans plusieurs églises, pour que la sainte Vierge me garde !.. » Tout à coup il s'écrie : « Quelle belle chose que la virginité ! » Cette exclamation fut prononcée avec un tel accent de naïveté et d'énergie, que la conversation en fut aussitôt interrompue, et changea de sujet.

Après le dîner, on se rendit dans un salon. Auguste se dirige aussitôt vers le piano, pour échapper à la mauvaise compagnie qui l'entoure. Mais quel air jouer ? Il ne se rappelle plus que le cantique chanté le matin au collége : *Au secours, Vierge Marie ;* et il chante à demi-voix les paroles, s'accompagnant sur le piano... Bientôt il s'arrête, regarde sa montre, et s'écrie : « Mon Dieu, je crains d'arriver en retard ; » et il s'élance hors du salon. De retour au collége, il s'empressa d'aller trouver son directeur, lui confiant ses inquiétudes au sujet de son imprudence involontaire, et bénissant Dieu d'avoir échappé à un aussi grand péril.

Après un tel acte de courage chrétien, on peut déjà prévoir ce qui arrivera dans l'avenir, si jamais la vertu d'Auguste se trouve en danger de faire naufrage. Les séductions du monde seront peut-être un instant capables de captiver son cœur ; mais le pieux jeune homme saura alors pousser vers Marie un cri de détresse, et la mère de la divine grâce ne manquera pas d'accourir au secours de son enfant.

Entré aux lanciers de la garde en 1869, Auguste tressaillit aux premiers bruits de guerre. Voici en quels termes de résignation chrétienne il annonçait sa prochaine campagne à deux de ses parents :

« Quelques mots, en partant, pour vous faire mes adieux : Je pars demain matin pour la frontière, nous nous arrêterons à Nancy, où nous passerons sans doute deux jours.

« Je compte sur vous deux pour donner du courage à ma pauvre chère maman, et l'empêcher de succomber à la nouvelle épreuve que Dieu lui envoie. Pauvre mère !

« Nous ferons notre devoir comme il convient à de bons Français, et si Dieu veut nous rappeler à lui, la balle qui nous frappera, ne frappera que de bons chrétiens. »

Puis, revenant sur cette pensée sérieuse qui manifestait de tristes pressentiments, il ajoutait : « Je vous embrasse de toutes les forces de mon âme. Priez pour que votre petit Auguste se montre digne de votre affection et du nom qu'il porte. Dans tous les cas, si une balle prussienne vient me *démolir*, soyez certain que je mourrai avec tous les sentiments que vous avez mis dans mon cœur, de concert avec ma mère. »

Avant de quitter Paris, il avait eu soin, comme écrivait son frère Charles, de régler son passeport pour l'éternité. Un Père de la Compagnie de Jésus, chez lequel il se présenta rue de Sèvres, raconte ainsi cette touchante entrevue.

« C'est à la fin de juillet ou le 1er août que de Nyvenheim (le plus jeune) vint me trouver. Il partait le soir même pour l'armée du Rhin, passait rapidement par Paris, et en profitait pour se mettre en règle.

« Je ne le connaissais pas, mais il était impossible de ne pas subir le charme qu'inspirait sa jeunesse, sa physionomie ouverte et pleine de candeur, son air martial et décidé qui contrastait de la façon la plus singulière et la plus sympathique du monde avec l'extérieur frêle et délicat de sa personne. J'entendis sa confession. Lorsqu'il eut fini, il se jeta à mon cou en disant : « Eh bien ! maintenant, Père, est-ce que je puis mourir? — Dieu vous en garde, mon ami, répondis-je, mais si le danger, que vous ne fuirez pas, vous est fatal, mourez sans crainte; votre âme est prête. — Oh ! que ma mère va être heureuse, ajouta-t-il, quand elle saura que j'ai fait une bonne confession avant le départ! Figurez-vous, Père, que nous sommes trois enfants, tous les trois militaires, tous les trois à l'armée du Rhin, et ma mère nous écrit des lettres admirables de courage. Tenez, je viens d'en recevoir une aujourd'hui même; vous allez voir si on peut avoir une telle mère et n'être pas brave ! » Puis, ouvrant son uniforme, il allait me montrer cette précieuse lettre qu'il portait sur son cœur, lorsque se ravisant soudain, il la referma, et me dit avec un accent plein de résolution : « Non, Père, non :

cela vaut mieux; je ne vous la lirai point; j'en serais trop ému et je ne veux pas. »

Quelques jours après, Auguste arrivait avec son régiment sous les murs de Metz. L'heure du péril approchait; voulant encore une fois se réconcilier avec Dieu et le recevoir dans son cœur, le pieux officier se rendit au collége Saint-Clément, où il passa la nuit. Le lendemain, après son action de grâces, il dit à l'un de ses anciens professeurs de l'école Sainte-Geneviève : « Si je succombe, écrivez à ma mère que j'ai communié avant de mourir. Cela adoucira son chagrin et la consolera. — J'aime à croire, répondit le Père, que je n'aurai point une semblable lettre à écrire, et vous-même annoncerez avec vos succès la manière dont vous les avez préparés. » Puis Auguste partit pour la frontière, plein de confiance dans la valeur de nos soldats.

Le 16 août, après avoir accompagné l'Empereur à Conflans, les lanciers de la Garde rentraient à Gravelotte, lorsqu'ils entendirent gronder le canon. Ils se dirigèrent de ce côté, prêts à entrer en ligne. Vers quatre heures du soir, le régiment d'Auguste se préparait à exécuter une charge contre quatre régiments ennemis. Le brave colonel de Latheulade, aujourd'hui général, connaissait et aimait Auguste depuis son enfance; il l'avait reçu de sa mère comme un précieux dépôt dont il devait répondre. Ce vaillant officier, qui ne savait pas craindre pour lui-même, se prit à trembler pour les jours de son cher protégé, auquel il communiqua ses appréhensions : « Alors, dit Auguste avec un ton de doux et fier reproche, il faut que vous m'estimiez bien peu, pour me tenir éloigné du danger! — Va donc, répartit le colonel, fais ton devoir, et que Dieu te garde! »

En chargeant à la tête de son peloton, il cria à ses lanciers : « Allons, mes amis, faites comme moi, et vous ferez bien; mais *ne me lardez pas!* » Puis il disparut, au milieu d'un tourbillon de poussière. La moitié du régiment ne revint pas. Le pauvre Auguste avait été frappé d'un coup de lance à la gorge, d'un coup de feu à la jambe, et désarçonné; il eut même plusieurs côtes enfoncées sous le piétinement des chevaux.

Le soir, on le releva mourant sur ce champ de bataille où son frère Charles venait d'expirer. Il fut recueilli par une excellente famille qui ne cessa de lui prodiguer, pendant un mois de longues et pénibles souffrances, les soins les plus assidus et les plus dévoués. On savait déjà combien les lanciers et les dragons de la Garde avaient été éprouvés dans les combats livrés sous les murs de Metz, lorsque la Gazette de France du 2 septembre annonça les blessures d'Auguste. A cette triste nouvelle le P. Cosson s'empressa d'écrire à madame de Nyvenheim, pour satisfaire à ce filial désir qui lui avait été exprimé un mois auparavant: « Si je succombe, écrivez à ma mère que j'ai communié avant de mourir ; cela adoucira son chagrin et la consolera. » Quelle plus douce consolation en effet, pour le cœur chrétien d'un père ou d'une mère, que l'espérance du salut de leurs enfants !

Auguste ne devait pas tarder à succomber. Malgré ses efforts et sa sollicitude, M. le docteur Brémond ne put arrêter la gangrène du poumon, qui faisait dépérir lentement le pauvre blessé; et madame la baronne de Nyvenheim, qui déjà pleurait un de ses fils, reçut un jour cette lettre :

« Madame la baronne,

« Voici pour vous un bien triste et douloureux message. Jeudi, 15 septembre, à midi, monsieur votre fils, après un mois d'atroces souffrances, a rendu à Dieu sa belle âme, dont il avait fait le sacrifice sur le champ de bataille de Mars-la-Tour.

« La veille il vous a encore écrit. Peut-être aurez-vous reçu ce dernier gage, ce suprême effort de sa tendresse! Il vous disait que sa position n'avait rien de désespéré, il croyait guérir. Mais hélas ! je savais que l'hôte que m'avait donné le malheur, l'ami fidèle qui m'était réservé pour des jours meilleurs (je l'avais un moment espéré) ne devait pas m'être conservé ! Il est mort entouré de tous les secours de la religion, sous les yeux de plusieurs de ses camarades...

« M. de Nyvenheim, bien qu'il n'ait passé chez moi que peu de jours, a été pleuré de toute la commune, et, sur cinq cents habitants, plus de trois cents assistaient au convoi funèbre.

« La commune a voulu faire les frais. Le corps a été déposé dans une double bière en bois de chêne, et puis placée dans une concession à perpétuité. Je garde comme un triste trophée, mais aussi comme de consolantes reliques, pour vous les remettre quand vous viendrez pleurer sur sa tombe, les quelques objets qui lui ont appartenu. »

Le bon et noble Auguste s'en était allé vers un monde meilleur rejoindre ses deux frères Bernard et Charles, qui, comme lui, avaient su conserver intact jusqu'à la mort le précieux héritage de la foi.

GUILLAUME ROUX

Guillaume Roux, né à Avignon, en 1850, élève du pensionnat Saint-Joseph d'Avignon de 1857 à 1866, puis de l'école Sainte-Geneviève du 9 octobre 1866 au 9 août 1867 ; mort à Avignon le 12 janvier 1871.

Voici le portrait que nous fait de Guillaume Roux celui qui avait pénétré le plus avant dans les secrets de son âme et à qui revenait de droit la consolation d'écrire cette notice :

« De Guillaume Roux que vous dirai-je ? Quand je l'avais pour élève, il n'avait de remarquable parmi ses camarades que ses quatorze ans en rhétorique, son amour du travail et ses succès. Sa position d'orphelin attachait aussi à lui. Trois ans après, à son retour de la rue des Postes, il me demanda à le recevoir comme pénitent. Pendant deux ans que j'ai eu le soin de son âme, je puis dire que j'ai été ravi des beautés nouvelles que j'y découvrais chaque jour. Sa générosité au service de Notre-Seigneur me confondait, et bien souvent, en le quittant, je me prenais à pleurer de honte et de dépit contre moi-même, en voyant que cet enfant, que je devais guider, était pour moi un parfait modèle à imiter... J'aurais voulu faire sa biographie complète; mais le temps et les forces pour en parler comme il convient me font également défaut. »

Nous regrettons que la plume qui a écrit ces lignes, que le cœur qui les a dictées, n'aient pu venir à notre aide. Mieux que tout autre, il aurait su parler comme il convient de cette âme d'élite.

Guillaume ne prodiguait pas son affection au premier venu; mais à ses amis il ouvrait son âme tout entière. La discrétion ne nous permet de laisser voir ici que la plus petite partie des trésors qui rendaient ses relations si précieuses à ses intimes. Nous espérons cependant en dire assez, pour montrer que cette vie, si obscure, si simple, si enfantine même au premier abord, fut une vie toute de dévouement et eut pour unique mobile la plus solide piété.

C'est à Saint-Pierre d'Avignon que Guillaume fut baptisé. Ce sera toujours un de ses plus chers souvenirs : » Toutes les fois que je le pourrai, écrit-il à un ami en 1868, je m'échapperai dans une église, et, à chaque fois, j'aurai un souvenir pour vous. A peu près vis-à-vis le notaire chez qui je travaille, est Saint-Pierre... C'est là que j'ai été baptisé... C'est un quartier que j'aime bien... J'en aime surtout l'église, cette vieille église avec sa façade dentelée des sculptures les plus riches, avec ses clochetons, avec ses saints. Là, ces derniers mois, je m'arrêtais généralement, quand j'allais chez M. C*** ou chez un notaire voisin parler de nos affaires ; j'implorais le secours de l'Esprit Saint, je demandais au bon Jésus de représenter mon père et ma mère, et d'administrer en cette qualité la fortune que nos parents nous ont acquise... Oh! j'aime cette vieille église! J'y obtiendrai de devenir et de rester blanc comme le jour où j'en suis sorti après mon baptême. »

La première enfance de Guillaume se passa à Marseille, où M. Roux avait acheté une étude de notaire. Il se montrait déjà l'enfant soumis et appliqué que nous retrouverons au collége. Pour obéir à son père, il savait vaincre la timidité de son caractère : « Souvent, raconte un ami, confident de ces premiers souvenirs, il lui arrivait de rentrer en pleurant de sa pension où les élèves l'avaient battu ; son père lui reprochait de s'être laissé faire. Un jour qu'il se plaignait d'un de ses camarades qui l'avait ainsi maltraité, son père lui dit avec un accent qui ranima son courage : « Il faut le lui rendre. » Quelques instants après, Guillaume rencontre son petit tyran au coin d'une rue, lui tombe dessus, le roue de coups et, après sa victoire, revient triomphant à la maison, où son père le félicite, en lui faisant remarquer cependant qu'une autre fois il ne faudra pas se livrer en pleine rue à un pareil exercice. »

De retour à Avignon, après la mort de son père, Guillaume persécuta sa mère pour être mis au collége. C'était en 1857, il avait alors sept ans. Le P. Barrelle, recteur du pensionnat Saint-Joseph, auquel il fut présenté, refusa d'admettre un si jeune élève. Guillaume fondit en larmes à cette réponse, le Père se laissa toucher, et l'enfant fut admis comme externe dans la classe de huitième.

C'est alors que commença pour notre écolier une de ces liaisons, qui devaient remplir toute sa vie. Avec lui entrait au collége un enfant de son âge, du même mois, presque du même jour que lui. Ils se connaissaient déjà, leur timidité servit encore à les rapprocher l'un de l'autre : « Nous avions fait, nous dit Gabriel — c'était le nom de cet ami, — un pacte d'alliance, qui consistait à nous avertir l'un l'autre des mauvais tours que l'on voulait nous jouer. Guillaume était à la tête de la classe, et commençait ainsi cette longue série de succès que couronna à la fin son double baccalauréat. A Pâques il fut jugé assez fort pour monter en septième. »

Cette première amitié ne fit que se fortifier avec le temps. Les deux amis, lorsqu'ils étaient à Avignon, ne se quittaient pas. « Chaque fois que j'arrivais de Nîmes, c'était habituellement le dimanche, mes parents ne pouvaient venir à la gare à cause de l'heure, mais Guillaume y était toujours. Du plus loin qu'on pouvait apercevoir la gare, je mettais la tête à la portière; et du plus loin qu'on pouvait apercevoir le train, Guillaume se penchait au-dessus de la barrière. Bientôt nous étions ensemble, heureux comme au temps des vacances. »

Déjà nous savons, par le double témoignage de son professeur et de son condisciple, ce qu'était Guillaume à la fin de ses études. La mort lui avait déjà enlevé sa mère. Se voyant destiné à devenir de bonne heure le protecteur et le soutien de ses sœurs dans le monde, il voulut y conquérir une place honorable : il résolut de se faire admettre à l'école polytechnique.

Ce n'est pas sans une certaine tristesse qu'il annonce à son ami son prochain départ pour l'école Sainte-Geneviève, qu'il lui parle de « ces dix terribles mois de collége, où il ne pourra voir ni parents, ni amis, seul, exilé, toujours plongé dans le travail, dans les froids calculs des mathématiques. » Il lui promet de lui écrire ses premières impressions, dans sa nouvelle vie. Dans toute cette lettre, le sourire habituel du bon Guillaume ne perce qu'à grand'peine à travers ses larmes. « Quand ton père sera de retour d'Italie, écrit-il en finissant, tu lui diras aussi quelque chose de son vieil ami, Guillaume dans les fers. »

Guillaume sentit en effet peser un peu lourdement sur ses épaules les mille petites exigences de la vie d'internat nouvelle pour lui, et les ennuis d'une étude peu conforme à ses goûts. A cela s'ajoutait la préoccupation de l'avenir. L'école polytechnique ne lui réserve-t-elle pas plus de difficultés encore? Où le conduira-t-elle? Peut-être dans l'armée, lui si peu fait pour la vie militaire. Cependant il résolut de continuer sérieusement l'épreuve qu'il avait commencée.

Bientôt Guillaume sut faire bon marché de ses impressions. Il se mit à jouer en récréation avec tout l'entrain dont il était capable, et ses parties de balle lui firent du bien, en lui rappelant ses plus heureux jours du pensionnat de Saint-Joseph.

Ce détail, qui de prime abord paraît si indifférent,

ne fut pas pour Guillaume sans importance; c'est là que se rencontrèrent trois ou quatre jeunes gens, qui ne tardèrent pas à se lier intimement. Guillaume semble avoir été comme l'âme de ce petit groupe de joueurs, puisque, — c'est lui qui le raconte, — leur surveillant écrivait sur leurs balles : *Roux et compagnie*. Guillaume donne dans toutes ses lettres un compte-rendu de ses récréations : « Nous jouons à la balle avec une nouvelle ardeur. C'est un véritable bien; pour moi, je sens que cela m'aide à secouer l'ennui qui menaçait de me reprendre après le départ de Henri. »

Henri, le confident habituel de ses espérances et de ses joies, venait de quitter pour quelque temps l'école Sainte-Geneviève; une correspondance s'établit aussitôt entre les deux amis.

Les fêtes religieuses sont loin d'être oubliées dans les lettres de Guillaume. Le souvenir de la Congrégation de la sainte Vierge viendra s'y mêler avec ses œuvres de charité : « Dans quelques jours nous allons avoir une délicieuse petite fête, le goûter des petits enfants habillés par la Congrégation, et la petite loterie pour eux. P*** va toujours bien, et sa mère m'a recommandé encore mardi dernier de vous dire bien des choses. Je suis tout heureux quand on s'adresse à moi pour cela.

« Nos enfants viendront dans leurs beaux habits neufs faire partie de la procession de dimanche, où le nonce du pape portera le Saint-Sacrement. Je suis encore enfant de chœur; dimanche à la procession je dois être acolyte, juste à côté du dais. Que n'êtes-vous ici, Henri, nous aurions encore été ensemble! »

La semaine suivante, Guillaume décrit en quelques lignes la procession du Saint-Sacrement : « J'ai éprouvé un moment de douce ferveur, ajoute-t-il, puis j'ai eu bien des distractions et je n'ai pu retrouver la même piété. J'ai fait ce que j'ai pu, cependant; mon Dieu, faites le reste! »

Guillaume était bien convaincu de sa faiblesse; cependant, il se confiait en la protection de celle qu'il s'était choisie pour patronne, et ne désespérait jamais. « Ma devise que j'aime bien est celle que répétaient autrefois les pilotes du moyen âge quand ils levaient l'ancre au moment du départ : *A la garde de Dieu et de la bonne Vierge, en avant!* »

Après une année de travail, Guillaume crut reconnaître que Dieu le voulait ailleurs. Il résolut donc de renoncer à ses premiers projets : « Tous les jours je me persuade davantage que ma place n'est pas ici, que l'année prochaine elle n'est pas à l'école, qu'elle n'est pas dans un régiment surtout, et que je ne dois pas jouer mon avenir dans les examens de sortie de l'école polytechnique. Cette pensée-là me prend sans cesse. Je me dis qu'il faut revenir à Paris faire un cours de droit l'année prochaine, y travailler courageusement pendant les trois années, et me retrouver au sein de la famille, quand mes grands-parents vieillissant pourront se reposer un peu sur mon bras de la gestion de nos biens, et du soin de mes petites sœurs. Il ne faut pas cependant que cette pensée m'empêche de travailler les mathématiques. Mon devoir, ma véritable mortification est de faire tout ce que je pourrai dans ce travail que le bon Dieu m'a imposé. Plus tard je travaillerai à ce qu'il voudra. »

Guillaume s'était vivement affectionné à l'école Sainte-Geneviève. A peine sorti de la maison, il écrivait lettre sur lettre au P. Bailleux, son ancien surveillant. L'affection et la reconnaissance débordent de toutes ces pages. Il veut être rappelé au souvenir de tous les pères qu'il a connus, avoir de leurs nouvelles. « Oh! que je ne devienne pas un étranger pour cette chère maison, qui a laissé de si doux souvenirs dans mon cœur!... Pourquoi suis-je si loin de vous tous?... Ah! si la rue des Postes était aussi au bout de l'autre rue, comme le pensionnat de Saint-Joseph! Lorsque j'irai à Paris, je compte bien passer auprès de vous la meilleure partie de mon séjour... On quitte volontiers la rue des Postes, écrit-il encore, pour voir la famille et le pays; mais aussi, quand on n'y est plus, on voudrait parfois y retourner. »

Après deux et trois ans écoulés, les souvenirs et les regrets de Guillaume étaient aussi vifs qu'au lendemain de son départ. Nous les retrouvons exprimés souvent dans son journal, qu'il continue d'adresser à son ami.

Carpentras, 3o *août* 1867. « Avant-hier j'étais allé voir mon grand-père à une douzaine de kilomètres d'ici. En faisant la route à pied, souvent je prends à la main mon chapelet (le beau chapelet d'Henri), et je marche en le récitant. Mais souvent aussi — à peu près toujours — je pense à autre chose qu'au bon Dieu; les grains se déroulent un à un; les dizaines glissent l'une après l'autre et le dernier grain arrive, que je n'ai pas cessé d'être distrait. Le dernier grain est toujours tout spécialement pour Henri. Je m'y réveille d'habitude un peu, et je dis avec plus d'attention le dernier Ave Maria.

« Il n'est pas bien étonnant d'ailleurs que je sois si distrait. On ne peut s'empêcher de rire, en voyant la manière dont je voyage. Je cours tant que je puis :

avant-hier, je fis au retour mes douze kilomètres en une heure et quart. »

1ᵉʳ *septembre*. « Je me suis imposé de réciter mon chapelet tous les soirs au pied de mon lit; car bien souvent ma prière du matin ne se compose que d'un Pater, d'un Ave et d'une invocation à la sainte Vierge, avec l'offrande au bon Dieu de ma journée; puis je ne prie plus jusqu'au soir, quand je ne vais pas à la messe. C'est alors la journée d'un païen, et j'ai besoin de prier plus longtemps le soir. Mais encore alors j'ai sommeil, je suis assiégé de distractions et je ne fais pas une bonne prière. »

17 *septembre*. « J'espère que désormais ma prière du matin sera plus longue; j'y ajouterai, quand je pourrai, deux dizaines de chapelet, l'une pour vous, l'autre pour moi, comme à la rue des Postes. D'ailleurs j'ai laissé passer jusqu'ici le moins de jours possible sans aller à la messe, dont les prières peuvent servir un peu pour prière du matin.

« Quant aux sacrifices, je les redoute beaucoup. Il faut cependant s'en imposer. Vous me disiez un jour : *Nous ne sommes pas sur la terre pour nous amuser*. Cette parole m'est restée gravée dans l'esprit et je me la suis répétée souvent. Il me vint alors l'idée d'un petit sacrifice à m'imposer. Je n'ose qu'à peine vous l'avouer, car c'est trop peu de chose, mais enfin le voici : Je m'engage à ne manger aucun fruit ni rien, dans l'intervalle de mes repas, à moins que les convenances ne m'y obligent. Cela durera jusqu'à la fin de cette année, pour fixer une époque; toujours, je l'espère. Je n'avais pas eu l'idée de m'imposer cela plus tôt. »

Sa lettre était déjà finie, signée; mais il veut y joindre une petite photographie et il ne résiste pas au plaisir de l'expliquer en quelques mots. Il écrit donc en travers : « Je vous envoie une petite vue d'Avignon, comme je vous l'avais promis. Je voudrais bien être près de vous, pour vous nommer, en vous les montrant du doigt, les principaux monuments. Une belle Vierge dorée domine la ville, du haut d'une tour du palais des papes. Cette tour elle-même est le clocher de la cathédrale, dont vous voyez le porche avancer un peu et s'ouvrir sur la photographie, en ouverture voûtée bien noire. Le beau palais des Papes! que ses voûtes sont hardies et ses tours élevées! voyez quelle largeur! il occupe bien le tiers de la photographie. Je l'aime bien dans son irrégularité même, et je l'ai contemplé bien souvent avec une véritable admiration, de l'autre côté des deux branches du Rhône, sur des hauteurs délicieuses que la photographie ne vous montre pas.

« Regardez au-dessous, un peu à gauche, ce

vieux tronçon de pont... (Oh! je suis trop en train pour écrire en travers, il me faut noircir encore une feuille)... Ce sont les imposants débris du pont Saint-Bénézet. Là se rattachent de pieuses légendes et, je crois, un vrai miracle. Bénézet était un jeune pâtre paissant ses troupeaux sur l'autre rive du Rhône, au moyen âge, quand nos ancêtres n'avaient pas encore osé songer à jeter dans les flots impétueux de notre Rhône les fondements d'un pont. Un bac, je crois, reliait seul les deux rives.

« Or un jour où Bénézet gardait ses brebis, une voix se fit entendre dans les cieux, qui dit au jeune pâtre de faire bâtir ce pont. Comme David, animé de la force du Très-Haut, Bénézet partit, passa sur le bac et vint se présenter aux vieillards qui formaient le conseil de la ville d'Avignon. « Je viens, dit-il, nobles échevins, vous prier au nom du Seigneur de faire jeter un pont sur le Rhône. » Et la sagesse humaine répondit en se riant du pauvre berger. Lui revint à la charge. — « Si vous portez sur votre épaule, lui dit-on, ce bloc énorme de rocher que vingt hommes n'ébranleraient pas, nous reconnaîtrons la voix de Dieu, et le pont sera élevé. » — Et Bénézet chargea lui-même sur son épaule le bloc énorme de rocher. Il le porta jusque sur la rive. — « C'est là, dit-il, qu'il faut élever un pont. Le Seigneur mon maître l'ordonne. » — Le pont fut élevé, traversant la première branche du fleuve, puis l'île de Barthelasse, puis la seconde branche, enfin franchissant des rochers et allant jusqu'à Villeneuve, qui se trouva ainsi reliée à Avignon. Le pont fut magnifique, prêt à lutter contre les flots et contre les siècles. Les siècles l'ont vaincu. Il ne reste que quatre arches superbes, qui attestent encore la grandeur du monument.

« Je n'ai pas le temps d'achever ma description aujourd'hui, mais je ne vous en fais pas grâce et quelque jour je vous en reparlerai. Adieu encore une fois. »

En effet, dans une autre lettre, Guillaume s'arrête encore à décrire avec complaisance Notre-Dame des Doms. « Que vous la verriez volontiers cette vieille métropole! Henri, que nous irions volontiers, le soir, contempler perdu dans la brume ce Vatican de l'exil entouré de sa garde de hautes tours massives, de noires murailles crénelées, dont l'ensemble, le plus imposant qu'on puisse imaginer, forme l'antique palais des vicaires du Christ. Le spectacle de ce monument grandiose produit en moi une émotion profonde. Il y produirait un sentiment un peu triste, s'il n'était dominé par une belle statue de la Vierge, étoile d'or qui de ses reflets répand la sérénité sur le vieux château, la paix du ciel dans la ville. »

Guillaume avait le sentiment de tout ce qui est grand et beau. Le Vatican de l'exil le faisait songer à celui de Rome. Un voyage de Rome, en compagnie d'Henri, était un de ses rêves : « Voir le Saint-Père, les grandes majestés de l'Église, les solennités de son culte; évoquer nos souvenirs du moyen âge ou des temps anciens, et comparer les grandeurs antiques à la grandeur de Pie IX, ce pontife et ce père, que nous, catholiques, nous aimons tant... oh! que ce serait beau !

« Pie IX, ce nom qui fait battre nos cœurs, comme nous l'aimons! c'est l'ami de Jésus, c'est son représentant. Quand j'entends parler politique, c'est bien fréquent aujourd'hui, je ne peux me dire qu'une chose : tout ce que j'aime, c'est ce qui peut servir Pie IX, glorifier l'Église, faire grandir la religion. N'êtes-vous pas politique comme moi ? »

13 *décembre*. « Il m'a fallu passer à Avignon la journée du 8 et celle du 9. C'étaient deux jours de fête et jours de communion. J'avais espéré retrouver chez les jésuites une de ces bonnes fêtes, toutes pareilles à nos jours de communion générale à Sainte-Geneviève, douces et joyeuses fêtes qui laissent de bons souvenirs et font tant de bien ! Je

n'ai pas pu avoir cela ; c'est tout au plus si j'ai eu deux petites messes basses dans une paroisse ; puis, là-dessus, les courses en ville, les ennuyeuses commissions et mille distractions de tout genre.

« Je vais être reçu bientôt dans la société de Saint-Vincent-de-Paul.

25 *décembre.* « Mon cher Henri, c'est aujourd'hui le jour de Noël ; vous avez dû bien prier pour moi, et je vous en remercie du fond du cœur...

« J'ai là sur ma petite table un volume dont je ne puis me détacher que pour vous écrire : ce sont les lettres d'Eugénie de Guérin. Que c'est joli ! que cela fait du bien à lire !... Je tombe sur un passage que je trouve bien vrai et que je vais vous citer. « Les affections mêmes du cœur que sont-elles, si on ne les élève jusqu'à Dieu ? Elles meurent avec nous. Il faut s'aimer non pas pour ce monde, mais pour l'autre où l'on doit demeurer. Autrement ce serait faire comme deux passants qui s'attacheraient l'un à l'autre pour traverser un chemin. C'est bien la peine ! Ne pensez-vous pas comme moi ? » Oh ! moi, je pense bien ainsi ; je voudrais vous aimer bien plus encore que je ne vous aime, chaque jour davantage, mais toujours de cette façon-là. »

2 *février* 1868. « Ce qui m'irrite surtout contre moi-même, c'est la vue de ma faiblesse en face d'un

petit sacrifice corporel. Je ne sais pas supporter une petite douleur, la moindre privation. Et cependant je sens que l'idée m'en vient et ne peut me venir que d'en haut. Je tâcherai... mais j'ai bien besoin de prières.

« ... Vous l'avouerai-je? Il m'arrive quelquefois de penser à l'état religieux, pour plus tard, quand je n'aurai plus l'espoir d'être utile à mes sœurs. Mais là je n'ai rien d'arrêté, c'est une idée qui passe, je laisse tout au bon Dieu.

« Mon bon Jésus, me voici, tout pauvre que je suis, faites de moi ce que vous voudrez ; rendez-moi bien pur, bien fort, bien humble. »

18 *février*. « Demain j'irai à Avignon ; je verrai mes sœurs, Gabriel, les Pères..... J'aime, je vous assure, ces petits voyages, et je ne néglige aucune occasion de les faire. Je les faisais habituellement le dimanche ; mais je trouve qu'ils m'empêchent totalement de penser au bon Dieu, que d'habitude j'ai reçu le matin. Il me faut, une fois rendu, courir d'un bout à l'autre de la ville, pour me débarrasser bien vite de mes commissions, du maçon au menuisier et chez tous les fournisseurs dont je règle les comptes. Je veux voir le plus souvent possible mes sœurs et Gabriel... ; tout cela est bien agréable, mais le bon Dieu n'a point de temps dans

cette journée qui doit être la sienne. Aussi demain mercredi partirai-je avec plus de plaisir. »

23 *février*. « Ce soir encore, je ne vous dirai pas grand'chose ; j'ai grande hâte de me fourrer dans mon lit, car j'ai couru aujourd'hui plus que d'habitude, j'ai fait une partie de barres ; oui, oui, une partie de barres. Vous êtes collégien, vous, quoique mon aîné; mais pouvez-vous dire que vous en ayez fait autant? j'ai fait une partie, j'ai couru de mon mieux (le col de ma chemise en a perdu ses boutons), le tout avec un mistral violent et froid. C'est qu'aujourd'hui quelques membres de la conférence de Saint-Vincent-de-Paul, chargés de l'œuvre du patronage, menaient à la campagne une trentaine de petits manœuvres, pour les faire goûter et les éloigner des mascarades des jours gras. Nous sommes allés à *Bagatelle* : nos petits manœuvres ont bien joué, ç'a été plaisir de les voir manger et boire. Je me suis égosillé à merveille, pour défendre contre eux le petit mobilier, assez simple pourtant, de la campagne et quelques plates-bandes du jardin de mon grand-père. Me voici de retour, bien aise de pouvoir vous souhaiter une bonne nuit. »

Guillaume s'attacha de plus en plus à cette belle œuvre du patronage. Quelque temps après il revenait sur ce sujet : « Je veux encore vous demander des prières pour une œuvre qui m'intéresse bien, notre petit patronage, dont je ne vous ai guère parlé. Tous les dimanches, de huit à onze heures du matin, nous réunissons une trentaine d'enfants de huit à quinze ans, de ceux qui ne peuvent aller à l'école des Frères, pauvres petits manœuvres, pauvres petits tourneurs de roue pour les cordiers, dont l'éducation est bien négligée. Trois ou quatre membres de la société de Saint-Vincent-de-Paul (dont trois élèves des Jésuites d'Avignon) se chargent de les mener à la messe et de leur faire la classe. J'ai ma petite classe à moi, et j'apprends le B-A, BA. Les premiers jours, ces petits étourdis, fort mal élevés, me faisaient presque peur. Aujourd'hui que je connais mieux mes petits élèves, je les trouve fort gentils. »

La même année, à la fin de ses vacances, il écrivait : « Comme l'hiver dernier, j'irai au patronage. Voici ce que j'offre d'avance au bon Jésus. Qu'il me donne un peu de patience pour le faire aimer de nos petits manœuvres, auxquels je suis si heureux de donner des leçons. »

13 *avril*. « Ma journée s'est passée à Avignon d'où j'ai ramené mes sœurs. Nous voici tous les deux en famille maintenant. Il n'y a pas de bonheur plus grand, si ce n'est au ciel. Mais quand y serons-nous

réunis à tous nos amis de la terre sans qu'il en manque un seul?

« Travaillons à monter là-haut tout droit... Un an s'est passé depuis que nous ne nous sommes vus! Qu'ai-je gagné? Mon Dieu! je ne sais ; mais j'ai bien besoin de vos prières, comme aussi j'aurais besoin de vous revoir. Au ciel, au ciel ce bonheur, au ciel tout notre bonheur! J'ai mes dix-huit ans aujourd'hui, l'âge des rêves, le bel âge, dit-on : eh bien! il me semble que je me fais un peu plus sérieux. Autrefois, par exemple, une promenade à cheval en perspective me paraissait une des plus douces jouissances...; demain je dois en faire une, et c'est à peine si j'y songe. »

1er *mai*. « Le temps est bien beau, bien beau! ces jours derniers, nous avons eu une petite pluie qui a fait grand bien. Depuis longtemps les populations de toutes nos petites communes des environs attendaient du ciel ces quelques gouttes d'eau, et le besoin pressant où nous étions de les obtenir a donné lieu à de belles manifestations de foi.

« A une quinzaine de kilomètres d'ici, perdu dans les montagnes, est un petit ermitage dédié à saint Gens. Avez-vous vu jamais ce nom dans le calendrier ou dans le martyrologe? J'en doute ; toujours est-il que saint Gens, enfant de ces pays, est en grande vénération dans tous les alentours. On raconte que, retenu par ses parents et voulant se consacrer à Dieu dans la solitude, il quitta Monteux, son pays natal, en courant de toutes ses forces. Une fois par an, en souvenir de ce départ précipité, les jeunes gens les plus robustes de Monteux, chargés d'un crucifix fort lourd, parcourent en courant, sans jamais s'asseoir en route, les dix-huit kilomètres qui les séparent de l'ermitage. Ils y vont, quand ils sont forts, en cinq quarts d'heure. D'autres courent aussi en portant la statue du saint. Les premiers sont tenus à plus de vitesse ; ils sont déshonorés s'ils ne vont pas jusqu'au bout ou s'ils y vont trop lentement. Toute leur vie, on leur rappellera qu'ils ont failli à la tâche qu'ils s'étaient imposée.

« Ces jours-ci nous avons vu, avec plus de dignité, de longues processions, formées de la presque totalité de tous les villages environnants, s'acheminer lentement, en chantant le cantique patois de saint Gens, depuis leurs foyers jusqu'à l'ermitage. Presque tous sont au moins aussi éloignés que nous de la chapelle de saint Gens ; beaucoup sont plus éloignés encore, et cependant nous voyons presque chaque jour une procession de mille ou deux mille âmes faire pieusement le pélerinage, comme clôture d'une neuvaine.

« Eh bien ! saint Gens, qui a fait souvent des miracles, nous a obtenu une pluie salutaire, je vous l'ai dit. Peut-être n'a-t-elle pas été assez abondante, mais on priera encore. Demain le Thor, village important, vient à Carpentras supplier Notre-Dame de Santé. Nous comptons bien sur le meilleur temps pour les récoltes. »

2 *mai*. « Je rentre à la maison après avoir joui du plus beau spectacle que j'aie jamais vu de ma vie. Tenez, je sens le besoin de vous le raconter. Laissez-moi dire. — La procession du Thor est arrivée ce matin sur les neuf heures, tandis que je me disposais à me rendre à l'étude. De jeunes enfants ouvraient la marche. C'était bien beau, je vous assure, de les voir arriver sous un soleil déjà brûlant, après cinq heures de marche, tous bien recueillis et chantant des cantiques. Les femmes venaient ensuite : longtemps elles ont défilé devant nous ; il y en avait je ne sais combien, mais beaucoup, beaucoup.

« Après elles, plusieurs centaines de jeunes filles vêtues de blanc, chantant aussi des cantiques; et puis les hommes, recueillis eux aussi, chantant eux aussi, et formant un long et magnifique défilé. Vingt-quatre d'entre eux fermaient la marche, portant sur leurs épaules un énorme crucifix qu'on dit miraculeux et sur le passage duquel tout Carpentras s'est agenouillé. Mon grand-père pleurait de joie.

« Je me suis rendu à l'étude, pendant que les flots de pélerins se déroulaient jusqu'à Notre-Dame de Santé, envahissaient la petite chapelle, puis, débordant petit à petit, inondaient tous les alentours.

« Vers une heure, les cloches se sont mises à sonner. Les pénitents de la paroisse de Saint-Siffrein sont allés en procession au-devant des habitants du Thor. Les deux processions réunies se sont rendues dans la cathédrale de Saint-Siffrein, immense vaisseau qui a été bientôt rempli. J'ai eu le bonheur d'y trouver place.

« Notre curé est monté en chaire. J'ai dû vous parler de M. Terris. C'est un véritable orateur, plein d'âme dans ses discours, d'un geste imposant et d'une voix sonore qui remplit presque tout Saint-Siffrein. Inspiré par la vue de ce peuple immense qui se pressait autour de sa chaire, il a été aujourd'hui plus beau que d'habitude. — « Qu'ils se lèvent, nous a-t-il dit, ceux qui prétendent que le règne de Jésus-Christ a passé ! Hommes de foi, levez-vous de votre côté ! Quel sera le parti vainqueur ? Oui, tous, rangés autour de votre image miraculeuse qui a parcouru nos plaines pour les féconder, levez la main tous ensemble, et criez avec moi : *Vive Jésus-Christ !* — On attaque la religion. Eh bien ! vous êtes ses défenseurs ! Aujourd'hui, rangés en bataille, vous protestez solennellement. Courage! enfants de l'Église, marchez en avant, redoublez d'ardeur, et, pour montrer à tous quel est votre drapeau, écriez-vous avec moi : *Vive la religion !* — Vous avez montré votre amour pour la sainte Vierge. Elle est là qui vous bénit. Enfants du Thor : *Vive la sainte Vierge !* » — Oh! j'ai crié bien fort, je vous assure! Et quand ces trois acclamations ont fait retentir les vieilles voûtes de Saint-Siffrein, je sentais mon cœur battre comme il ne m'arrive pas souvent. Ce sont ces émotions-là qui font du bien.

« Maintenant, sous un soleil de feu, la procession serpente vers le Thor. Mais elle nous aura obtenu une pluie nouvelle, nous y comptons bien. Vous, mon cher Henri, joignez-vous de cœur à ces braves méridionaux. Que la sainte Vierge les récompense. Ils le méritent bien! »

12 *mai* 1868. « Je prends la résolution de penser davantage au bon Dieu. Oui, je prends cette résolution d'une manière formelle; je veux être parfait... le veux-je bien? Hélas! Mais oui, je le veux. »

2 *novembre*. « Je vous ai dit qu'hier j'avais été en course. Oui, hier, le beau jour de la Toussaint, j'ai marché presque toute la journée. Le matin je suis allé recevoir le bon Maître, et, l'emportant dans

mon cœur, votre chapelet à la main, je me suis mis à marcher. Il était encore matin, le temps était magnifique ; je marchais sur les bords du Rhône, au pied de superbes collines s'élevant sur sa rive, couronnées de vieilles forteresses, de ruines dorées par notre soleil du midi qui frappe sur elles depuis des siècles. Au milieu d'un beau paysage on pense plus facilement au bon Dieu. J'ai fait effort pour chasser le plus possible les distractions d'affaires ; c'était assez profaner ce beau jour d'hier, que faire une longue course pour intérêts matériels. J'ai donc prié pour nos parents, pour moi, pour Henri. Après deux heures et quart de cette marche, je suis arrivé à la petite ville de Roquemaure où je me dirigeais. J'ai vu la personne que je cherchais, puis, comme sonnait le dernier coup de la grand'messe, le bon Dieu m'y a conduit, et j'ai pu lui donner quelque chose encore de ce jour de la Toussaint.

« ... A un peu de deux kilomètres de là, est située sur une colline élevée, gracieusement assise à l'extrémité d'une plaine assez vaste et belle, le pèlerinage de Notre-Dame-de-Rochefort, renommé dans le pays, où les congrégations du collège allaient au mois de mai prier la sainte Vierge. Là, dans le temps, j'avais demandé ardemment mes deux baccalauréats. Le bon Dieu me les a donnés. Hier l'après-midi était avancée, et il me fallait parcourir onze kilomètres à pied pour arriver à Avignon. Du côté opposé à cette ville, je voyais la chapelle de Notre-Dame-de-Rochefort, dont le clocher domine majestueusement la plaine du haut de la colline. Un devoir de reconnaissance m'appelait là. J'y suis allé. Pendant quelques minutes j'y ai prié pour mon année qui commence, pour ma tante, pour mes sœurs, pour votre année à vous, pour ces affaires graves qui m'occupent, et où je suis si inexpérimenté.

« Puis j'ai descendu la colline en courant. J'aurais dû reprendre et réciter mon chapelet. Je l'ai bien repris, mais mon imagination s'est mise à s'occuper de calculs et d'affaires. Le chapelet s'est arrêté entre mes doigts. Voilà! j'avais voulu bien passer ma journée, j'ai trop présumé de mes forces : le soir, elle s'est terminée par des distractions sans nombre à ma prière. »

La foi de Guillaume était une foi agissante et les plus généreux projets remplissaient son cœur. Nous touchons ici à l'un de ces traits héroïques qui ne se rencontrent que dans la vie des saints. « L'année prochaine, écrivait-il à Henri le 6 septembre 1868, il y aura peut-être un changement dans mon genre de vie. Voici ce que je projette. Quelquefois je vous ai parlé de ma grand'tante d'Avignon, qui est là-bas toute seule, à quatre-vingts ans, dans un état de santé déplorable. Frappée déjà de plusieurs attaques, elle a la langue paralysée.

« Je sens que cette pauvre tante aurait besoin des soins d'une personne de la famille. Auprès d'elle serait restée notre pauvre mère, si Dieu ne l'eût appelée au ciel. Mes sœurs sont au couvent, et, d'ailleurs, elles ne pourraient pas tenir à cette place-là. C'est la mienne. J'attends donc la permission de mon tuteur, qui hésite un peu, mais qui me l'accordera, j'espère. J'attends aussi la permission de faire à Avignon ma seconde année de droit. Si Dieu veut, il nous l'accordera, lui aussi. Et alors je veux passer à Avignon une année parfaite, je veux y acquérir quelques mérites. Oui, je le voudrais... mais je n'en suis pas capable. Que la sainte Vierge m'aide; priez-la pour moi!... Je voudrais me sentir un entier dévouement. Hélas! ce cœur est trop étroit! Du moins il abordera résolûment la position. Oui, pour moi, j'ambitionne cette année-là : année de travail, car j'aurai un examen sérieux de droit à préparer, mes études de notariat à poursuivre et mille petits tracas d'affaires à subir; mais aussi année de consolation et de force, que je trouverai chez les Pères, chez mes sœurs et dans la famille D***. »

Avec de tels sentiments dans le cœur, Guillaume, toujours se défiant de lui-même, craignait que son dévouement ne fût pas de bon aloi. « Je suis d'une mollesse, d'un orgueil ! Je dis à tous que je vais chez ma tante, dont je dépeins à tous la position avec complaisance. Il semble que je leur dis : *je vais me dévouer*, en exagérant le devoir tout simple que j'ai à remplir.... Ne vous figurez pas qu'il soit aussi dur que je veux bien le dire. Je serai libre dans la maison, bien souvent je serai chez le notaire, deux fois par semaine je verrai mes sœurs, bien souvent l'ami Gabriel. Et quant à ces dégoûts dont je vous parlais hier, j'en aurai très-peu ou pas du tout. »

Il fut bientôt permis à Guillaume de mettre à exécution son généreux projet, c'est d'Avignon qu'il écrit désormais.

30 *décembre*. « Voilà une année qui s'en va. Seigneur, pardonnez-moi mes misères ; prenez cette année qui s'en va, et si parmi les ronces il a pu germer pour vous quelque pâle et chétive petite fleur, gardez-la pour vous, toute pauvre qu'elle puisse être, et que le parfum n'en soit pour nul autre.

« Henri, une autre année va commencer. Celle-ci, qu'elle soit bonne ! Nous arrivons à l'âge d'homme, l'âge de la force et de l'ardeur à la fois. Si nous ne sommes pas à Dieu maintenant, si nous ne savons pas vaincre pour lui tous les obstacles, sera-ce plus tard, quand la terre aura plus d'attaches et que notre ardeur se sera ralentie? Armons-nous donc de généreuses résolutions. Une vie austère de travail et d'effort pour le bon Dieu tout seul me semble l'idéal. »

Recueillons quelques souvenirs de cette année qui s'ouvrait pour Guillaume par de si belles aspirations.

20 *février* 1869. « Bien cher Henri, j'ai hâte de commencer pour vous une nouvelle lettre. J'espère que celle-ci ira vous trouver au Mans. — Beau voyage ! Pontlieue avec sa petite église et votre nid à l'ombre de son clocher, sur le bord de l'eau et dans la verdure, m'apparaîtront toujours dans mes plus chers et mes plus frais souvenirs. Henri bientôt va s'y trouver avec toute sa famille bénie du bon Dieu. Henri, votre Guillaume vous y rejoindra de la pensée et du cœur, n'en doutez pas.

« Et maintenant, il va vous trouver dans cette école polytechnique plus sombre où vous gagnez à la sueur de votre front les joies de la semaine prochaine. — Heureux examen pour lundi ! que la sainte Vierge vous protége comme à celui qui vous a ouvert les portes de l'école. Et pourquoi ne vous protégerait-elle pas? N'est-il pas bien convenable que les succès soient aux représentants des bons principes, et les joies à leurs mères.

1er *mars*. « Le mois de saint Joseph commence aujourd'hui. Il faut que nous priions tellement le père nourricier de notre divin Maître, qu'il finisse par nous rendre vraiment bons, et aussi il faut que nous en obtenions la guérison de Marguerite.

« Dans le temps, ne vous l'ai-je pas raconté ? Notre sainte mère alors vivait encore, Marie, l'aînée de mes sœurs, fut gravement malade. Notre bonne mère qui avait une dévotion particulière à saint Joseph avait acheté une statue en cire du saint, lui avait élevé comme un autel, et tous les jours, avec une foi vive, elle nous faisait prier nous petits enfants et elle priait elle-même avec ferveur. — Marie cependant devint bien malade, on désespérait de lui voir passer la journée, quand, je ne sais comment cela se fit, elle se leva bien portante en disant : « Saint Joseph m'a guérie. » Ce souvenir est resté vague dans ma mémoire d'enfant. Mais de temps en temps des amies de ma pauvre mère me le rappellent encore ici à Avignon ; bien des fois mon grand-père m'en a parlé. Que de reconnaissance ne devons-nous pas à saint Joseph, et aussi que de confiance en lui.

28 *mars* 69. « C'est aujourd'hui le jour de Pâques, aujourd'hui grande fête ; aujourd'hui le bon Dieu se

donne à tous ceux qui gardent un petit sentiment de foi; je veux passer une journée bien joyeuse et au sortir de la messe du matin, après avoir vu ma petite Alexia qui, seule de nos quatre chéries, est en ce moment au Sacré-Cœur, tout naturellement je viens à vous, non pas pour vous parler de mes petites misères, de mes peurs des plus légers sacrifices, de ces idées étroites qui tiennent trop de place dans ma vie, mais pour vous parler de la joie de ce grand jour, des cloches qui sonnent, des chants d'allégresse de l'église auxquels j'ai pris ma part en chantant dès ce matin, après la communion des hommes, le magnificat d'action de grâces. Oh! tout cela est bon à l'âme.....

« Que faut-il que je demande pour vous? avoir une générosité parfaite. C'est la grande vertu, ce me semble. »

13 *mai*. « Mon Dieu! vous voyez mon cœur, il ne sait pas tenir ses résolutions, il ne sait pas vous aimer. Demain vendredi je m'approcherai de vous! Est-ce possible? les élus de votre cœur, les saintes âmes de la terre ne vont à votre banquet divin qu'avec de saints tremblements dominés par l'amour. Elles ne se croient pas suffisamment préparées pour vous recevoir aussi souvent. Et moi pécheur, moi qui la veille pense quelquefois à peine à

cette sublime faveur, moi qui m'y prépare si mal, j'ose aller me jeter entre vos bras sur votre cœur si pur. Ah! mon Dieu, ce cœur est embrasé d'amour pour moi, et c'est ce qui me rassure! Donnez-moi, donnez-moi de l'amour que je puisse vous offrir en revanche. Et puis, quand je serai à vous, comblez-moi de vos grâces pour mes sœurs, et pour Henri. Dissipez mes défauts, que je sois généreux, que je sois pur et que je sois fort. Henri, je vous promets de demander ces grâces pour vous du fond de mon âme. »

12 *octobre.* « Cher Henri, je viens d'assister à une bien triste cérémonie; c'est aujourd'hui que la dépouille de ma pauvre mère a été introduite dans le tombeau que nous lui avons élevé; j'ai vu les restes de cette bonne mère adorée; sa tête encore couverte des débris d'un voile! Dieu! je ne l'oublirai jamais!

« Ce souvenir restera devant mes yeux... Ces os... ces quelques débris, voilà ce qui reste de notre corps. Et l'âme, ah! si je ne voyais pas les tortures du purgatoire, combien je voudrais mourir pour qu'elle rejoigne celle de ma mère tandis que mes os se confondraient avec les siens! Je voudrais qu'à dater de ce jour on vît en moi un autre homme; qu'est-ce que la vie, l'avenir, la gloire, l'amour humain, qu'est-ce que tout cela? L'heure sonne, encore quelques-unes et nous mourrons! et nos ossements iront dans quelques poignées, mais notre âme souffrira peut-être d'horribles tortures. Et la vie de sainte Thérèse qu'on nous rappelait dimanche, et la pensée de la mort que le lugubre spectacle de tout à l'heure a éveillée en moi, m'a transi de frayeur en éveillant à mes yeux les souffrances du purgatoire.

— Désormais il faut vivre pour l'éviter, il faut devenir parfait. Plus que jamais je veux m'attacher à mes petites résolutions, je voudrais souffrir; mais ô mon Dieu, donnez-m'en la force. »

13 *octobre.* « Bien souvent depuis hier, j'ai eu devant les yeux l'affreux spectacle du cimetière. Où en suis-je pourtant de mes résolutions? Henri, venez avec moi, sondez un peu cette âme, dites-lui quelque chose. Elle voudrait souffrir, et elle n'ose pas imposer au corps qui l'emprisonne la plus légère douleur. Et pourtant ce purgatoire, ce feu, ces longs tourments, avant de rejoindre Jésus notre amour, mon père, ma mère, les amis qui m'auront précédé, le ciel !..... Dites-moi quelque chose à ce sujet qui m'inquiète souvent. Vous avez vécu de ma vie, dites-moi quelle doit être ma pénitence. Ou si la question est trop embarrassante priez le bon Dieu pour qu'il me fasse faire, en tout, ce qu'il me faut pour devenir parfait. »

Après la lecture de toutes les pages déjà citées, on ne s'étonnera pas de voir Guillaume commencer un jour une de ses lettres par cette prière de saint Ignace : *Suscipe, Domine, universam meam libertatem, accipe memoriam, intellectum atque voluntatem omnem. Quidquid habeo vel possideo mihi largitus es : id tibi totum restituo, ac tuæ prorsus voluntati trado gubernandum. Amorem tui solum cum gratia tua mihi dones, et dives sum satis nec aliud quidquam ultra posco.*

Il faut lire encore dans ce journal le passage suivant, où le saint jeune homme fait, sans le savoir, le plus éloquent commentaire de la prière que nous venons de transcrire.

« Mon cher Henri, si vous veniez me voir, si vous étiez là aujourd'hui, que liriez-vous dans mes yeux? Que me diraient les vôtres? Oh! que je me laisse aller un instant à ce rêve... La conversation est engagée, vous m'avez demandé de mes nouvelles, je vous parle : Mon bon Henri, je suis malade de l'âme, malade de faiblesse, de langueur. Mon bon Henri, je rampe vers la terre, je ne songe qu'au matériel, au manger, à *l'argent*. Et cependant je voudrais être généreux, c'est si beau ! Voyez le bon Maître, comme il nous aime! Il se donne à nous bien souvent. Il use de sa toute-puissance pour réaliser le rêve de deux amis passionnés : ne faire plus qu'un. Mais, Seigneur, vous vous êtes déjà donné tout à moi et par ma conduite j'ai méprisé ce don de vous-même, ce paroxysme de votre amour. Et vous l'oubliez, et vous vous donnez encore !... La générosité de l'homme n'est rien en présence d'une pareille générosité... Et cette générosité de l'homme, je ne l'ai pas... Combien je dois faire souffrir le bon Maître par ma froideur; oh ! je me trouve bien laid.

« Être généreux, se donner à Dieu et aux autres, voilà ce que je voudrais réaliser. Me donner à mes sœurs pour le bon Dieu, à ma tante pour le bon Dieu, et puis tout au bon Dieu, s'il le veut, comme ce serait beau ! Au lieu de tant songer à moi, songer au bon Maître et faire du bien à ceux qu'il m'ordonne d'aimer. Il faut cela pour répondre à l'amour de Jésus. Je le désire, mais je n'ai pas la force de l'accomplir. Priez le bon Maître pour qu'il me le fasse faire. »

Être généreux, c'est si beau ! L'âme de Guillaume était bien faite pour le comprendre. Mais ce qu'il ignorait, dans sa modestie, c'est que sa conduite offrait sans cesse aux yeux des anges et des hommes ce beau spectacle du dévouement.

On chercherait en vain dans les lettres de Guillaume quelque trace de ses sacrifices journaliers, dans la nouvelle position qu'il s'était faite. A l'entendre, on croirait qu'il est tout entier au plaisir de tenir sa maison, de soigner ses sœurs, en un mot de bien mériter le titre de *père de famille* qu'il aime à se donner. « Tous ces temps derniers, écrit-il, j'ai été préoccupé par de nouveaux arrangements de maison qui me durent encore et qui me tiennent bien à cœur. Ma petite sœur Euphémie, dont la santé est délicate, viendra loger avec moi; les soins et le repos de la maison lui feront du bien; quelquefois elle ira à la classe du Sacré-Cœur, et nous passerons ensemble nos derniers mois d'hiver. Peu à peu je m'organiserai une maison comme les autres... Je vais bien soigner ma petite Euphémie. Je veux la rendre forte, robuste. Dieu soit loué de ce qu'il me fait ainsi le père de famille. J'en suis heureux. Je voudrais donner tout au monde pour ces chères sœurs. Hélas! il me manque bien des qualités pour mon beau rôle; après ce premier mois de l'année dont je suis peu content, je veux me corriger; j'en prends la sainte Vierge à témoin, je veux mériter les qualités qui me manquent, acquérir des vertus pour bien remplir les devoirs que j'ai demandés et que le bon Dieu me donne. Je veux mériter la santé pour Marguerite, qui elle non plus n'est pas bien;

je veux mener cette vie sainte qui me fait tant envie et dont ma mollesse me tient si loin. »

Bientôt Guillaume ajoute : « Cette chère Marguerite m'écrit qu'elle va mieux ; ma petite Euphémie est bien aussi. La sainte Vierge m'envoie de beaux jours et de chauds rayons de soleil. Je voudrais vous faire partager tout ce que j'ai ; partagez ma reconnaissance pour Jésus et Marie, comme je veux partager toutes vos joies et toutes vos peines. *Ave, Maria purissima.* »

Et ailleurs : « Rappelez-moi que mon premier devoir de frère est de prier pour mes sœurs. Je ne le fais pas assez et je me le reproche amèrement... Bon Jésus ! Marguerite vous aime tant, elle est si bonne, si pieuse ! oh ! je vous en conjure, donnez-lui des forces ! Bénissez-la ! qu'elle vous aime encore davantage, et aussi qu'elle nous revienne bien portante ! »

« Hier, écrit-il un autre jour, à l'occasion du passage de mon oncle, j'ai fait sortir mes sœurs et j'ai pu les faire dîner convenablement avec mon oncle et ma tante. C'est là que j'ai pris au sérieux mon rôle de *maîtresse de maison !* Ah ! si vous m'aviez vu à la cuisine, au salon, vous auriez été émerveillé. »

Ce qui émerveillait bien plus ses amis, et surtout les habitués de la maison, c'était de voir avec quelle assiduité Guillaume se tenait au service de sa vieille tante, comme eût fait le fils le plus dévoué. Lorsque la pauvre infirme pouvait encore sortir, le neveu se faisait un bonheur et un honneur de lui prêter l'appui de son bras et de la promener dans la ville en réglant son pas sur le sien, sans s'inquiéter des rires que pouvait provoquer sur son passage l'état d'infirmité de sa tante, triste état qui dépassait tout ce qu'on peut exprimer. A la maison, il n'est aucun service qu'il ne lui rendît avec empressement, pour rendre sa position moins pénible. Et s'il croyait pouvoir la quitter un instant, si ses occupations lui laissaient un peu de répit, il trouvait encore ailleurs des services à rendre, il sacrifiait ses rares instants de liberté à se dévouer pour les autres. Ainsi son ami Gabriel pouvait sans inquiétude s'éloigner de son grand-père aveugle, bien sûr que le bon vieillard aurait, pendant son absence, en la personne de Guillaume, un lecteur assidu pour son journal.

Partout le bon cœur de Guillaume se laissait voir et lui attirait l'admiration générale. Un jour qu'il se promenait sur les bords du Rhône, il vit un mobile se pencher imprudemment sur le parapet et tomber sur le quai inférieur, qui est pavé. Guillaume court à lui; le mobile, blessé à la tête, ne donne plus signe de vie. Guillaume appelle au secours, puis, laissant le blessé aux soins de quelques personnes, qui sont accourues, il s'élance de toute la vitesse de ses jambes vers l'hôpital. Mais le secours ne vient pas assez vite, au gré de son impatiente charité, il s'offre à faire lui-même l'office de porteur; enfin il trouve un aide, retourne avec lui chercher le blessé qu'il installe de son mieux sur le brancard, et le rapporte à l'hôpital. En y arrivant, lui-même était à bout de forces, mais satisfait d'avoir fait son devoir.

Un autre jour, il rendit le même service à un pauvre fiévreux, un Prussien, disait-on, que tout le monde repoussait sans pitié. Guillaume, informé de l'état de ce malheureux par la foule qui l'entourait, alla chercher une charrette, l'y déposa et le conduisit à la mairie. Là on lui dit que cet homme ne pouvait être reçu à l'hôpital. Guillaume lui trouva un asile dans une maison particulière, recommanda de le bien soigner et ne laissa partir le conducteur de la charrette qu'après avoir bien payé son concours.

Ce dernier trait nous est rapporté par une vieille domestique, qui était au service de la tante de Guillaume et qui n'a pas assez d'éloges pour « son aimable maître. » Elle a fait une déposition dans les formes sur plusieurs particularités de la vie de

Guillaume. En voici quelques lignes, dont le style même nous paraît un sûr garant de la sincérité du témoignage.

« Pendant le temps que je suis restée au service de M. Roux, voici ce qui s'est passé à ma connaissance, savoir : L'avoir trouvé à genoux dans sa chambre, le soir, sans lumière. — L'avoir surpris bien des fois la face contre terre. — Lui avoir trouvé une discipline. — Avoir fait la charité envers les pauvres. Quand le soir nous faisions le compte, toujours il me demandait si je n'avais rien donné aux pauvres.

« Lui aussi il allait dans une maison, et plusieurs fois y laissa de l'argent sans rien dire; quand il était parti, on trouvait l'argent sur la cheminée. Je le tiens de bonne part, car c'est la femme de cette maison qui me l'a dit.

« Voici encore ce qui est bien beau. Toutes les fois qu'il était à table, et qu'il entendait sonner l'*angelus*, il se levait debout pour le dire, même quand il avait du monde et qu'il était en compagnie.

« Toutes les fois qu'il allait en voyage, il me disait quand il arrivait que je devais avoir vécu comme un ermite, que je n'avais pas assez dépensé. S'il me voyait un peu tousser, il me disait qu'il fallait me soigner. Mon aimable maître, il cherchait à soigner les autres, il ne pensait pas à lui; on voulait le soigner, il ne le voulait pas.

« Voici pour la mortification : presque jamais il ne prenait de dessert; on lui en servait, il n'en prenait pas. Quant à la nourriture, jamais il ne s'est plaint; de belles fois il avait occasion de se plaindre, il ne disait aucun mot. »

Sa mortification n'échappait pas non plus à ses amis. Entre autres choses, ils remarquent que Guillaume ne faisait presque jamais de feu dans sa chambre; et lui, qui s'accusait toujours de paresse, avait la réputation d'étudier très-sérieusement et même aux dépens de son sommeil.

La bonne domestique, que nous avons entendue tout à l'heure, cite encore ce trait de la charité de son jeune maître. Pendant la guerre, il logeait des mobiles, qui, depuis leur première communion, avaient oublié la pratique de leurs devoirs religieux. Le zèle rendit Guillaume éloquent. Ses hôtes eurent beau résister, au troisième assaut ils s'avouèrent vaincus, et Guillaume, plein de joie, les vit se diriger vers l'église, pour se réconcilier avec Dieu.

La vie de Guillaume n'était donc qu'abnégation, dévouement, charité. Parfois il s'étonnait de trouver tant de force dans sa faiblesse : « Je n'ai plus la ferveur que le bon Dieu voulait me faire un peu goûter à la rue des Postes. Je ne sais comment il se fait que je m'habitue à la pensée du sacrifice de moi-même, tandis qu'en pratique j'ai grandement baissé. Car j'ai baissé depuis que j'ai quitté la rue des Postes et je sens le besoin de me relever. »

Le secret de cette contradiction apparente, n'est-il pas uniquement dans l'humilité de Guillaume? On est bien fort, quand on se défie tant de soi-même. On est maître [des mouvements de son cœur, quand on a pour soi un sincère mépris. Un jour, après avoir parlé de tous les siens, il ajoutait : « Et moi, tout seul ici, je ne vaux pas grand'chose. Je suis le père de tous; je devrais subir toutes les fatigues, toutes les maladies, et le bon Dieu ne m'en envoie point. Je me donne à lui, et je vous donne, et je donne mes sœurs. Que le bon Dieu nous fasse du bien. Adieu, Henri, et toujours : Courage! »

.D'ailleurs c'était à Marie que Guillaume avait confié la garde de son cœur, et cette protection le rassure contre sa propre faiblesse. Faisant allusion à une visite de son ami, il lui écrit le 26 août 1870 : « Il y a dans un de ces petits jardins divisés par mille murailles, que je vois d'ici, une statue de la sainte Vierge que j'aperçois en me rapprochant des fenêtres. Depuis que vous avez quitté ma chambre, tout embaumée encore de votre souvenir — là je vois votre uniforme, là votre étui à chapeau, là vos pantalons à bandes rouges, là encore ce petit centime oublié par vous qui roule toujours sur ma cheminée, — depuis que vous avez quitté cette chambre, j'ai installé une petite table de travail à côté de l'une des fenêtres, et j'entrevois, quand je relève les yeux au-dessus de mon livre, la blanche statue de la sainte Vierge à demi cachée dans les rameaux verts d'un laurier. Bien des fois, en préparant mon examen et ma thèse, mon regard y faisait un petit pélerinage. C'est à cette Vierge, c'est à ce pélerinage que j'ai consacré spécialement mes plus chères affections, pour qu'elles soient toujours saintes. C'est ce que je lui demande à mains jointes, et chaque fois que mes yeux traversent le laurier, et chaque fois que je m'agenouille aux pieds de la sainte Vierge. Vous savez que vous êtes en sous-entendu ou en bien clairement entendu dans toutes mes bonnes prières. »

Une autre fois il lui écrivait : « Un seul mot, car il se fait tard et mes yeux se ferment, mot d'amitié pour vous, mon cher Henri. Bonsoir, que la sainte Vierge veille au-dessus de votre lit de l'école, que nos deux bons anges, que le B. Berchmans que nous avons prié ensemble, se réunissent aux pieds de Notre-Seigneur et prient pour nous deux! Mon

Dieu, ayez pitié de nous deux et de nos familles. Que personne de ces familles, personne de ceux qui nous sont chers ne manque à ses Pâques. Henri, je vous confie cette intention. *Ave, Maria purissima.* »

C'est par cette invocation que, depuis longtemps, Guillaume terminait toutes les pages du journal que nous venons de parcourir. Parfois ces mots sont encore les premiers que trace sa plume, lorsqu'il reprend son journal interrompu.

Enfin voici un véritable chant d'amour filial envoyé par Guillaume à celui qu'il appelle « son frère en Marie. »

28 *février* 1870. « Vous avez reçu il y a peu d'instants ma dernière lettre, mais je veux bien vite vous écrire encore, il faut que mon journal soit aussi fidèle que mon amitié.

« Donc je recommence. Que Marie rende notre conversation profitable. Voulez-vous que nous parlions un peu d'elle, puisque ce nom béni vient nous faire sourire? — Marie, je lui ai donné mon intérieur, ma famille et mon amitié. Nous nous sommes donnés à elle, elle nous a acceptés; nous sommes donc son bien, ses enfants; elle nous tend les mains pour nous guider et nous soutenir... Il me semble parfois que nous les baisons ensemble. Nous l'aimons tant et si tendrement, n'est-ce pas, cette Marie de la congrégation, de l'autel de la rue des Postes, la sainte Vierge d'Avignon et de la cathédrale du Mans, de Rochefort et de Marseille, de Burgos et de Loyola. Nos paroles doivent être un hymne en son honneur ; notre amitié, la fusion en un seul de nos amours pour elle.

« Marie, Marie, acceptez cette amitié d'Henri et de Guillaume. Vous êtes bonne, écoutez leurs prières ; bénissez-les et bénissez leurs familles, donnez-leur la santé, si Dieu veut, la paix du cœur, le courage au travail.

« Vous êtes pure, gardez leurs cœurs... fermez leurs oreilles ; châtiez leurs corps de boue !

« Vous êtes belle, ô Marie, étoile du matin, notre espérance et notre lumière, nous vous aimons et nous vous aimerons toujours. *Ave, Maria purissima.* »

Une âme si pure était bien digne d'être comptée parmi les victimes qui devaient tomber pour apaiser le ciel irrité contre nous. La série de nos désastres avait commencé. Une seule chose faisait redouter à Guillaume d'être appelé dans les rangs de l'armée : « Je ne serais guère prêt à partir, si une balle prussienne venait de la part de Dieu me conduire à son tribunal. Je n'ai point souffert, point fait d'efforts, dans les vingt ans que j'ai franchis. Je ne suis pas encore prêt ! »

Guillaume, frère aîné d'orphelins, fut laissé à la garde mobile. « C'est à peu près la même chose, écrivait-il ; je confie le tout au bon Dieu, heureux de partir, s'il le demande ; priez pour que je marche bien vaillamment ; et que ma vie soit acceptée pour le pape, la France, mes sœurs, vous et tous ceux que j'aime. Maintenant, oui, je partirais volontiers... Et cependant, ma tante est ici seule et plus fatiguée, plus infirme que jamais. Et ces petites sœurs... que le bon Dieu nous protége ! »

Guillaume ne se résignait qu'avec peine aux démarches qu'on faisait pour obtenir son remplacement. « J'ai entendu parler autour de moi, écrivait-il le 16 septembre, d'un remplacement à effectuer pour mon compte. J'en ai le droit, si, malgré mes raisons de famille, je suis appelé à la mobile. Gabriel insiste beaucoup sur ce point, et mes sœurs aussi. D'abord je n'avais pas voulu admettre cette idée. Maintenant encore j'ai de la peine à m'y faire. »

Le 11 octobre, il était encore incertain du sort qui lui était réservé : « Mon cher Gabriel, écrivait-il à son ancien condisciple d'Avignon, si tu paraissais là sur le seuil de l'étude, si nous sortions ensemble en suivant ces rues tortueuses qui rampent dans le roc sous les grands murs du palais des Papes, que nous dirions-nous tout d'abord ?

« Oh ! s'il me faut partir et tomber peut-être sur quelque champ de bataille, au nom de notre amitié si intime et si bonne, je te prierai et je prierai ton excellente mère de reporter sur les miens cet intérêt que vous m'avez témoigné jusqu'ici, et que des circonstances malheureuses pourraient à certains jours rendre bien efficace !

« Ne fait-il pas bon, en pensant à de si épouvantables séparations, tandis que l'avenir est si noir, et la France en un si grand danger, se rattacher inébranlablement à ses principes, et compter fermement sur Dieu ?

« Je voulais causer gaîment, continuer notre promenade jusque sur le Rocher, et, assis devant l'îlot des cygnes, sur notre banc préféré, retrouver nos conversations interrompues par ton départ. Les graves préoccupations de l'avenir me ramènent insensiblement à des idées plus sombres. »

Le même jour il disait à Henri : « Quand il me faudra partir, j'espère que Dieu me donnera le courage de marcher et de souffrir en chrétien. »

C'était en effet le rôle qui lui était réservé : rôle d'autant plus méritoire qu'il était plus obscur ; c'était le digne couronnement de cette vie, si belle mais si cachée au monde, que nous avons admirée.

« Mon cher Gabriel, me voici maintenant garde mobile. Mon domicile est à la caserne des passagers ; ce soir j'y coucherai pour la première fois. Depuis hier matin notre service se borne à répondre à l'appel de temps en temps, et à attendre de longues heures dans la cour de notre affreuse caserne. Au milieu de tout cela, je désire ardemment faire partie du corps des zouaves pontificaux ; mais on m'a dit ici que ce n'est pas possible. Et toi, mon cher Gabriel, ne viendras-tu pas bientôt à Avignon ? Il y a longtemps que nous ne t'avons pas vu. J'ai du temps libre maintenant ; il n'est personne d'aussi oisif que les militaires ; je te prendrais tes moments de liberté, en dehors de mes heures de service. Tu viendras voir ma chambre : une immense salle, où des centaines de petits lits se pressent les uns contre les autres, de manière à ce qu'on paraisse coucher une cinquantaine ensemble. »

Guillaume, qui n'avait jamais eu que de l'aversion pour le métier des armes, semblait l'embrasser maintenant avec joie ; devant un devoir à accomplir, il oubliait toutes ses répugnances. Au témoignage de ses amis, il était le plus gai de la caserne.

Il faisait son service avec cette exactitude consciencieuse, qu'il apportait en toute chose ; et, comme tous ses camarades n'avaient pas la même bonne volonté, son tour revenait bien souvent pour monter la garde ; il passait toutes ses nuits à la caserne et avait trois ou quatre nuits de garde par semaine. Une nuit, entre autres, il fit les fonctions de caporal de garde et eut beaucoup à souffrir ; car il dut à toutes les heures s'enfoncer dans la neige jusqu'à mi-jambes, pour aller relever les sentinelles, et passer toute la nuit avec ses souliers remplis d'eau glacée.

Un gros rhume fut la suite de ces fatigues ; Guillaume n'en continua pas moins son service. Le 2 janvier, par un froid excessif, Guillaume fut envoyé avec sa compagnie à Orange, pour déblayer le chemin de fer couvert de neige. C'est à cette corvée qu'il gagna l'angine et la fluxion de poitrine qui le forcèrent de se mettre au lit le 4 au soir. Il ne devait plus se relever.

La Providence lui ménageait une dernière consolation. Son ancien professeur de rhétorique, devenu depuis son directeur, était parti d'Avignon depuis deux ans. Il s'y trouvait de passage au moment où Guillaume tombait malade, et l'assista jusqu'à la fin.

La mort de Guillaume fut celle d'un saint. Les détails les plus édifiants nous ont été fournis par la religieuse qui le soigna pendant sa maladie.

« Que le bon Dieu est bon, disait Guillaume, de m'accorder non-seulement les visites des Pères, mais encore les soins d'une bonne sœur de Saint-François ! »

La sœur raconte elle-même que, voyant son malade en danger, et ne le connaissant pas encore, elle lui demanda s'il y avait longtemps qu'il s'était confessé. — « Oh ! oui, ma sœur, il y a longtemps, répondit Guillaume, depuis le premier de l'an ! » On était au 6 janvier. — La bonne sœur répondit par un sourire, elle comprenait à quel malade elle avait affaire. Pendant le reste de la maladie, elle ne put assez admirer la modestie, la patience, l'esprit de mortification de Guillaume, son obéissance aux prescriptions du médecin, surtout son angélique piété. Jamais il ne se plaignait de ses souffrances, jamais il ne demandait à être soulagé, les remèdes les plus amers étaient ceux qu'il préférait, et, lorsqu'on réussissait à lui apporter quelque soulagement, il s'écriait : « Oh ! combien d'actes de sensualité vous me faites faire ! »

Il aimait qu'on priât à haute voix avec lui : « La prière ne me fatigue pas, disait-il, au contraire », et chaque soir il demandait qu'on récitât la prière accoutumée. C'était lui encore qui, tous les matins, entendait le premier sonner l'*angelus* et en avertissait la sœur, occupée des soins que réclamait son malade. Dans ses moments de plus cruelles souffrances,

Guillaume n'avait d'autre plainte que ces trois mots : *prier, aimer, souffrir*. Sans cesse il avait les yeux fixés sur un tableau du Sacré-Cœur placé près de son lit. Souvent on le voyait prendre son scapulaire et le baiser avec amour, ou bien saisir avec transport le crucifix de la sœur pour y coller ses lèvres.

Quand sa garde-malade le quittait, pour aller entendre la sainte messe : « Je vais faire la sainte communion pour vous, » lui disait-elle. — « Oui, ma sœur, répondait le pieux malade, mais la meilleure part sera bien pour vous. »

Deux jours avant sa mort, une pauvre femme qui était venue le voir, dit en patois à ceux qui entouraient le lit du malade : « Ah ! monsieur Guillaume est un saint ! » et regardant le malade, elle ajouta : « Allez, allez, monsieur Guillaume, vous guérirez; vous êtes un si bon et tant brave jeune homme. » Le malade baissa les yeux, et pour toute réponse se mit à réciter à voix basse ce verset du *miserere : Tibi soli peccavi et malum coram te feci*. Il prononça ces mots d'une voix si basse, qu'ils ne furent entendus que de la sœur placée tout près de son lit, et il continua de prier de cœur, sans ajouter une seule parole.

La nuit qui précéda sa mort, on lui demanda comment il se trouvait. « Je crois que je suis perdu, répondit-il en souriant, n'est-ce pas, ma sœur, que je suis bien mal? » — La sœur lui avoua la vérité et lui demanda si cette nouvelle ne lui faisait pas de la peine. — « Oh! non, répondit Guillaume, pas pour moi, mais pour mes sœurs! » La religieuse lui rappela que le bon Dieu prend soin des orphelins : « C'est vrai, reprit le malade, eh bien! *fiat!* »

« Vers neuf heures et demie, raconte la sœur, je fus chargée de lui annoncer que son grand-père était allé chercher ses sœurs pour le voir et l'embrasser. — « Cela vous fera plaisir, n'est-ce pas, monsieur Guillaume? — Oui, mais cela leur fera de la peine de me voir si mal. Enfin, laissez-les venir, seulement, ma sœur, ne leur dites pas que je suis plus fatigué. »

« En voyant ses sœurs, il s'empressa, malgré sa faiblesse, de leur tendre les bras, il les caressa, il les consola, car ce n'étaient que sanglots. « Ne pleurez pas, mes sœurs, consolez-vous, je ne suis pas si mal. » Il cherchait à les distraire : « Je voudrais bien vous parler, mais je ne le puis guère; mais vous, parlez. » Ensuite il s'adressa à l'une de ses sœurs qui avait été un peu fatiguée : « Je vois, lui dit-il en souriant, que tu as bien repris, cela me fait plaisir. » Se tournant alors de mon côté, il me dit tout bas : « Faites-les asseoir, elles seront fatiguées de rester là. » Je baissai un peu les rideaux de l'alcôve; il me fit signe de lui donner notre croix, et la baisa en baissant les yeux. Je compris qu'il faisait un acte de résignation et d'abandon. »

Le moment était venu pour Guillaume d'aller rejoindre sa famille du ciel, après avoir tant aimé celle de la terre. Ce fut le 12 janvier que le saint jeune homme rendit sa belle âme à Dieu, et que ceux qu'il laissait ici-bas après lui purent compter au ciel un protecteur de plus.

TABLE DES NOTICES

CONTENUES DANS LA DEUXIÈME PARTIE.

Comte Antoine de Levezou de Vesins.................. 1
Henri Viot.. 45
Julien le Saulnier de Saint Jouan...................... 53
Stanislas de la Bégassière............................. 55
Bernard de Quatrebarbes................................ 63
Léopold comte de Mondion............................... 89
Timoléon de la Taille.................................. 95
Auguste Pison.. 99
Gaston de Murat.. 107
Denis Espivent de Perran............................... 137
Charles de Saisy de Kerampuil.......................... 141
Hippolyte Boutin....................................... 161
Maurice Vernhet de Laumière............................ 165
Ange le Pomellec....................................... 193
Auguste comte du Plessis de Grénédan................... 201
Joseph Marguet... 223
Robert de Lupel.. 225
Roland vicomte du Luart................................ 251
Paul vicomte de Vergennes.............................. 275
Paul vicomte Doynel.................................... 279
Martial Dufour... 291
Amédée Landry.. 293
Gustave Law de Lauriston............................... 297

Émile Troy	313
Alfred vicomte de Boisayrault	315
Louis Dambricourt	371
Paul Duvelle	375
Joseph Duvelle	375
Louis Houeix de la Brousse	391
Robert de Kergaradec	395
Olivier d'Imécourt	417
Fernand Mendousse	419
Bernard baron de Neukirchen de Nyvenheim	423
Auguste de Neukirchen de Nyvenheim	423
Charles de Neukirchen de Nyvenheim	423
Guillaume Roux	435

COULOMMIERS. — Typ. A. MOUSSIN

www.ingramcontent.com/pod-product-compliance
Lightning Source LLC
Chambersburg PA
CBHW060232230426
43664CB00011B/1621